人生楽しくするもしないも自分次第

編者　鹿児島国際大学社会福祉学会

ラグーナ出版

「気づき」を言葉に残すことから

学校法人津曲学園理事長・鹿児島国際大学学長　**津曲　貞利**

鹿児島国際大学社会福祉学会は、前身の鹿児島経済大学社会学会の時代を加えれば30年以上の歴史を有する伝統ある学内学会です。２００1年に創刊の『ゆうかり』はその機関誌にあたります。「お堅い研究論文」だけでなく、社会福祉関係の国家資格取得や教員採用試験の合格体験記から、日々の研究・教育活動で感じたこと、先輩たちの動向、さらには学生たちのエッセイ、なかには日常の出来事を思いのまま綴ったものまで載せられています。考えてみれば、自らの周辺で起きた出来事や事象を感じるままに書き綴ることは、「気づき」を言葉に残す作業の始まりであり、ある種の法則や傾向を嗅ぎ取ったときの喜びや興奮は学問への誘いに他なりません。

『ゆうかり』の中から、学生たちによって選出された読み物を一冊にまとめたのが本著になります。其々が珠玉の読み物であるだけでなく、「気づき」の対象が時代とともに移り変わっていくさまも、楽しみの一つです。

近年、天変地異も含め予想もしない出来事が数々起きて、先の見通しの付きにくい時代になりつつあります。予知することだけでなく備えることが必要、しかも防ぐことより覚悟することに重きを置かなくてはならない時代と言われています。社会の事象を注意深く観察することによって、可能性やチャンス、わくわくするような未来も見えてくるはずです。しかしそれは社会事象という言わば誰にでも均等に降り注ぐものを、自らの意志や知恵、努力によってピンチではなくチャンスに変えようとする人にしか見えてきません。それこそ「人生楽しくするもしないも自分次第」。

観察や事象の調査研究から法則や傾向を導き出して、社会に活かし、其々の人生に活かすことに結び付けたい、常にそれらを追い求めようと努力する教員、学生、そして卒業生の姿が本著には見事に表れています。社会福祉学へのいざないの書として活用していただければ幸甚に存じます。

「地域に開かれた存在」であり続ける鹿児島国際大学社会福祉学会

鹿児島国際大学福祉社会学部長　千々岩　弘一

1982年設立の鹿児島経済大学社会学会の伝統を引き継ぎながら、鹿児島国際大学社会福祉学会は、2001年の設立以来、大学内にとどまることなく「地域に開かれた存在」であることを念頭に、学術研究の推進、会員相互の学術的交流、地域社会の文化的発展に寄与することを目的として活動してきました。

この活動の成果を集約するものとして、また「地域に開かれた存在」であることを具現化する一つの媒介物として、機関誌『ゆうかり』が年1回のペースで刊行されてきております。本書は、この『ゆうかり』に掲載されている論稿の中から、「人生、楽しくするもしないも自分次第」というテーマのもとに自分自身を見つめ勇気をもって人生を送っていっていただくきっかけになるのではないかと思われる論稿を選び出し収録しています。

私たちは、生きることにおいてさまざまな問題に出会います。そのときに、自分だけで問題の価値づけを行うこともあれば、価値づける手掛かりとして家族や友人に助言を求めたり、本を読んだりすることもあります。それによって自分の「見方」を作り出していきます。結果として、先哲が言ったように「世の中は見方のままに立ち現れる」のでしょう。生きるということは、このような営みの繰返しにちがいありません。

本書は、この生きることにおいて、その人なりの「見方」を作り出すきっかけになることを密かに願いつつ、社会福祉学会が「地域に開かれた存在」としてあり続けることの一助となることを目指しています。その意味で、収録された論稿は、みなさまの心の琴線に触れるものではないかと存じます。御一読いただき、お役立ていただければ幸いでございます。

最後に、津曲貞利学長の御高配を受け、社会福祉学会長の田中安平先生をはじめとする運営委員・編集委員の先生方、そして社会福祉学科の学生さんの尽力により本書が刊行されますことに、心からの敬意を捧げます。

社会福祉学会の創設の歩みから明日を見つめて

社会福祉学会長　田中 安平

社会福祉学会が創設され、早14年。多くの卒業生が福祉現場や教職、医療現場や公務員、そして銀行はじめ様々な民間企業へ就職し、活躍しています。

社会福祉学科の最大の売りは、国家資格のダブル取得にあります。社会福祉士の国家資格取得をベースに教員免許、もしくは精神保健福祉士・介護福祉士の国家資格取得を目指すのです。

ダブル資格の一つとしての介護福祉士の国家資格をめざす学生は、入学後に面接等を受け、合格した後、介護に関する専門科目を課程生のみで受講することになります。

教職課程をめざす学生は、1年次に取得した全科目の平均点が75点以上で、2年次までに卒業所要単位を78単位以上取得していなければなりません。精神保健福祉士の国家資格をめざす学生は、3年次までに所定の単位を修得している者を対象に3年次末に面接等を実施し、履修者を決定します。

鹿児島国際大学の福祉社会学部社会福祉学科の学生は、サークル活動・アルバイトはもちろん、ゼミ論文、就職活動をしながらも精力的に自己学習に励み、自己の夢の実現を目指して頑張っているのです。

本著は、編集後記にもありますように、高校生や保護者の皆さんが進学を決定するうえでの参考書・指針の一助となるよう編成されております。分かっているようで分かりづらい社会福祉について、卒業生の現場からの声や、国家試験に向けての受験体験記など、様々な内容が盛り込まれています。また、学生生活の有り様と示唆が、失敗体験を踏まえた上で素直に述べられており、現役の学生にも役立つ内容となっております。

本著が、くすっとした笑いにつながったり、学生生活への夢と希望につながることを祈念しまして発刊の言葉といたします。どうぞ、お楽しみください。

目次

はじめに
「気づき」を言葉に残すことから　津曲 貞利 ――3
「地域に開かれた存在」であり続ける鹿児島国際大学社会福祉学会　千々岩 弘一 ――4
社会福祉学会の創設の歩みから明日を見つめて　田中 安平 ――5

1章　鹿児島に社会福祉学科という新しい伝統

社会福祉学科創設の意義と期待　山本 賢治 ――12
人生、楽しくするもしないも、自分次第
～仕事と学生生活のプロデュース方法～　中尾 賢一郎 ――20

2章　学生は、よく稼ぎ、よく遊び、よく学ぶ

障害のある生徒との出会い――共生について考える　山本 知佳 ――44
そんなのを勉強して仕事につける？　学那种东西能找到工作吗？　周 静 ――48
矛盾した不思議な感覚に魅了されて　松木田 智美 ――54
「私」革命――にんじん！　デビューする！　上村 まい ――57

事件は試験を受けている最中に起こった!!　吉岡 正浩 ――61
警察に連絡しますか―お金の使い道―　松田 香澄 ――64
私を追うもの　徳留 まなみ ――67
お墓参りに行きたい！　新地 あゆみ ――71
対話から得られたこと　桑畑 行宏 ――75
実習最大のピンチ～傷だらけの戦い　福留 詩織 ――79
信号機からのメッセージ　横峯 広美 ――83
人と向き合うなかで見えてきた夢と学び　白坂 清香 ――86
自信と優しさ、そして笑顔を忘れずに　前田 結華 ――92
履修登録教えます……　八瀬尾 眞希 ――98
無限の可能性を秘めた皆さんへ！　今、働いているものからの一言　新田 博之 ――103

オープンキャンパス企画体験記

こころがそだつということ　山下 正子・村田 ゆかり ――111

自主研究助成成果報告

社会福祉用語・人物３００選　竹迫 美香・紙屋 奈央 ――116

3章　合格体験記――何をどのように取り組んだか

「なんやねんっ」に「なにそれ」で向かうことから　蓑田 彩紀 ―― 122
5回の不合格　有村 貴秀 ―― 129
合格へのキセキ　丸田 香織 ―― 136
見えない者の挑戦　南 明志 ―― 142
受験に対する、恥ずかしいくらいの心の葛藤　仮屋 志織 ―― 147
うれしさ半分、戸惑い半分、そして今　松田 まなみ ―― 151
社会福祉士国家資格取得に思うこと　中野 裕一 ―― 155
テス！　数え切れない苦しいことの中で見つける楽しみ！　橋元 龍司 ―― 160
54歳でも合格するという話　大林 和子 ―― 168
精神保健福祉士・社会福祉士　W合格「取ったど～！」　浜崎 真理恵 ―― 171
白いキャンパス　安留 綾乃 ―― 177
やるっきゃない―私の福祉への道―　堀田 真紀 ―― 181
頑張ったから今がある　前下 敏秀 ―― 186

4章　社会に出てからも、遊び心を忘れずに……

もっとみんなかわいく、かっこよくできたらいいのにな
――シャンプーガールの詩　冨貴田 知子 ――192
『師』を持とう　上村 修 ――197
日々『試行錯誤』　清水 直樹 ――201
Homeless Hopeless Loneliness　藤原 奈美 ――206
現場はきついし、つらいけど、本当に楽しい。　久留須 直也 ――211
あなたの知らない、車いすマラソンの世界　坂元 智香 ――217
あの日の前も、その後も――泥を見ないで人を見る　長谷部 治 ――222
種子島で子どもたちと共に　古田 友也 ――227
『社会保障資料集』作成の思い出　野元 由貴 ――231
卒業して10年、転職を繰り返して思うこと　脇田 拓郎 ――234

5章　『ゆうかり』巻頭言にみる学内学会今昔

学会に寄せて　田畑 洋一 ――240
学内社会福祉学会誌『ゆうかり』の創刊に寄せて　上川路 紀久男 ――241

社会福祉学会誌『ゆうかり』によせて　田畑 洋一――243
社会福祉学会の役割　高橋 信行――245
社会福祉学会に変革のきざし？　野田 隆峰――247
学生の声が聞こえる『ゆうかり』　蓑毛 良助――249
キャリア形成支援に厚み増す学会誌　堀田 哲一郎――251
『ゆうかり』第11号発刊によせて　天羽 浩一――253
『ゆうかり』第12号発刊によせて　中山 慎悟――255
『ゆうかり』第14号発刊に寄せて　田中 安平――257
鹿児島国際大学社会福祉学会会則――259
おわりに
人生をつかずはなれず楽しむために　さきはら ひでき――261

1章

鹿児島に社会福祉学科という新しい伝統

社会福祉学科創設の意義と期待

神戸山手大学学長　**山本　賢治**

1. 1982年10月発足の社会学会（現・社会福祉学会）と豊富な福祉に関する課題

社会福祉学科創設30周年おめでとうございます。またこのような記念すべきときに講師としてお招きいただきありがとうございます。昨日九州新幹線で鹿児島中央駅に着きましたが、いきなり桜島の降灰の洗礼をうけました。今日は会場に懐かしい顔が拝見できますので、大変うれしく思います。

本題に入る前に私と鹿児島経済大学（現鹿児島国際大学）との関わりをお話しておきたいと思います。私が本学にお世話になりましたのは、1980年（昭和55年）4月から1999年（平成11年）3月までの19年間であります。当初本学に赴任したときは経済学部のみの単科大学で、私は一般教育の「社会学」を担当しながら、新学部設置準備委員として、文部科学省への申請書類の作成、カリキュラム、教員構成、図書整備、学生募集広報等の作業に従事しました。当時の大学設置基準では、学部新設の際図書の蔵書リストもチェックされましたので、社会学・社会福祉学関連図書を東京の紀伊国屋書店の倉庫まで行って、棚から次々とカートに本を放り込んでいったという、懐かしい思い出もあります。そして本学の退職時は社会学部長をつとめていました。現在小さな大学の学長をつとめておりますが、現在全国的に大学はたいへん厳しい状況にあると痛感しております。そんなわけで社会福祉学科が開設されたときと現在では、大学を取り巻く環境もずい分変化しており、またわが国の社会福祉の状況も大きな転換期にあると思います。

今日私がお話しする中で、皆様とともに過去を振り返りつつ、鹿児島国際大学社会福祉学科とその卒業生の明日が輝かしいものになることを期待したいと思います。

2. 鹿児島経済大学社会学部設置の経緯

ではまず社会学部（現福祉社会学部）設置の経緯からお話したいと思います。社会学部が設置されたのは１９８２年（昭和57年）ですが、設置の取り組みは１９７９年（昭和54年）から始まっています。まずなによりもこの年に学長として着任された野久尾徳美先生の果たされた貢献が大きかったことをあげねばなりません。野久尾先生は社会学と社会福祉がご専門で、前任校の立命館大学や、さらにその前任校である日本福祉大学などで学部や大学院の新増設に携わられたご経験を生かして、この鹿児島経済大学でも社会学・社会福祉に関わる学部設置の構想を計画されました。

そのさいの設置の理由として以下の三点があげられます。

一つは、高齢化・情報化・国際化という変化が、鹿児島県も含めてわが国の社会変動の趨勢となり、これに対応する人材育成が求められるという点であります。換言すれば経済学部だけでは地域の要請に応えきれないということです。ちなみに１９７９年というのは、わが国の65歳以上人口が1千万人をこえた年です。

二つは、当時経済学部の学生数が定員の2倍をこえており、国の高等教育計画および文部省の指導により、これを１・３倍までに下げなければならないという状況があったということです。これにそって新学部の増設が必要不可欠であったわけです。

三つは、本学創立50周年記念事業の柱として一層本学の発展を期すために新学部の設置が検討されたということです。

しかし新学部設置よりも既存学部の整備充実を優先すべきであるという意見が当時の経済学部教授会では多く、学内の意見を調整するのに相当な努力が必要でした。それでも粘り強い説明を重ねるうちに、何とか学内の合意も形成されることになりました。

さてどのような新学部を設置するのかという構想についてですが、おおむね次の3点を中心に検討されました。第1に、地方大学の生き残る道として特色ある教育内容をもつ学科を考えること。第2に、既存の学部の基礎の上に立ち将来性のあるもの、第3に、地域における大学の専門分野を考慮すること。その結果として、当時中国・四国以西では社会学部がなかったこと、経済学部と関連性がある学科として産業社会学科が適切であるということ、地域のニーズと将来性から社会福祉学科が期待できることなどという考えにたどりつきました。そこで社会福祉学科と産業社会学科の各入学定員が１２０名ずつの社会学部が計画されたわけです。

こうして文部科学省に対して設置認可申請の作業に入ったわけですが、これに伴って、５号館の建設も始まりました。そして１９８２年（昭和57年）１月13日に第１回の入学式があり、社会学部１期生２９４名が入学しました。初年度の入試の状況を見ますと、志願者は推薦・一般を合わせてのべ７００名を超え、うち県外からは約４分の１、また女子の志願者は１割程度と少なかったと記憶しています。当時鹿児島経済大学はまだまだ男子大学のイメージが強かったと思います。学科別では、当初７～８年志願者数はつねに社会福祉学科が産業社会学科を上回っていました。その後１９８９年から７～８年今度は産業社会学科が社会福祉学科を上回るようになりました。

なお社会学部開設時の設置理由としては、①社会的要請に適合する専門分野、②福祉の増進、③地域適正、の３点があげられ、とくに社会福祉学科においては、鹿児島県を中心とする南九州の社会福祉の現状、目標、及び広く西日本における社会福祉の分野で貢献しうる人材の養成を行い、地域社会の発展に寄与するとなっていました。またカリキュラムの特色としては、教育・医療・保健などの公共的サービスや社会保障・社会福祉事業、あるいはコミュニティづくりに従事する人材を養成するとともに、福祉の観点から経済活動に従事する産業人の育成も考慮するとなっていました。

教員構成についても、設置当初の社会福祉関係の専門教員についてみると、ＩＬＯ東京支局長を勤められた高橋武先生、国民生活センターにおられた小林節夫先生、厚生労働省におられた小林みちお先生など錚々たるメンバーがそろっていました。

私自身は地域社会学が専門なものですから、産業社会学科に属しつつも、地域福祉や高齢者福祉に関わって、当時の染谷先生、郷地先生、小窪先生、豊田先生、田畑先生、丸谷先生などと共同研究をしたことが、なつかしく思い出されます。地域調査で鹿児島県内もずい分あちこちと回りました。地域福祉では現在高橋信行先生がご活躍とうかがっています。また鹿児島大学や鹿児島女子大学の先生とも共同研究をしました。あとでもふれますが、鹿児島には福祉研究の素材がごろごろところがっていましたので、研究課題はいくらでもあったわけです。鹿児島県は福祉研究には非常に適した地域であると思います。

３．福祉教育の転換期と卒業生の就職

さて学部設置後順調に社会福祉学科は発展していった

わけですが、途中で一つの転機を迎えることになります。学部設立時に社会福祉学科に関わって取得できる資格といえば「社会福祉主事」という任用資格に限られていたのですが、1988年（学科開設後6年目）に「社会福祉士及び介護福祉士法」が施行され、社会福祉士国家試験の受験資格が付与できるように、カリキュラムを大幅に変え、かつ教員も増員することになりました。この社会福祉士対応の作業では高木先生などがずいぶんご尽力されました。また学部発足の翌年には養護学校教員養成課程が設置され、これについては蓑毛先生が中心になってご努力されました。

ところで学科はスタートしたものの、次に問題になるのが福祉の実習先の確保と、就職問題でした。幸い実習先の確保については、多くの福祉系の大学が困っていたにもかかわらず、本学では県の協力を全面的に得て、地域の各施設もひじょうに協力的で比較的スムーズにことが運びました。このことから福祉系の大学はやはり地域社会に支えられることがまず大事であると感じました。

就職問題については、1984～1987年度にかけて就職対策特別委員会を設けて、県内だけでなく九州の福祉施設を訪問し、求人開拓に努めました。その結果社会福祉関係の求人件数も1986年度は39件だったのが、1992年度には126件にまで増加しました。ただ困ったのは学生の地元志向が強く（約半数が県内希望）、せっかく県外から求人があっても学生が応募しないという状況がありました。このため社会福祉関係の就職は当初数年間20～50名前後という状況でした。もっとも全体の就職率はほぼ100％に近い数字を得ることができました。

4．1982年10月発足の社会学会（現・社会福祉学会）と豊富な福祉に関する課題

開設時の話題としてもう一つ忘れてならないのは、学内学会としての社会学会（現在の社会福祉学会）のことであります。学部教員と学生の全員から構成される、全国でも特色のある組織をつくったということであります。これは立命館大学での先例に倣ったものですが、教員と学生を対等の立場として考え、会員相互の学問的交流と学生の主体的学習活動の進展を目的としており、各クラス・ゼミから学会学生委員を選出し、会報『ゆうかり』の発行、機関誌『ＹＡＭ』の発行、学会手帳の作成、新入生歓迎会、卒業パーティ、講演会等多彩な企画事業を行い、学内学会のなかった経済学部からもずい分とうらやましがられたものです。学会設立当初の委員長をつとめられたのは小林節夫先生でした。

ちなみにＹＡＭというのは英語でさつまいもという意

味だそうですが、その１９８５年の創刊号に有名な阿部志郎先生の「新しい社会福祉を求めて」という講演記録が掲載されています。その中で阿部先生は、なぜ私たちにコミュニティはないのでしょうか、コミュニティを目指さない限り、新しい福祉をそこに見出すことはできない、という非常に示唆にとんだ指摘をしていらっしゃいます。

さて研究という面から見ますと、鹿児島というのは、さきほども申し上げたように、福祉の課題がいっぱい存在している地域です。全国有数の高齢化率であり、人口対の独居老人数や障害者数などは全国一です。そんな地域にある社会福祉学科ですから、周りの期待が、福祉の従事者養成だけでなく、地域の生活問題・福祉問題に目を向け、解決の方向を探ってゆくという地道な取り組みにも学科メンバーが力を入れてゆくことが求められていると思います。

5．福祉国家から福祉社会へ

次に昨今の社会福祉をめぐる状況に少しふれておきたいと思います。この大学の社会福祉学科は１９８２年４月にスタートしましたが、その前後からわが国の社会福祉施策のあり方に大きな変化が現れます。たとえばイギリスのサッチャー政権、アメリカのレーガン政権、日本の中曽根政権といった頃から新自由主義の潮流が大きくなり、福祉の大幅な見直し、効率のよい政府・小さな政府がうたわれ、福祉国家の危機がはじまります。わが国では１９７９年に「新経済社会７カ年計画」が発表され、「新しい福祉社会への道」を追求することになります。ここでいう「福祉社会」とは、「個人の自助努力と家庭及び社会の連帯の基礎の上に適正な公的福祉を形成するもの」とされています。つまり自助努力や民間活力が基礎とされ、その上に公的福祉が形成されるというもので、福祉国家の解体ともいうべき方向です。

本来市場原理の経済システムは、人間や自然を排除する傾向にありますが、国家という政治システムがこれを是正してきたわけであります。つまり市場原理によって生じる格差を所得再分配するのが国家の重要な役割の一つです。その機能を維持するためには当然租税の徴収が不可欠です。しかしグローバル化の進行は、租税負担の少ない国への資本移動をすすめ、租税負担の高い福祉国家は機能不全におちいることになります。

そこで福祉社会を考える際のキーワードとして、「公―私」の問題あるいは「公共性」という問題があります。

まず国家領域では、国民国家の衰退という現象が見られます。日本でも公共事業の破たんに見られるように、

「日本型ケインズ主義」ともいえる土建福祉国家が限界に来ています。

次に市場領域では、グローバル化に伴って、ローカルな差異が失われ、その差異を市場メカニズムによる差異化的消費によってすりかえようとしていますが、市場から得られる満足を意味する「効用」がストレートに幸福に結びつくという信念はくずれつつあります。

そして市民社会領域では、コミュニティとアソシエーションとの連携、都市と農村の連携、異質性をのりこえた新しい共同性、共同性を媒介にした新しい公共性、その場所としての「地域社会」のクローズアップという状況が見られます。

そしてもう一つ、リスク社会への対応について述べておきます。これまでは富の生産と分配によって「富∨リスク」という対応をしてきましたが、生態系の破壊や核の脅威はこの方法では解決できないことをしめしています。そして何らかの「共同性」によってリスクに対応しようという方法については、家族・企業・地域社会等の伝統的共同体（ゲマインシャフト）的枠組みが解体してきています。そこで人は個人としてリスクに対応することになります。つまりリスク社会は人間の「個人化」という重大な変化をもたらします。こうした自己決定的な生き方は、一見自由に見えますが、同時に失敗は個人の選択の失敗として処理されます。自己決定は「しんどい生き方」であり、それゆえ市場への過度な依存を修正する必要があります。そうした時代にどんな社会福祉の在り方がもとめられるでしょうか。

6．福祉逆風の時代における地域社会と福祉系大学の役割

最後に「福祉逆風の時代」についてお話しておきたいと思います。福祉全体が「逆風」ともいえる環境下におかれ、福祉行政や福祉の現場に困難を作り出している昨今、それらの諸困難を解明しながら、福祉の現場にかかわっている人たちにエールを送るのが福祉系大学の責務であります。

しかし、平成19年コムスンが介護から撤退したように、訪問介護サービス事業に逆風が吹いています。経済不況も当分続きそうです。アメリカは「福祉から就労へ」の改革の名のもとに生活保護を5年で打ち切ろうとしています。日本でも全国知事会・市長会で同様なことが議論されています。

全国の福祉系学部の入学定員充足率も、２００４年１１８％だったのが、２００９年には90％と、30％近くも減少しました。また福祉労働には、いわゆる３Ｋのマイナスイメージがつきまとっています。たしかに労働の厳

しさ、賃金の低さなど、処遇の改善が必要です。

そのためには、社会全体として福祉に対する価値観やイメージを転換する必要があります。現在福祉は、高齢化や年金問題に見られるように、どうも「コスト」の問題ばかりが議論され、共同性や公共性の問題が軽視されているように思えます。本来福祉は、人と人とが支えあう仕組みのことです。たとえば福祉意識の改革といった問題ですが、このことについて大学が果たす役割の大きさはいうまでもありません。また社会人教育として、シニア層の大学入学をもっとすすめるべきであると思います。さらには福祉関連領域である医療や教育との有機的連携を強化すべきであるとも思います。文部科学省と厚生労働省との連携も必要で、福祉系大学はこの両者にらみで苦労されていると思います。

そして最後に、さきほども申しあげたように、福祉系大学は地域社会に支えられるというのが基礎であると考えます。皆さんも鹿児島とともに、九州とともに、鹿児島国際大学社会福祉学科の仲間の輪を広げていっていただきたいと思います。

7. 質疑応答

Q．大学の教養教育の意義について

A．高校時代の受け身的型枠教育ではなくて、大学では当たり前のことを当たり前と思わない「日常性批判」が大切です。そのことによって潜在能力が開花し、社会を生き抜くたくましい力に結びつきます。その日常性批判の力が教養教育の柱だと思います。そしてもう一つは、卒業後も「学ぶ姿勢」を持ち続けることであり、その姿勢の涵養において教養教育の果たす役割は大きいと思います。あえて言えば「市民教育」というのか、「市民」を育てることだと思います。

8. シンポジウムにおける指定討論

池田さん、新川さんのような立派な卒業生が社会福祉学科から育っていることをうれしく思うと同時に、後輩の今日会場に見えている学生さんたちにも、ぜひ池田さんや新川さんのような社会人になっていただくことを期待したいと思います。

さてお2人の話をあえてまとめてみますと、ポイントは二つあるように思います。一つは、福祉労働の在り方についてであり、二つは福祉教育の在り方についてです。

新川さんの話の中には、「学ぶ喜び」という言葉が何度も出てきました。鹿児島国際大学に社会人入学をして「学ぶ喜び」を知ったこと、そして職場ではさまざまな人との出会いの中から、「経験を通して学びとること」の大切さを強調されました。そのためには、福祉労働者が、日常の職場において、専門能力の向上や自らの充実感の向上といった、いわゆる福祉労働者自身の「発達」の保障が可能であることが大切になります。同じ経験をしても、そこから何かを学びとれる人とそうでない人がいます。そこに学びの力の差があります。学生のみなさんも今のうちにその学びの力をぜひ身につけておいてください。

本学職員の池田さんの話は、現代学生気質が語られていると同時に、福祉教育は専門性だけでなく、人間教育でもあることを示唆されています。福祉教育は、社会福祉士取得のような資格教育が中心に語られる傾向にありますが、授業以外での人間教育も大切です。池田さんも授業以外で大切なものをたくさん学びとられたと思います。大学は、様々な異質性を持った学生や教員が出会うコミュニティであり、学生指導や学生支援もヒューマン・スケールでなければならないと思います。

そして池田さんが話された「大学生から社会人になった時の違和感」を大切にしてほしいと思います。

9．シンポジウムを終えて

30周年という社会福祉学科の歴史の中で、着実に有為の人材が育ってきていることをうれしく思いました。そしてこれからの社会福祉学科を展望すると、多くの困難もあるでしょうが、人と人とのネットワークを生かしながら、地域社会とともに歩みをすすめていってほしいと思います。そのネットワークというとき、学生・教員・卒業生を結びつける社会福祉学会の役割も大切だと思います。30年前、「今、南から新しい教育と研究の波を！」という清新の気風によって設立されたこの社会福祉学科がますます発展されることを祈念しています。（２０１２年３月　第11号・P23－27）

※本稿は、社会福祉学科創設30周年シンポジウムでの基調講演と指定討論の要旨を再構成した。

人生、楽しくするもしないも、自分次第
～仕事と学生生活をプロデュースする方法～

株式会社グランドビジョン・代表取締役社長　中尾　賢一郎
1998（平成10）年3月卒業

1．はじめに――まだまだいっぱい成長したい

みなさん、こんにちは。中尾といいます。

さきほど中山先生と16年ぶりに再会してびっくりしたんですが、老けたなぁと思いました（笑）。雰囲気に関しては当時と変わらず優しいオーラがありますが、中山先生が新任で担任だったということもあって、当時の私は全然、模範学生ではなく、授業中の態度もかなり良くなかったと思います。中山先生、すみません！

それでは、今から私の半生をお話しさせていただきます。私は鹿児島国際大学、昔は経済大学でしたが、社会学部社会福祉学科を卒業させていただきまして、こうしてみなさんと会えるのは、とてもうれしく思っています。

元々この話、OBの内木場さんのご紹介で崎原先生からオファーがありましたが、最初はお断りしました。それは社会福祉士を志して、この学校に入学したのですが、実際には福祉の道に進まなかったので、皆さんの前でお話をする資格がないと思いまして。しかし崎原先生が「逆にそういう生き方がおもしろいじゃないですか」と。そう言われると断る理由もなく、何か学生の皆さんにお役に立てるのであればと、受けることにしました。

私の気持ちは皆さんと一緒で、まだまだいっぱい学んでいきたいと思いますし、成長していきたいと考えています。だから偉そうなことを言える立場ではないんですけど、最後までお付き合いください。そもそもナカオって誰なんだ？ってことなんですが、福岡で会社を運営しています。また月に1回か2回は福岡の大学や専門学校によばれてお話をさせていただく機会もあり、最近は福岡大学で講演したり、九産大の企業家セミナーでも話を

しました。先週は「厳選、福岡の5社。気鋭の社長と直接対話！」ということで就活大学4年生の学生さんを集めて、福岡の会社の社長さんと直接話ができるという企画で、講演と学生とのディスカッションをしました。このような機会に呼んでいただき本当にありがたいと思っています。

私にとって国際大学でお話させていただくのは特別な思いがあります。講演資料もゼロから作り直しまして、なんと自分で講演告知ポスターも制作しました。崎原先生が中尾さん流にポスターを作ってくださいと無理難題を言う(笑)。普通の告知ポスターでは面白くない。ふと閃いたのが、本をめくるような感じで私のことを皆様にご紹介できたらと思いました。(興味のある方は、鹿児島国際大学HPにアクセスして、福祉社会学部社会福祉学科に入り、『ゆうかり』第13号PDFを是非ご覧ください)

2. 今どこで何をしているか

私はいま株式会社グランドビジョンという会社で、社長兼プロデューサーをしています。社長といってもまだ若いので現場もやっています。福岡に行かれたことのある方は天神という地名がわかると思いますが、その天神にオフィスがあります。建物自体は古くて築40年ぐらい。1階2階3階と借りておりまして、壁面を緑化しています。都会のオアシスみたいな感じですね。自分のことを森の住人と言っています。今、従業員が91名です。社員が43名。1階はレストランに貸してるんですけれど、この写真は社員のみんなで夜、懇親会をやった時の記念写真です。ご覧の通り、若い社員が多いです。私の横にいらっしゃるこの方は、社員ではなくてエステーという会

楽しいって楽じゃない!!　だから!!
(写真最前列中央の左・中尾、右・鹿毛)

社の消臭力っていう商品を皆さん知っていますよね。歌のうまいミゲルくんが出てくるＣＭ。その宣伝責任者であり、クリエイティブプロデューサーの鹿毛康司です。個人的に仲良くさせていただいておりますが、尊敬する業界の先輩です。

グランドビジョンという会社の紹介をさせていただきます。グランドビジョンが目指すビジネスモデルは、事業プロデュースです。「21世紀にもっとも必要とされる真のパートナー企業へ」という企業理念を掲げています。

私は社会人になって広告畑で働いてきまして我々の存在ってなんだろう？とずっと考えてました。例えば、飲食店とか、車のディーラーさんのように直接消費者に何かを届けるのではなくて、クライアントの商品だったり、企業を世の中に知ってもらったり、買っていただくきっかけをつくるプランを考える仕事をしています。仕事を一緒にするクライアントと、単に発注と下請けという関係ではなくて、真のパートナーという関係でありたいと起業理念を追求しています。

なぜ、21世紀なのかということについては、私が卒業したのは１９９８年で、そこからかれこれ15年くらいですね。何が明らかに変わったかというと、やっぱりインターネットです。今、いらっしゃる学生さんはケータイで、普通にスマートフォンでインターネットをする時代で、就活するときはリクナビとか結構メールだったりとか、ネットでエントリーしたりとかすると思いますけど、私が大学生の時はひたすら電話を掛けるそんな状況で、インターネットっていうのはなかったですね。２０００年に入っても最初の頃はネットで何かを買うとか、買っても粗悪品しか届かないとかそんなイメージがある時代でした。今はもうソーシャルネットワークが進んで、本当にコミュニケーションのあり方、イコール、広告のあり方っていうのも変わってきています。私が元いた会社は電通ですが、本当に大きないい会社です。ただやはり20世紀初めに出来た会社。で、僕らは21世紀に出来た会社。明らかにコミュニケーションのあり方が変わっている中で、僕らはこの21世紀にもっとも必要とされる真のパートナー企業を追求したいという思いでやっています。

今、弊社のクライアントは約十数社です。通販のメーカーが多いですが、最近はＪＲ九州さんとかテレビ局もございます。あと宮迫さんがＣＭをやっているスカルプＤで有名なアンファーさん。そこのコールセンターとかいろんな企業さんのプロデュースをさせていただきまして、パートナーとしてコミュニケーションマーケティングを主軸に、企業さんの企業価値を高めるべく、日々頑張っております。

私たちは、企業の「専属トレーナー」みたいなものです。目標の数値がある時に一緒に共有させて頂いて、私たちがトレーナーとなって一緒に目的、目標達成に向かって頑張ります。実際に考えたら、お金を払うのはお客様（企業）。順調に目標に向かって進んでいる時に、お客さんが暴飲暴食をしてしまったり、トレーニングをサボったりすると、目標を達成するのが遅くなったりしますよね。その時、トレーナーは怒ると思うんです。でも、実際にはお金を払っているのはこの方（お客様）で、お金をもらっているのはこの方（スポーツジム）ですから、お客さんは「お金を払っているのは私よ」って言ってもおかしくはない訳です。そういう意味の利害関係はあるんですけど、僕らはお客様（企業）がそのビジョンを達成したいというのであればトレーナーのように、厳しいことも言うし、一緒に切磋琢磨し、汗を流し、笑い、涙し、と目的に向かって熱い想いでやりたいと思っています。

グランドビジョンは広告代理店とか広告企業にカテゴライズされますが、弊社は広告会社だとは言っておりません。広告っていうのは、企業価値を上げる一部であると思っています。広告のプランニングもやりますけれども、コールセンターもありますし、事業計画の立案やコンサル、メディアのバイイング、映像の制作もやります。最近は商品の開発をメーカーさんと一緒にするケースも増えてきました。良い素材を持っているけれども、それをどうやって開発すればいいのかわからない。だからマーケット側からの視点で、一緒に商品を開発してくれないかってことで、今は宮崎とか京都の企業様の商品開発もやっております。あらゆる面においてクライアントにお役に立つべく、お手伝いをさせていただいています。お互いに基本的には情報もオープンですし、しっかりと秘密保持契約を結ばせていただいておりまして、まさにパートナーシップで取り組んでおります。

分かりづらかったかと思いますが、ざっくりとこのような感じです。広告で言うとCMとか番組の制作。もちろん、新聞広告やインターネット、ホームページ、バナー広告も作っております。

3．私のプロフィール

私は鹿児島県出身で桜島と焼酎をこよなく愛する薩摩隼人です。福岡でも鹿児島県人会なるものを立ち上げて、私と同世代が多いんですけど、2カ月に1回くらい、鹿児島の人がやっている居酒屋でみんなでわいわい盛り上がるんです。焼酎を飲みながら。私は鹿児島が大好きなんで、鹿児島から通えるものなら通いたいです。本当に鹿児島に生まれたことを誇りに思ってます。

私は94年に鹿児島経済大学社会学部社会福祉学科に入学しました。中山先生が最初の担任で、無事4年で単位を取り卒業させていただきました。ゼミは、蓑毛先生のゼミに入りました。私は高校からラグビーやっておりまして、大学でもラグビー部に入部したのですが、僕の時は結構強かったんですよ。同級生には花園に出場したキャプテンがいましたし、九州で1部リーグにまでいけなかったですけど、2部リーグで結構いい試合してて、合宿とかでも福岡や県外に遠征に行って社会人とも試合したりしてました。楽しいキャンパスライフを描いて、ラグビーが好きで入ったんですけど、まさかこんな過酷な練習を大学でするとは思わなかったです。一回辞めようとしたんですけど、先輩が、バイト先の天文館のモスバーガーまで来て「辞めるな!」って言われて、思い留って結局ラグビーを続けたんですけど、本当に今思うと良かったです。心底きつかったですよ。本当に練習きついし、先生たちには申しわけなかったですけど、授業はサボってもラグビー部はサボらなかったですからね。飲み会はきついし、ラグビー部で本当にいっぱい学びました。先輩後輩、縦社会もだし、お酒の飲み方も学びました。

あと大学時代と言えばアルバイトをいっぱいやりました。土方もやりましたけどモスバーガー、フォルクスとか。ダスキンで営業もやりました。この時は、「学生であることを黙ってなさい」って言われて、モップとかマットを「借りて下さい」って営業してました。ガソリンスタンドとか小学生の家庭教師は、4年間やりました。あとは、治験のバイト。給料がいいんですよ。メディカルセンター3泊4日ぐらい泊まってやるんです。治験というのは薬の人体実験のことであんまりおすすめしちゃいけないんですけど、高収入だということでやりました。ラグビー部だとみんな体格いいじゃないですか、注射1日10回ぐらい打たれました。学生時代しか出来ない体験ですが、アルバイトを通じて社会をいっぱい学びました。

4. なぜ最初に社会福祉を志したか?

高校3年生になるといろいろ考えますよね。大学入るか、専門学校行くか、就職するか。僕は、大学に入る意味がよく分かんなかったんです。高校までは入るものだと思ってましたけど、大学から先って就職じゃないですか。何のために行くのかなと思ったんです。めちゃめちゃ頭が良くて東大入るぐらいだったら、行っとくかって感じだと思うけど。その先の就職に関して考えた時に、大学に行っても当時、『あすなろ白書』ってキムタクとかでブレイクしたドラマがあったんです。楽しいキャンパスライフ、夜は合コンがあるみたいな、楽しそうだけど、絶対にダメになるなと思ったんです。そういうイメージしかなくて、だったら専門学校にいって資格を取った方がよっぽど就職できると思いました。ただ、いろいろ真剣に考えて、鹿児島国際大学には、社会福祉学科がある。その当時からこれからは高齢化社会になるって言われてました。社会福祉学科に行ったら社会福祉士の資格が取れるかもしれないし、就職に困らない可能性も高いのではないか。そう考えて、福祉の道を目指そうと行くことを決意しました。

私が卒業した小学校は、私立で、障害を持った子達とも学級を分けるんじゃなくて一緒に授業を学ぶんです。だから障害を持った子達に対して何か壁があるとかそんなものは一切ないんです。そういうのは当たり前だったしそういう学校だったし、老人施設だとか障がい者施設に行ってクリスマスの劇とかよくやりましたし、歳末助け合い運動で山形屋の前で歌を歌って募金を募ったりしました。福祉が嫌いだったとかいうことは無かったです。

学生生活がはじまると、結構、楽しいキャンパスライフで、ラグビーはきつかったですけど、そんな中で勉強をやってましたが、正直あんまり身がはいらない。そんな時、気付かされたことというのが、僕が1年生の時なんですが、阪神淡路大震災がありました。当時、私はこの震災を見た時「たいへんなことになってるな」と思ったんですけど、どっか自分事ではなかったですね。地震が起きた、すごい！ 大変だ！ぐらい。その時に気づかされたのはボランティアに参加する同級生たちの姿を見てちょっと人生を考えさせられました。一昨年あった東北の震災。ボランティアで参加された方ももしかしたらいらっしゃるかもしれませんが、私の時も同級生が阪神淡路大震災のボランティアに行くんですよ。お金は持っていないから、車で乗りついで、みんなで行くわけです。そういう姿を見ていると、自分は色々な理由で、アルバイトだラグビーだ大学だとか理由をつけて行かなかったんです。あとでボランティアに行った時の写真を見せてもらったらほんとにいい顔をしていたんですよ。あれを見た時に、何で俺にそういう気持ちが湧き起らなかったのかと、考えたんです。本当に福祉の気持ちがあったのなら、行ったんじゃないかとそういう気持ちになりました。

5．俺、本当は何したいんだっけという悩み

自分が好きなこと、夢中になれること。幼少期までもう1回さかのぼったんです。幼稚園から小学校位まで何が好きだったっけ？とか、自分探しです。そのときにアイディアを考えたりすることが純粋に好きだったんだなって気付きました。先ほど、劇をやったとか話しましたけど、脚本を書いたりとかアイディアをだして、何か演出したり、絵を描いたりとかするのが好きだったんで

す。そういう自分に気付きました。そんな時、家の部屋の2階のベッドでボーッとしているときにチラシを見ていたんです。ふと飛び込んで来たのがコピーライターという言葉で、最初は「なんだそりゃ?」という感じだったんですけど。

コピーって広告の文章ですね。最近だとホンダの「負けるもんか」っていうCMがありましたけど、あれもコピーだし、有名な所では「そうだ京都いこう」とかありますし、名作コピーと言われていますサントリーのコピー「なにも足さない。なにも引かない。」というコピーとか、サントリーの「このろくでもない、すばらしき世界」とか。そんな仕事が世の中にあるんだって、チラシで知ってなんか面白そうだなって、単純にそう思ったんですよ。とりあえず通信講座をはじめたんです。2万8千円くらいです。僕にとっては大金でしたけど、もんもんと悩んでいた時だったので、とりあえず始めたんです。なんかスイッチが入るじゃないですか。そんな感じではじめて、いつしか広告関係の仕事って無いかなって探してたんですよ。

ある時、大学の掲示板にCMのAD(アシスタントディレクター)募集の紙が貼ってあったんです。ほんとうに運命的な出会いなんです。それ見つけなかったら、今の自分はないです。20歳の時でした。さっそく電話して、面接に行って。紫原にある小さな映像会社でした。最初の仕事は面接から半年後ぐらいたってからでしたけど、呼ばれて、アルバイトが始まった。1回行ったらまた呼ばれるんですけど、最初の現場は「ふぁみり庵はいから亭」です。「カット」とか言う、かっこいい監督がいてその横の横の横で雑用やっているような、そんなアルバイトがその後も続きました。1年くらい経った時に、自分がやりたいのはコピーライターでCMのADみたいなことじゃない、プランをやりたいなんて思っていたので、その映像会社の方にご紹介していただいて、天文館にあるシイツウという広告企画会社に行きました。その時の先生が崎原先生にちょっと似てるんですけど、深尾さんと言って、僕の師匠なんです。面接で「ラグビーやってるんですけど、いいですか?」って聞いたら「いいよ。空いてる時間で来なさい」って言われて。それで、アルバイトで通うことになりました。

6. 目指すは、花の都「大東京」

21歳の後半に、就職先をいよいよ意識しました。僕の中では福祉ではなく、広告業界を目指そうと。そこで、行くんだったらやっぱり東京だろうと。花の都「大東京」を目指すんですよ。長渕剛といっても若い人はわかんないかもしれませんね。「とんぼ」という歌の歌詞にあるんです。私はこそこそするのは嫌なんで、バイトしていたシイツウの深尾社長に宣言したんです。「社長、俺、東京受けに行きます！」。そしたら「やめとけ」と。「東京に行ったら、本当に人はいっぱいいるし、その一部だぞ。鹿児島だったらなんでもできるぞ」って言われても、その時には東京に行くことしか考えてなかったんで、タレントとかが出てくるＣＭは、東京じゃないと作れない、と思ったんですよ。鹿児島では大きな仕事は出来ないとその時は思いました。東京の会社の就職先の情報がないので、マスコミ電話帳でコピーライターの会社を片っ端から調べてひたすら電話をする。今みたいにホームページはないから大変でした。コピーライターの会社って経験者を求めていて、新卒採用とか、あんまりやってなかったんです。でも新卒採用をしている広告代理店とかじゃなくて東京のコピーライターの会社だったら、どこでもいいって感じで電話をしまくって、親からお金を援助してもらって、東京の同級生の家に間借りして就職生活をする日々でした。

偉い方が会ってくれるんですけど、やっぱり馬鹿にされるんですよね。鹿児島って本当に田舎って思われているし、東京の学生がいいよねって言われるし散々。一生懸命考えた鹿児島のディスカウントスーパー「ビッグⅡ」のラジオ原稿を「僕、こんなのが作れるんです」って持っていっても、まず「ビッグⅡってなんですか？」から始まり、「こういうのは持ってこないほうがいいよ」って言われたり。私は自分にすごく自信があったんですけど、全然ダメで。けんもほろろ。

おまけに普通就活って紺のリクルートスーツでやりますよね。僕知らなかったんで、ダブルのグレーのスーツで就職活動をしたりとかして。あかんでしょ？　あかんけど、これで就職活動をして。これ、マジです。あんまり格好は関係ないって感じで目立とうと思うんです。いま思うとおっちゃんスタイルで東京で汗をかきながら就活やってました。そんな苦労しながらもなんとか1社内定をいただきます。「面白いね、君」って感じで。六本木にあった制作会社で内定を頂いたんですけど。

7．就活でまなんだこと

就活では、まずあきらめないことだと思いました。「あの会社どうせ自分が入れないかもな」とか、だから受けたって無駄かなって思いがちですけど、今しかないです。大学生は3年生から4年生にかけて就活すると思いますけど、新卒で就活できるのは今しかないです。結局、恥をかけるのは今しかないです。だから、思いっきりぶつかった方がいいと思います。書類で落とされることもあるかもしれませんけど、まずチャレンジすることが大事じゃないかなと。チャレンジできる権利は、平等にありますから。まずはあきらめないということ。あとは、謙虚にあつかましく。学生で生意気はダメです。もちろん。でも、あつかましさは大事です。だから、極端な話、社長に直電してもいいわけです。エントリーして書類で云々でじゃなくても、そこが好きだったら思いっきり飛び込んだり、謙虚に、でもあつかましくしたほうがよいということ。遠慮してたって絶対得はないです。あと、OB訪問で事前に面談したりとか、お話しする機会があったら絶対熱く語ることです。1社内定をもらったのもそれでです。100社くらい受けて、受かったのは1社です。お会いした方全員に熱く語りましたけど、まあ相手にされない。でもやっぱり相手に合わせるとか、そういうのじゃなくて、自分のことを熱く語ることが大事じゃないかなって思います。

8. 鹿児島に残ることを決めて

東京に就職が決まりました。よっしゃ。花の都大東京で一発やってやるぞと思いましたけど、ここからドラマがあるんです。一昨日、私が今日ここでしゃべるという新聞の記事が出たみたいで、うちの親が見つけて電話してきたんです。ホントは私、こっそり来ようと思ってたんですけど……。今日は母親と嫁さんのお母さんが後ろに来ているんです。この両お母さんを大変困らせた事件です。なんと就職も決まった大学4年の時に彼女が妊娠してしまいました。「どうする、俺!」って感じです。東京? 子供産む? どうしようと……。当時はできちゃった結婚とかそんな言葉もなくて。いまから17年前か18年前の大学4年生ですよ。もう悩みましたよ。就職決まったたって言ったたって東京だし、どうしようかなって。で、悩んだ末に学生結婚を選択しました。大変親には迷惑かけたし、彼女の親父さんにはなかなかオッケーをもらえなくてですね。それはそれは大変でした。最終的に私の親父が「こういう時は男親が悪いんだ」と頭を下げてくれて、結婚することをゆるしていただけることになりました。しかしそのときは本当に悩みまして、これも神様のお告げかなというふうに思いましたし、今の嫁さんとは、いつかは結婚したいなって思っていたとはいえ、恥ずかしかったです。「あいつ、子供ができたらしいよ」っていう友達の噂が。「アメリカのドラマとかでそんなの見たことがあるけど、まさか俺の身近で鹿児島の大学の中であるとは思わなかった」って言われて。そんな言葉に傷ついたりしたんですけど。でも、結婚式ではみんなに祝福してもらって。蓑毛先生にも結婚式に出てきていただいたりして、結婚式も挙げてくれた両親には感謝しています。

鹿児島に残るという事になり、では就職どうしようということで、もう一度アルバイトしていたシイツウの深尾社長に、「大変申し訳ありませんでした」と頭を下げまして入社させていただくことになりました。ありがたかったですね。いまでも深尾社長には感謝してますし、交流があります。私の目指したコピーライターって職業はなんでもやらないといけないんです。鹿児島だからっていうのもありますが。ラジオの原稿の製作、テレビのCMのプランニング、イベントの企画、イベントのスタッフなど本当に広告に関することはなんでもやる。23、4歳ですからやらないといけない。夜中の2時15分に完成みたいな。CMで使うキャラクターの制作をやったんですよね。こんな日々でしたね。

9．大学時代に学んだこと

やっぱりいろんなチャレンジができたことが本当によかったなと思います。アルバイトをたくさんしたって話しをしましたけれど、擬似社会人体験ができたし、色々チャレンジができたな、って思ってます。ラグビー部の話もしましたけど、根性論。とにかく、教わりました。理不尽を含めていろいろきつかったですけど、本当に先輩方には感謝しています。酒の飲み方も、社会に出たらこんなにお酒を飲む機会が多いのかって言うくらい多くて。先輩に注がれたやつは飲まないといけない。今はそういうのでパワハラって言葉があるみたいですけど。うちの会社には、パワハラって言葉はないですけどね（笑）。誰かに言われてやったわけではないんですけど、自分探しを大学の4年間があったからこそできたことじゃないかなと思っています。

反対に、大学時代にもっとしておけばよかったなって思ったのが、やっぱ勉強です。単位は要領がいいから先生にも大目に見てもらって何とか取れたんですけど、社会に出てからわかりました。こんなに勉強できる機会があるんだったら、福祉の勉強とか経済の勉強をやればよかったなって。もっと勉強できたかなと、ほんと思います。1年休学してでも海外に語学留学に行ったら良かったかなぁとも思ってます。社会人になってからはなかなか難しいんです。大学時代だったら行けたなあと思ってます。あと、バーテンダーをやりたかった！　学生時代に水商売のアルバイトはさすがに親からも怒られるかなあと思ってやらなかったですけど。

10．電通九州に入って

26歳の時に転機がありまして、電通って会社に入ります。広告代理店と言われる会社のなかで一番の大手で、120年近くの歴史があるのかな？　シイツウにいる時から電通の仕事をしていたんです。下請けみたいな形で。その仕事ぶりを見ていてくれて誘って頂き、鹿児島支社に2001年に転職します。この時に2番目の娘が産まれたんですけれども。プロモーションプランナーということでイベント企画、キャンペーン、販売促進をすることになりました。電通って、そんなに簡単にはいれる会社じゃないんです。そこに入れたことがすごくラッキーなことだったんですけど、僕の中ではこれもひとつの心の挫折だったんです。福祉をあきらめたのとちょっと似ていて、コピーライターを僕は目指していたんです。だけど現実は本当に厳しかったです。すごい先輩たちがいて、コピーライターと肩書きが名刺に書かれるのはいつのことだろうと悩んでいました。そんな時に転職するわけですが、電通から求められたポジションはプロモーションのプランナーでした。コピーライターとして僕が呼ばれたわけじゃないんです。だから、結構実は葛藤だったんです。環境を変えたいというのはある意味、自分のこれから進むべき道というのを考えるタイミングでした。

電通九州という会社に入ってからは、様々なセールスプロモーションに加わりました。NTTのBフレッツなんて全然知られていない時代、結構予算も潤沢にあって、ラッピングバスを作ったり、大きなイベントもしました。鹿児島といえば焼酎メーカーさんが多いので、空間プロデュースだったりとかイベントの企画もやりました。

2004年に新幹線が鹿児島から新八代間で一部開業するんですけど、それにともなって2年前ぐらい前から鹿児島県観光PRプロモーションを九州各県でやったんです。鹿児島にお越し下さい！と観光PRの企画をやってたんですけど、その中で思い出深いのは、鹿児島の観光PRのキャッチフレーズを考えようというところで「風は南から」というテーマでプレゼンして、見事これが採用されまして鹿児島県の観光PRに関わりました。長渕剛さんの最初に出したアルバムCDの1曲目のタイトルが「風は南から」なんです。鹿児島に新幹線が来る。風は南からおこすぞという意味から、長渕さんのタイトルがすごく良かったんで、「風は南から」にしたんですが、長渕さんに文字書いてもらうということでオファーしまして、あがってきたら「風」しか書いてなくて、「あー。まいったぞー」と思ったけど、どうしようもなくて、「は南から」ってデザインしました。これがいっとき鹿児島のいろんなところに貼られていたと思います。この時期、私は新幹線に縁があって、2011年に新幹線は、全線開通して博多まで1時間20分で行きますね。この開業記念のプロジェクトの計画策定にも私が責任者として携わりました。

あと長渕さんネタなんですけれども、桜島オールナイトコンサートが2004年にありまして、その3年くらい前に横浜スタジアムで「桜島でやるぞ」と言ってから、長渕さんと仲がいい興業会社の社長さんが「中尾、これから一緒にやるぞ！」みたいな感じで、こんな鹿児島が盛り上がるチャンスはない、結果的に55億円の経済効果があったと南日本新聞に出てましたけど、PRをやったんです。このコンテンツをいかに生かしていかに鹿児島を盛り上げるかを考えて、さまざまな企業さんに提案して、タイアップみたいな形で実現しました。タカプラの壁面は2週間で何十万って広告料がいるんですけど、タカプラの社長に「鹿児島を盛り上げるために長渕さんの巨大ポスターを貼らせてください！」と言って、無料にして下さいました。長渕さんはこれを見てすごく喜んでくれたらしいです。

桜島に入って1カ月間死にそうでした。3日間ほぼ寝ずに、当然ですがライブなんて見れないですね。スポンサーがいっぱいますから、テントだしてるんです。コカコーラとかローソンさんとかタイヨーさんとかいろいろお店出店しているんです。8万5千人が買いに来てくれるだけじゃなくて、熱中症でいっぱい人が倒れるんです。長渕さんは夜9時から朝の日が登るまで、ほぼ、歌い続けるということだったんですが、心の中では「早く太陽が上がってくれ！」と思いながら頑張りました。思い出深い仕事でしたが、実はこの仕事が終わったら、「中尾を福岡に転勤させるぞ」って決まってたらしいんです。それでもこの仕事までは中尾にさせないかんという会社からの後押しで、終わった直後、福岡に転勤になりました。

11. 20代でまなんだこと

やっぱり質より量、とにかく仕事を断らない。よく、うちでも新卒の学生とか若い子がいるんで言うんですけど、とにかく、質じゃなくて、まずは量でいいから、とにかくたくさん量をこなしなさいと。アイデアとかも、1案、2案、じゃなくて、だめでもアホと言われても何でもかまわないから、とにかく100案出す。とにかく量をだすということと、量に関わるということです。先輩から、これやってって言われた仕事は断らない。これは大事じゃないかな。やりすぎて、上司から呼ばれて、お前はなんでもかんでも、ハイハイ請け負ってと怒られたこともありますけど、でも、自分は頑として、全て自分の経験になると思ったんで、ほんとに小さな仕事から、大きな仕事まで、どんな仕事でも請けました。

また仕事は現場が大事ですね。今でもできるだけ現場に足を運ぶようにしています。あとやっぱり、尊敬する先輩の言う言葉は、素直に聞く。師匠を作ることが結構大事だなと。みなさん社会に出て、上司がいると思います。仕事のできる人もいれば、そうでない、いろいろいます。その中で、この人は、という先輩がいて、この本良かったよ、と言ったら、絶対、それを借りるんじゃなく、買って読む。あの映画良かったよと言ったら、観る。あれ美味かったよ、と言ったら食べる。とにかく真似をするというか、できる先輩は、できる生き方してますから。やっぱり素直に聞くことです。「えー」とか「あー」とか言わない。もう、聞く。そういう方が師匠になりますので、それが自分の成長する一番の近道だと私は思っています。これは本当に20代で学んだことです。

29歳から30歳になる時に、同世代で一番仕事をしてきたんじゃないかなってマジで思いました。広告業界でとか、同じ会社の中じゃなくて、29歳の同級生、九州のあらゆる同級生の中で、絶対一番自分が仕事をしているじゃないかって、そんなの計ることはできないですけど、そう思えるぐらいでした。決して、自分が出来る仕事のレベルはそう高くはなかったかもしれないですけど、量はやったって、ほんとにそう思って30代を迎えました。

12. 電通九州福岡本社に行ってから

29歳で福岡本社に転勤になりました。映画のプロモーションで、『スパイダーマン』とか『アイアンマン』とか、ソニーピクチャーズって言う映画のプロモーションに携わせていただいて。東京でレッドカーペットのプレミアにも行かしていただいて、ウィル・スミスに握手とかしてもらって、それをスポンサーに見つかって、怒られたりしたんですけど、お前、仕事で行ってるんだろ！って(笑)。でもウィル・スミスだったらいいだろ、って思ったりして、そんな感じで、いろいろ面白い仕掛けをやりました。

映画のプロモーションでは、CMをやって、認知をとって、映画に来てもらう。これは誰でも考えつく事じゃないですか、そんなことじゃなくて、話題になる仕掛けをして、「行ってみたいな」「こんな映画があるんだ」とか思わせたくて色々な企画をしたんですけど、そんな中で思い出深いのでは、福岡の天神のイベント広場でやった、『ハルク』の砂像企画。天神に単純に看板つけていても面白くないし、そこで筋骨隆々のやつを砂像で作れるんじゃないかと思ったんです。天神のど真ん中で、砂像の『ハルク』が出現して、夜はライトアップで緑になったら、思いっきり迫力あるし、話題になるだろうなっと思ってやったら、案の定、話題になって作っている工程も、みんなが面白く見てくれたりして、写真とか撮ってくれたりしました。でも、今の時代だったら、フェイスブックとかにアップしてくれたりしますよね。今だったらもっと広がったんじゃないか。

あと、思い出深い仕事で、ケミストリーが5周年の時に、ソニー・ミュージックから、ケミストリーをPRしたいという話があって、でもPRイベントとか、こんな芸能人が正直、福岡まで来てくれないですよ。私も、単なる地下鉄の中吊り広告とか駅貼りポスターだけじゃなくて、車両自体全ラッピングして、この中にあるポスターを全部ケミストリーにしてみようという面白い仕掛けを考えたんです。交通局に何回も通っては実現すべく提案をしたのですが「ケミストリーってなんかいいですね」って言うけど、上にあがる段階で、「なんだそれ」って。だいたい上の人って55歳以上の方が局長だったりするんで、なんだケミストリー？　みたいな感じでなかなかOKが出ない。何とか足しげく通って、説得してなんとか了解を得ました。そうなるとケミストリーの事務所も「面白い事を福岡でするじゃないか、それだったらケミストリーも行くよ」って事になって、1カ月ケミストレインという地下鉄も運行しましたし、イベントの日は運行中の車内で握手会をしました。泣いて喜んでいる人も多かったですね。私もそれを見て「いいことしなったなぁって感動しました。

あと思い出深いのは、博多の土産、如水庵の「とっとーと。」ってあるんですが、これも鹿児島に住んでいたからこそ産まれた企画です。最初「如水庵」というお菓子屋メーカーさんから新しいお菓子を作ると言われて呼ばれたんです、なんで呼ばれたかっていうと、どう広告するかっていうプランを提案してほしいということでよばれたんです。最初ははじっこで見ていて下さいと、言われて。何を見ていたかと言うと、パッケージを決める会議をやっていたんです。プロジェクトメンバーがパッケージデザインを30枚ぐらい貼ってパッケージ屋さんが提案していたんです。Aがいい、Bがいい、Cがいい、とみんなが意見を言って、もう今日で決まるみたいな感じだったんです。せっかく電通さんも来ているからどれがいいか言ってくださいと言われて、私は「この中にはありません」と勇気をふりしぼって言ったんです。

この時僕は広告をすること、CM、新聞とかの企画を期待されて呼ばれたんですけど、「お土産ってCMやっても買わないです、その予算があるならパッケージに予算をかけるべきだ」って話をしました。みんな「ええっ」といった感じなんですね。博多のお菓子のパッケージデザインはガチャガチャしたものが多いなっていうイメージが正直あって、一方鹿児島を見ると「明石屋のかるかん」とか「薩摩蒸気屋」とか非常に品がいいんで僕好きなんですが、どうせ同じ値段だったら、自分のために買うわけじゃなくて、誰かに届けるために買うわけだから、同じ値段で少しでも高そうとか品があるお菓子があっていいんじゃないかと。そんなに言うなら提案して下さいと言われて、どうしようと思って、それをホームページから引っ張って来て、デザイナーになんとか5日でお願いします。と言って、頭下げて、できたのがこれです。お菓子って生まれても、消えて行くお菓子が多いんですけどお陰様で予想を上回る大ヒットになりました。今も福岡に行ったらありますんで、ぜひみなさんも福岡にいったときは買って下さいね。

13. ベンチャーに転職して、そして創業

34歳の時に、ベンチャー企業に転職することを決意します。正直、電通時代の僕はすごく苦しい時期もあったんです。福岡に来たばかりの時が一番きつかった。レベルが全然違い過ぎて、すごい期待されて行ったからこそ、活躍できないとやっぱりみんなをがっかりさせるんです。

それでまた色々、陰口も言われるし、わざわざ鹿児島から呼んだのにとか、陰でいろいろ言われてきつかったです、2年半くらい。まあ、その後は徐々に結果が出てきて、後半は、どんな、ほぼおっきい仕事も中尾に頼めみたいな感じで、ありがたいことにほんとにいい仕事をたくさんさせていただくようになったんですけど、今度はちょっと物足りなくなったところがありました。それといい年になってきて、僕は組合の役員なんかもやってたんですけど、大きな会社の組織としての限界も感じたきっかけにもなりました。

先程、冒頭で広告とかコミニュケーションのありかたが変わって来たと話をさせていただきましたけど、どうせ残りの半生、命使うんだったら、自分が思い描くようなビジネスモデルを追求し、仕事をもっと主体的にやりたいと。でも電通で役員になるのには20年以上かかるわけですよ。そうならないと、会社ってなかなか動かせないっていうか。僕自身はやっぱり自分のもっと目指す会社をつくりたい、そういう仕事をしたい。

そういう思いがあって、せっかく入ったのに親にも内緒で辞めて、ベンチャーに転職したんですけども、ここからが大変だったですね。当時、そのベンチャーは社員20人くらいの会社で小さな会社に後戻りみたいな感じです。なんで独立せずにその会社に入ったかというと、僕は、社長になりたいわけじゃなかったんで、その社長の

考え方が合うなって思ったんでいったんですけど、結局方向性の違いで解散。これ話すとここだけで2時間くらい話できますんでこれはまた、呼んでいただいたら何があったという真相を話しますけど、相当なことがありまして、会社が一家離散じゃないですけど、本当、大変だったんですね。これ以上、この社長にはついていけないと思って、一旦、解散することになりました。

36歳で意を決して、２０１１年にグランドビジョンを創業しました。西郷隆盛は無血開城を36歳の時に実現したわけですけど、あんなでかい仕事をしたのに、僕なんかちっちゃいじゃないかと、まだまだやれるぞと思ったのを覚えています。

14. グランドビジョンの組織と事業

「仕事くださいっ」て新規営業する会社じゃないから、アクティブに動けってことでアクティィ部という部署を作りました。普通の企業で言えば営業部門ですが。「アクティィ部の本多です！」って言った方がお客さんも「君は元気だね」って感じになると思ったんで、アクティィ部って名前にしました。最初、社内から反対もあったんですけれど（笑）。またポジティィ部という部署もあるんです。ここはクリエイティブの制作でＣＭとか番組作ったりする部署、普通はクリエイティブの部署は、制作部とかいうんですけれど、うちが作るのはすべてポジティブだっていうことでポジティィ部にしました。そんな感じで各部署にはそれぞれリーダーがいて社員がどんどんどんどん成長して優秀になってくれています。

私が福岡ですごく大切にしている事業があります。伝統文化芸能継承を目的とした「空海劇場」という地域活性化イベント事業をやっています。東長寺というお寺が博多駅から徒歩十分ぐらいの所にあるんです。日本一の木造の大仏様が飾られてあるお寺です。１２００年前に空海が遣唐使で中国に渡って、真言密教の最高の位をたった2年半で貰って帰ってくるんです。本当は20年遣唐使として行かないといけないのに2年半で戻ってきたので京に帰れず福岡で潜伏するんです。空白の2年半ていわれているんですけど。このときに立てたお寺が東長寺というお寺といわれてまして、僕はそのことを２０１０年に聞いたとき、ちょうど電通をやめたあとですけど、自分でずっと新幹線とかで観光関係とかいろいろ関わってきたけれど博多といえば、グルメとかファッションとか駅ビルができるとかそんなことばっかりで、歴史とか文化とかに目を向けてなかったなと自分を恥じました。空海が建てたようなお寺があるのに誰も知らない、これはいかんなともっと若い世代の人たちにもっと関心を持つ機会を作るべきじゃないかということで空海劇場という名前も僕が考え立ち上げました。

　空海という人は単なる宗教家じゃないんです。書で有名ですけれどもたくさんの伝説もあります。最先端の大陸文化を中国から持ち帰ったっていうことで、新しい文化が日本で花開いたともいわれています。空海は、初めていわゆる学校、綜芸種智院という大学を作るんです。民衆が行ける大学を最初に作ったんです。それまでは、ほとんどが位の高い人しか行けなかったし、当時学ぶということはできなかったのです。空海はそういった意味では本当に民衆にも人気があった人で全国各地に空海伝説とかがありまして。そういう意味では宗教家という枠を超えて今でいうプロデューサーみたいな人ですね。あらゆることに携わったわけですから。

　九州にはさまざまな魅力的な伝統文化があります。鹿児島には大島紬もありますけれども。博多だと博多織とかですね。空海劇場を出した２０１１年に伝統文化だとか音楽とか工芸とかそういったものをより集めたイベントを３日間やりました。最後は薪能ということで、空海を題材にした能をやったんです。見事、３日間雨降らなかったです。初日はクオンタイズという鹿児島出身で福岡在住のファッションデザイナーに「お寺で今度イベントやるからファッションショーやろう」と誘ったんです。ただ洋服のショーやっても面白くないし、コンセプトも違うので大島紬、博多織、久留米絣をドレスにしてオリジナルで作って、東京コレクションに出るようなモデルさんもボランティアで出てくれて、ファッションショーをやりました。

　さらに昨年はイベントはもちろんやりましたし、文化に触れてもらう機会を作ろうということで初心者向けの茶道教室だとか博多の歴史を学ぶイベントだったり、書の勉強をしたり、いろんな企画を去年は１カ月に渡ってやりました。今年は11月に大濠公園能楽堂という所でやろうと思っています。しかし最初の頃は協賛集めがほんと大変だったんです。正直自主興行って大変です。ぜんぜん黒字じゃない。鹿児島って歴史をすごく愛する文化があるじゃないですか。福岡は何かリトル東京みたいなところがあってその辺が希薄なんです。もうちょっと伝統文化というものに興味を持つようなことをやんなきゃいけないんじゃないかなというのを思っていて、僕が頑張れるかぎりは毎年「空海劇場」を開催したいと思っています。

　今年の5月、崎原先生にも来ていただいたのですけれども。「ディクショナリー福岡」というイベントも開催しました。若い人は知らないかもしれないですけれど、元スネークマンショーの桑原茂一さんというプロデューサーと一緒に「これからは東京じゃなくて福岡、九州だ！」と意気投合しまして、それで面白いことをアジアに向けて発信するには面白い人を作んなきゃいけないということで、桑原さんのお友達のリリー・フランキーさんと、脳科学者の茂木健一郎さんの2人をお呼びしてイベントを開催することにしました。

でも普通の講演会じゃなくて土俵を作って土俵の上で心と心がぶつかりあうような、そういう企画を考えました。リリーさん、茂木さんを両横綱にして土俵でトークでぶつかり合うという設定です。私は行司をやりました。事前打ち合わせは一切無し。レベルファイブというゲーム業界で有名な日野社長とか、世界的なアートディレクター黒田征太郎さん、エステーのクリエイティブディレクターの鹿毛さんやふくやめんたいこの取締役川原さん、アビスパ福岡の社長に土俵に上がっていただきました。

お客さんもお酒飲みながら見れる感じでやりました。どうせやるならお相撲さんも呼ぼうということで、大学生のお相撲さんも呼んで相撲甚句や土俵入りもしました。実際に土俵を作ってやると見ている方も参加する側もワクワクする。これからも続けてできたらいいなと思っている一つの事業です。

15. 農園事業「ホームランチーム」

福岡の糸島に土地を借りて、農園事業やってるんですね。芋やたまねぎとかなすびを植えたりしています。中心となっているメンバーはホームランチームと言いまして、男の子2人、女の子2人の計4人。養護学校を卒業してうちに入った19歳、20歳の子たちです。彼らの面倒を見ている長尾っていう頑張っている女性がいるんですけれども。その5人が中心になって農園事業をやっています。普段は会社でお茶くみしたりとか掃除したりとか、会社の周辺を掃除したりしています。農園は週に1回農園に行って農作業をします。社員も交代で行って汗をかいてます。なんでこんなことやっているかっていうと何か社会に役に立っているっていうことを実感として欲しいなっていう思いが正直ありました。

はじめたきっかけは、「農園を借りたいんですけど」っていう話を長尾がもってきて「いいねやろうか」と即答でOK。でも正直最初は不安でした。はたして農業なんて出来るんだろうかと。でもまずはチャレンジしてみようということで、雑草も生えるし大変なんですけれども、やってみるとみんな頑張るんですね。社員も、交代で月

1回ぐらいは行くようにしてるんです。うちの会社はデスクワークが多くてPCからスマホから追いかけられる毎日なんです。だからこそ、たまに土を触ったりすることも人間らしくて大切ではないかという思いもあって。獲れた野菜は売らずに社内で配ったり、カレーを作ったりしています。何とか2013年度中に他の企業に農園事業を導入できたらいいなと思っています。うちみたいな小さなそんなにたくさん利益が出てない会社でもできるんだからきっともっとやれるはずだと思ってます。世の中に休耕地、要するに使われていない農地ってどのくらいあるか知っていますか？　大阪の面積の約2倍といわれているんです。就職難だとか食料自給率の問題とかいろいろいわれてますけれど、田舎に行くと農家の方が辞められて跡を継ぐ方がいなくて更地になったり荒れてる農地っていっぱいあるんです。それなら活性化する方法が見えてくるんじゃないかなと思いまして、来年以降はNPO法人を目指して積極的に企業での導入推進のサポートしたいんです。お金儲けをするとかじゃなくて絶対に僕は企業が農業に関わるべきじゃないかなと思っています。ここ数年、特にうつ病になる人って増えてますよね。社会問題にまでなっている。一方で農業従事者とかで、うつ病になる人はいないと言われています。きっと僕はデジタル化社会のスピードを求められる時代で、人間らしさを失っているんじゃないかと。そういう意味では農業っていうのは企業が取り組む意味があると考えています。期待できる効果としては、まず企業の障がい者雇用の促進です。弊社のホームランチームもサポートします！（笑）。また高齢者雇用とや若者との交流も生み出すことが出来る。家に引っ込んでいたおじいちゃんおばあちゃんが、農地を若い人達が使うことによって、またそこで触れ合いも生まれるし、また活き活きしたシニアライフも始まるかもしれない。日本の自給自足率UPにも繋がると思います。農業への関心が高まることでのメリットはたくさんあると思っています。

講演告知のポスターにある本の帯にある「社会福祉の道に進まなかったけど、福祉を諦めたわけではない起業した先輩が語る」というのはこういうことなんですけど、社員のみんなのサポートがあって僕もできていることです。ホームランチームと僕も毎日一緒に触れ合うんですけど、彼らは笑顔が素敵なんです。僕が元気ない時は肩をぽんぽんと叩いてくれるんですが、そんなことをやってくれる社員って、彼らぐらいなんです。基本的には社員は私のことをビビッてますから（笑）。彼らは、平気ですね。元気出せよ、ファイト！ってやってくれるんです。すごい元気貰いますが、もっと障害のある彼らのような若者の雇用が増やせたらいいなと思うし、企業が積極的に雇用を促進することで、障害者のイキイキと生きる道や可能性が生まれたらいいな、と思っています。

16．おわりに――楽しいことは楽じゃない

最後に皆さんに、これだけはお伝えしたいこと。「人生は一度きり」ですね。みなさん、学生さんはこれから社会に出て行くわけですけれども、僕たちの世代は70歳まで働くのが当たり前なような気がするんです。だとしたらこれから皆さんは47年あるんです。47年後って想像できます？　想像できないよね？　47年後って、２０５９年ですね。車が空を飛んでる可能性もある。アイドルもすでに、初音ミクってＣＧアイドルいますけど、ロボットアイドルみたいなのが出てきたりとか。ありえると思いません？　みなさんが今、あたり前に持っている携帯電話って、私がみなさんの年齢の時って持ってなかったですし、携帯電話でインターネットをするとは思ってなかったですから。17、8年前でもそうです。47年後なんてどうなってるかわかんないです、本当。時代っていうのは進化していくわけです。

だからこそ、他人事ではなくて自分事として捉える。時代の変化についていくんじゃなくて、その変化の中で自分がなんらかのかたちで関わっていくってことが大事じゃないかと思います。例えば農業の話をしましたけど、農業ってさっきの近未来の世界とは別のようですけど、農業だって進化するはずなんです。福祉という世界も絶対進化するはずですし、進化しなきゃいけない。その進化することに対して自分事としてかかわっていったら、絶対面白いですね。そんなときにです、有名大学とか大企業とか僕は関係ないと思っています。これは僕は大学ではいつも話すんですけど、要は自分次第です。僕のところはまだ名もなき会社です。だけれども、だんだん大手も変わってきて、やっぱり面白い会社と仕事したいなって思っている会社の人も増えているような気がします。だから、必ずしもみなさん就職先が有名なところじゃないといけないってことは一切ないと思います。自分の心掛け一つじゃないかなと思っています。もし自分が行きたい所に行かなかったら、もしくは今いる大学が自分の第1志望じゃなかった。それで自分はできないんだって思うんであれば、あと47年、あきらめて生きるのかってことです。そうじゃないですよね？　自分を見つめること。できるだけ自己洞察を深く早目にされた方がいいんじゃないかなって思います。すると、就職活動で誰に勝つとか、会社に入ってあいつに勝つとかじゃなくて、やっぱり勝たなきゃならないのは自分なんだと気づきます。

僕が今この時点でいきついたことは、結局、怠けるも怠けないのもやるもやらないのも諦めるのも諦めないの

も、やっぱり自分。絶対あんた無理だって、とか親とかに「あんた、やめときなさい」とか言われるかもしれないですけれど、決断は自分でしないとだめです。自分の楽な方に行こうとか、そうかなと流される自分に勝つかどうかです。それは結局、自分は自分で人生を歩まなきゃいけないんだから、絶対に勝たなきゃいけないのは自分だってことは、僕は今、改めて感じています。だからこそ、自分を信じるしかないです。あの人に劣ってるとか、私はここが駄目だとか、そうじゃなくて、今できる自分を信じることが僕はすごく大事なことだと思ってます。すごい能力を持ってるんです、一人ひとり。それぞれいろんな人生を歩んできたと思うんです。でも、まったく同じ人生を歩んだ人は一人もいないわけです。自分しかいないわけです。そのどこかで何かちっちゃい成功体験でもいいから、それをクリアした自分に自信を持ってほしいな、と。

社会に出ると、色々とあります。希望しない配属先とか理不尽とか人事評価とか出世競争、ノミュニケーション、結婚、子育て、住宅ローン……色々とあるんです。大切なことは人生を楽しむことだと思います。僕は人生を１００としたら、たぶん95パーセントはキツイなって思います。楽しいことって決して楽じゃないと思ってるんですね。楽しむって楽をすることじゃなくて、きついことも含めて楽しめるかってことです。でも、僕はやっぱ毎日が楽しいと思えます。いろいろ社会に出たらありますけど、「楽しむ＝やりがい」を見つけて下さい。どっかに入ったからには一生懸命、とにかく自分にとって充実した人生って何だろう？　やりがいってなんだろう？ってことを考えてやってください。絶対に会社とか社会とか先輩とかのせいにしない。自分に矢を向ける。３年以内で辞める子がすごく多いんです。就職氷河期って言われながら、入って３分の１は３年以内に辞めてしまうらしいです。とんでもないです。やっぱり最低５年くらいはそこで何があったってやるんだというくらいの気持ちを僕はぜひ持ってほしいなと思いますし、自分の心掛け一つで未来っていうのは作れます。

最後にタイトルにもありました、楽しい人生を決める自己プロデュースの秘訣です。それは、人生のビジョンを絵のあるジクソーパズルにすることです。例えば絵のない、真っ白なジクソーパズルをやる事を皆さん想像してください。単なる作業、つまらない上に時間がかかります。ピースがどこにハマるかとかわからない。それに比べて絵のあるジクソーパズルは、成功のイメージがあるじゃないですか。楽しいしやりがいがありますよね。実際に絵のないジクソーパズルと絵のあるジクソーパズルをやったら、絵のあるほうが２倍速く完成するそうです。つまり、絵とは人生のビジョンです。ぜひみなさんもこうなりたいな、っていう絵を浮かべて下さい。こうなってる自分とか。そこに行き着くまで、例えば5年10年とかかるかもしれないけれども、まず描くことをしなければ、さっきのホワイトの何も書いてないジクソーパズルをただ毎日やっているようなものです。時間もかかる。おもしろくもない。だから、絵のあるジクソーパズルを自分の中に作ってください。そしたら、絶対にそのほうが楽しい。なかなかピースがうまんないときがあるかもしれないけど、いつかは成功すると信じて頑張れば、必ず成功すると思います。

ご清聴ありがとうございました。（２０１４年３月　第13号・Ｐ21－34）

※本稿は、当日の記録を素起こししたものに、崎原が見出しをつけて編集した内容を作成した。最後に中尾本人の校閲を得た。

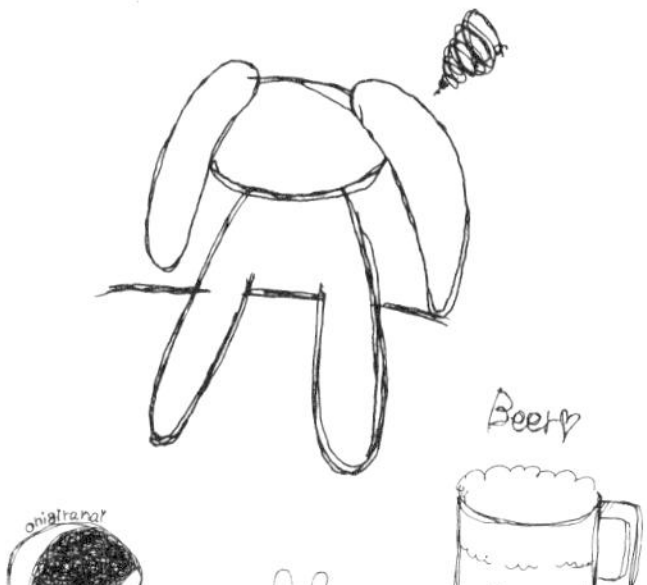

2章

学生は、よく稼ぎ、よく遊び、よく学ぶ

障害のある生徒との出会い
――共生について考える

3年　山本　知佳

1　はじめに

私は6月2日から6月20日までの約3週間、A中学校で社会科の教育実習を行った。約7カ月ぶりのA中学校は、私がいた頃と変わらない挨拶の活発な元気の良い明るい中学校だった。

また、A中学校は、特別支援教育推進校に指定されていた。肢体不自由学級は休級だったが、知的障害学級に2名、情緒障害学級に22名が在籍しており、難聴学級に7名の生徒が通っていた。

3週間の実習では、私が10月に特別支援学校に障害児教育実習に行くこともあり、特別支援学級の授業も一緒に参加させてもらい、障害のある生徒と関わりを持った。私の担当した2年B組にも難聴学級に通う生徒が2名在籍していた。私は、ゼミの先生が授業でよく手話を教えてくれたので、生徒の前で話す時などに手話を使うようにした。

ここでは、K君との出会いを通して考えたことを紹介したい。

2　K君との出会い、そしてケーキ作り……

最初の週のある日、掃除の見廻りで難聴教室の前を通った。私のクラスの生徒ともう一人の男の子と2人で掃除をしていた。とても熱心とは言えない掃除っぷりだった。クラスの生徒に、「掃除頑張ってる?」と聞くと「何で来たと?」と嫌そうな顔をした。「ちゃんと掃除しよるか見に来たったい!」と言うと、帰るように払いのける仕草をした。「ちゃんと掃除してね」そう言って、その場を去ろうとした時、「2年B組の先生?」ともう一人の男の子が聞いてきた。「そうだよ。やまもと・ちか。よろしくね」すると彼は、「俺は○○K。1年C組。今度、俺のクラスの授業見学に来てね」そう言って掃除に戻っていった。それがK君との出会いだった。

次の日の放課後、家に帰ろうとしていたK君が、「何してんの？」と声をかけてくれた。「水泳部を見に来たんだよ」と言うと、「俺は美術部」と部活を教えてくれた。坊主頭だったので、「野球部かと思っとった。どうして美術部に入ったと？」と聞くと、「将来のためたい。俺、将来、ケーキ屋さんになりたいんだよね」と答えた。「いいね。先生もね、ケーキ屋さんでアルバイトしているんだよ」と言うと、「本当に？　ケーキ作ったことある？　俺あるよ」と言いながら、自分の作ったケーキがブログに載っていることを教えてくれた。

私は、帰宅後、K君の言っていたサイトでブログを見たが、K君のケーキは出てこなかった。後日、K君に会った時、見つけられなかったことを告げると、「○○○って入れて検索しとらんど？　そがん入れな、出てこんとばい」と教えてくれた。その時、私はキーワードを入れ忘れていたことに気付いた。見つからないはずである。そして、「月曜日の3時間目、難聴教室で授業だけん。見に来てね」と誘われた。授業が入っているから行けないことを告げると「はあ～？　じゃぁ、いつなら見に来れるとね？」と残念がっていた。「いつか必ず見に行くから」と言ってK君と別れた。正直、予定が立っていなかった。

3　難聴教室で手話を教えられて……

次の週は2年生が職場体験学習で授業がなかったので、他学年の授業を見学することになった。社会科の授業ばかり見ていたので、指導教諭が他の教科を見に行くことを勧めて下さった。私は時間さえあれば授業を見学しに行った。そんなある日、1年C組の教室を見学に行くと、教壇で話す先生の視線を気にしながら私に手を振る生徒がいた。K君だった。授業中にもかかわらず、何度も後ろを振り向き、ニッコリと笑う。隣に座る難聴の女の子と手話で会話をしている。女の子も私を見てニッコリと笑い、2人で盛り上がっていた。時々、K君が手話で、「聞こえないからわからない」と言うので近づいていくと、かまってほしかっただけだったのか「大丈夫」と言った。K君は手話で隣の女の子に授業内容を教えていた。とても微笑ましい光景を目にすることができた。

授業の最後に問題集を解く時、K君は私を呼んだ。「これ、どういう意味？」理科だったので、私は少し自信がなくて、「黒板で確認してごらん。それでもわからなかったらD先生に聞きなっせ」としか言えなかった。黒板を見るとわかる問題だったので少し安心した。教科は違っても中学校で習うものは基本中の基本だからわかっておかなければいけないと反省した。授業中は、難聴でない生徒たちも手話を使って難聴の生徒と会話をしていた。学級の雰囲気がとてもよかった。教室の後ろには手話の表が貼ってあった。〝共生〟ってこういうことを言うんだろうなあと思った。

授業が終わってK君は、私のところにやって来た。「やっと来てくれたね。次はいつ来る？」気の早いK君に、「難しいなあ……」と答え、話を変えようと、「手話上手だね」と言うと「先生も早く手話覚えてよ」と言われ、すかさず難聴教室に連れていかれた。難聴教室のドアには身近に使える手話のポスターが貼ってあった。「これを見て覚えなさい！」K君はすっかり私の先生になっていた。休み時間いっぱい、K君は私に手話の指導をしてくれた。チャイムが鳴ると、「練習しといてね」そう言って教室に帰っていった。

4　実習最後の日、K君が廊下に……

それから実習最後の日までK君と会うことはなかった。最後の日、2年B組は帰りの会でお別れ会をしてくれた。他のクラスはもうとっくに終わっているのに、最後だからと生徒たちは部活に行くのも我慢して、私との最後の時間を過ごしてくれた。途中、ふと廊下にK君がいることに気がついた。うちのクラスの生徒に用事があるのだろうと思っていた。しかし、時間が経つにつれて、私のことを待っているのではないかと思い始め、目が合った時に、「どうしたの？」と手話で聞いた。すると「いいから」と言ってその場に立っている。なかなか会が終わりそうにないので、私は会を少し抜け、K君のところへ行った。

K君は「大丈夫なの？」と私が抜けてきたことを心配した。「大丈夫だよ。どうしたと？」と聞くと、「今日、最後でしょ？　またA中学校に来る？　遊びに来てよ。その時は、俺のクラスに来てね。これからどうすると？　大学に帰ると？　来年は本当の先生になるんでしょ？」と次から次に聞いてきた。「遊びに来るからね。これから大学に戻るけど、先生のこと忘れんでね。本当の先生になれるように頑張るから、K君も夢を叶えるために頑張るんだよ」と言った。すると、「本当に先生になれんの？」と笑いながら聞いてきた。「頑張るけん」と言うと、「A中に戻ってくる？」「戻ってこれるように頑張るけん」「頑張れよ」とそんな会話をして私たちは別れた。嬉しかった。最後だからとわざわざ会いに来てくれたのだ。胸がいっぱいになった。

5　おわりに――共生について考える

私は、この母校でのK君との出会いによって共生について考えることができた。今まで正面から向き合ってきたつもりの〝共生〟。実は向き合っているつもりで向き合っていなかったと思う。私とK君との出会いは偶然と言えるもので、彼が声をかけてくれなかったら、私たちは関わることはなかった。K君が勇気を出して声をかけてくれたから、私は、彼と彼の周りの共生を目にすることができ、そこから共生に障害の有無は関係ないということを感じ得て実体験することができた。障害があってもなくても、人と人が共に生きることに変わりはない。だから、私たちが生きるこの世界では、たくさんの人が共に生活している。そして、できるようでできていない、頭ではわかっているけれど、実際わかっていない、私たちは障害のある人たちとそんな共生をしている。

高校生の頃から、障害児の学童保育や就学相談に携わってきた。大学に入ってからは学生支援員として、鹿児島市内の中学校で肢体不自由の生徒の担当をしてきた。振り返ると、これらの経験は、今の私に大きな何かを与えてくれた。彼らと関わっている時の自分が一番自分らしいと胸を張って言えるようになった。彼らと関わっている時の自分が一番好きだと思えるようになった。もし、彼らと出会わなければ、私は夢の実現に近づくことができなかったと思う。自分自身が弟をはじめ、障害のある人々と共に生きてきたことが今、糧となり、夢への原動力になっている。だから、私はこれから出会うであろう多くの障害のある人々だけでなく、そうでない人々にも共生の素晴らしさを伝えていけたら、と思う。

障害のある子どもたちとの出会いは、私の夢を実現へと近づけてくれ、私が夢を叶えるために貴重な経験をさせてくれた。そして、〝特別支援学校の先生になる〟という夢の実現のために、両親をはじめ、友達、先生方、多くの人々が私を支えてくれた。恵まれていた、つくづくそう思う。この大学で同じ志を持つ仲間に出会えたことは私にとってとても大きなことだった。決して楽しいことばかりではなかったけれど、一緒に頑張れてよかった。偶然の鹿児島での出会い、私と共生してくれたすべての人に感謝する。（２００９年3月　第8号・P64－66）

そんなのを勉強して仕事につける？
学那种东西能找到工作吗？

1年 周 静

1 夢にも思わなかった来日

なぜここにいるのか？　日本に来るなんて夢にも思わなかった。私が日本に来たのは、平成22年9月。日本に来る前の私は、社会人として中国で働いていた。

私は、中国の大学で4年間英語を主に勉強し、卒業後、初めて故郷を出て一人で中国の広東省の深圳市で仕事を始めた。仕事は、英語を生かせる貿易関係の仕事に就いた。仕事内容は、会社の製品をインターネットにより英語で宣伝し、書類の翻訳などをした。毎日のように深夜まで残業があるにも関わらず、残業手当はない。また、体調も悪くなってきたため3カ月で仕事を辞めた。

会社を辞めてからは何の目標もなく過ごしていた。父はそんな私を見て放っておけなくなったのだろう。父の友人である日本人のAさんが家を訪ねて来て、私に会わ

1 做梦也没想到回来日本

我为什么会在这里？做梦也没想到会来日本。我来日本是在平成22年9月。来日本之前作为一名普通的社会一员在中国工作。

我在中国的大学学了4年专业英语、毕业后独自一人第一次离开湖南老家去了广东深圳开始工作。工作是能用上英语的国际贸易。工作的主要内容是在网上用英语宣传自己公司的产品以及文件的翻译之类的。每天都要加班、有时会到半夜、而且没有加班补贴、身体很快就要撑不下去的第3个月、我把工作辞了。

辞职后每天漫无目标地度过了一阵子。爸爸看到我那样子也不忍心不管。不久、爸爸的日本朋友来我家、见了我后说：反正还年轻、应该多学点。就是那句话、我的下一个目标有着落了、那就是去日本留学。

せてくれた。その知人は私に「まだ、若いんだからもっと勉強すればいい」と言った。私は次の目標を、『日本留学』とした。

2 日本語の特訓と福祉という言葉

同年7月から2カ月間、福建省の厦門の学校で日本語を勉強し、アパートでも毎日1時間かけて宿題をした。友人のAさんは私が日本語を一生懸命勉強していることを知っていたため、日本とつながりのある大連の大学を教えてくれた。その大学に9月～1月と、3月～6月末まで計9カ月近く通った。7時半～19時30分まで日本語特訓として合宿トレーニングをした。日本に留学するまで1年2カ月かかった。

日本語を学び、日本を知り、父の影響もあり私は福祉という言葉を知った。中国では福祉という言葉について認識が少ない。友人たちは「そんなのを勉強して仕事につける?」と言って笑ったり、周囲からは心配された。しかし、中国は1980年代から人口増加に伴って一人っ子政策を打ち出した。そのため、子どもは将来、自分の両親と相手の両親をどうしても、見きれなくなる。福祉など関係ないとは言えないのだ。だから私は、鹿児島国際大学福祉社会学部に入学した。

2 日语培训和福祉

同年的7月在福建厦门开始了2个月的日语学习。回到在厦门租的房子后做1个小时左右的作业。爸爸的日本朋友知道我在努力学习日语后、告诉了我在大连有所和日本的大学有往来的大学。之后我去了大连。同年的9月到第2年的1月、3月到6月、一共学了9个月。每天早上7点半到晚上7点半的强化培训。从计划来日本留学到来日本花了1年2个月。

通过学习日语让我了解了日本、其中也有爸爸的影响、我知道了福祉这个词。在中国很少有人知道福祉是什么。就连朋友也笑道：学那种东西能找到工作吗？也许那也是对我的担心吧。但是、中国从80年代开始的独生子女政策会导致将来的子女再怎么样也照顾不了自己和自己的另一半的父母。所以那绝对不能说与福祉没关系。抱着那种想法就进了鹿儿岛国际大学福祉社会学部。

3 日本語で授業を受ける中で

大学に入学してから、チューターと知り合った。彼女は勉強上のことを色々と教えてくれるため私はわからないことをすぐに質問した。そのため勉強にして不安が少なくなり助かった。それでも大学では、先生の話をメモ取ることに必死で一つひとつの講義があっという間に感じられた。

去年履修した講義で一番苦労したのが、「日本国憲法」。担当の先生はとても厳しく、話も日本人学生向けのスピードだったため、まだ日本語に慣れていない私には聞き取ることが難しかった。このままでは単位が取れないと心配したが毎回の講義に出席するうちに、先生の話し方に慣れ始め、日本語の勉強にもなった。また日本という国を福祉や生活の視点からではなく、制度や法律の視点から見て知ることができた。今考えれば、苦しんだ講義ではあったが、受講してよかったと思う。

4 鹿児島で暮らしてみて

食生活も、今では大きく変わった。日本語学校時代に私は、納豆についてあまり良い印象を持っていなかった。しかし、私のチューターをしてくれた学生が毎日食べて

3 在全日语教学的课堂

进大学后，我认识了我的辅导同学。学习上的东西她告诉了我很多，我一有不知道的地方就问她。所以学习方面担心的地方少了很多。尽管那样，要把老师讲的东西全部用笔记下来也是很难的，所以，一节课很快就完了。去年上过的课中最让我感到吃力的是日本国宪法。讲课的老师非常严厉，说话方式也是面向日本学生的，而且讲地特别快。对于才来日本还没有习惯那么快的日语的我来说，光听就很吃力了。有时还担心这课的学分肯定拿不到。但是每次都出席这堂课的过程中，渐渐习惯了老师的说话速度，对日语也有了提高。不光是从福祉以及生活的角度来了解日本这个国家，从制度与法律方面更能很好地了解日本。现在想起来，宪法这课确实让我累过，但从中受益匪浅。

4 在鹿儿岛的生活

吃的方面也和以前有了很大的变化。在日语学校的时候对与纳豆就没什么好印象。但是听我的辅导同学说她每天都吃纳豆之后，我就想有那么好吃吗，半信半疑的买了。

いると聞き、そんなにおいしいのかと半信半疑で購入した。食べてみると話に聞いていたものとは全く違い、今ではチューターよりも多く食べるようになった。

中国では、魚・野菜は必ず火を通して食べることが当然であった。日本料理店でも寿司は巻寿司しか出されていなかった。少なくとも私の周りでは巻寿司が寿司だと考えていると思う。そのため、日本に来て初めて寿司とはシャリの上に生魚がのっているのだと知った。日本では新鮮な魚を刺身や寿司として、野菜をサラダとして食べていたことに驚いた。しかし、後日、今、上海や北京では日本人が運営している本格的な寿司屋さんが、人気を呼んでいることを、日本のテレビで見たと教えてくれる人がいた。

他にも中国の地元では見かけなかったことを、私は日本で体験した。買い物に行ったとき探し物が見つからず店員に尋ねると笑顔でその商品が並ぶ棚まで案内してくれた。こんなに親切な店員に会ったのは初めてだった。また、友人の車に乗ってトンネルを通っているとき、後ろから救急車が来た。すると、私の乗っていた車も、周りの車もすべてトンネルの端に寄せて止まった。救急車を先に行かせたのだ。そんな光景を初めて見た私は涙が出るくらい感動した。人を助けるためにみんながルールを守る自然さを知った。温泉にも挑戦した。初めての体験のため何も分からず下着をつけたまま入ろうとしたら、

吃后的感觉与传说中的纳豆完全不一样、现在我每天都吃纳豆、比我的那位辅导同学还吃的多。

在中国、鱼和蔬菜是必须得加热后才吃的。日本料理店的寿司也只有寿司卷,至少我所见到的就只有寿司卷。但来日本后我才知道真正的寿司是把小饭团的上面放上生鱼片。当我知道在日本、新鲜的鱼一般都做成生鱼片和寿司食用、而新鲜蔬菜会用来做成沙拉的时候确实很惊讶。但前一阵子有人告诉我说电视上报道了现在北京上海有了正宗的寿司店、是日本人开的、而且很受欢迎。

在日本我还体验了很多在中国看不到的物与事。在商场购物时、因为找不到想买的东西就向店员打听、结果她微笑着并耐心地把我带到了我想买的商品的摆放地方。那是我第一次遇到那么亲切的店员。还有一次坐朋友的车经过隧道的时候、从后面传来救护车的声音。就在那时、朋友的车以及周围的车都靠向路的两边停了下来、原来那是为了让救护车先过去。第一次见到那种情景的我感动地眼泪都要掉下来了。由此也知道了挽救一个人的生命需要大家来遵守共通的规则是理所当然的。还记得第一次去洗温泉的情景。因为是第一次什么也不知道、直接穿着内裤准备去洗的时候、一同进去的一位老奶奶告诉了我应该怎么洗。虽说是第一次什么也不知道、当时也觉的特别脸红。正因为是这样的日本、不管是马路还是公园都是那么的干净。来日本之前见惯了自己的国家的我、看到这样一尘不染的城市环境后确实感动了。

一人のおばあちゃんが丁寧に入り方を教えてくださった。知らなかったこととはいえ恥ずかしく思った。

このような日本だからこそ、道路や公園がきれいに保てるのかもしれないと思った。今まで中国、それも地元の姿しか見てこなかった私は、こんなにきれいな町を見て感動した。

5 福祉を勉強して中国をもっと知りたい……

日本で学べることが、たくさんあると毎日の生活を通して感じる。日本にいる限り、日々を充実したものとしたい。一番学びたいことは日本人の行き届いた優しさとお客さんへのホスピタリティサービスである。

社会福祉学科に入ったからといって、将来必ず福祉に関わる仕事をしないといけないことはないだろう。しかし、よく知らなかった福祉について学ぶことで人と人とのつながり、人に対する愛情を知ることができた。「日本人はなぜいつも笑顔で優しく人と接することができるのか?」という疑問を持った。福祉の勉強を通して人は皆「生・老・病・死」を避けられないということを改めて認識した。その段階を受け入れ、理解し合える、仲よくする人間関係を持つことができるのだ。

鹿児島で福祉の勉強をして1年間の学生生活を送っているうちに、中国にいた時には気づかなかった希望の光

5 通过福祉希望能更了解自己的祖国

从每天的生活中让我更体会到了需要学习的还有很多。只要还在日本就想充实地度过每一天。最想学的是日本人的细心周到和对待客人的服务方式。

虽说进入了社会福祉这门学科，那并不意味着将来就必须从事这方面的工作。但是，通过学习自己并不了解的福祉，让我懂得了人与人之间的纽带和对待他人的温情。有时经常抱着这样的疑问：日本人为什么能总是面带笑容地去接触每个人呢？学了福祉后使我重新认识到人都是必须得经过生老病死的。正因为如此，人们自然而然地去接受生命必须经过的阶段，从而创造出相互理解和谐共处的人与人之间的关系。

在这所大学1年的福祉学习和鹿儿岛的生活中，我看到了在中国时没看到过的希望之光。在福祉这方面中国才刚刚起步，所以回到中国的时候应该也是能寻找希望的时候吧。

が見えた。中国では社会福祉はこれから発展していく。私が中国に戻るときは、多分希望を見つけるときだろう。（２０１２年3月　第11号・Ｐ１１４－１１７）

※本稿は、社会福祉学科出身で現在（２０１２年1月）、国際交流センター職員の深道涼子さんと長期留学生に関わって社会福祉学科と共同して何かできないかという雑談から始まりました。まず周静さんのチューターであった蓑田彩紀さんに協力して頂くことになりました。その後、ソーシャルワーク演習Ⅱで周さんの担当になった崎原が演習内で「何でここにいるか」について語ってもらう機会を作りました。周さんには、崎原がインタビューし、彼女が話す内容をクラスの学生に記録を取ってもらいました。その記録を基に周さんは蓑田さんと話し合い、日本語原稿を作りました。崎原がいくつかコメントと加筆をさせて頂いた日本語原稿の中国語への翻訳は周さん自身にお願いしました。日本語と中国語の対応については学生課留学生係の王霞さんにお願いしました。そこで出てきた気になる点については王さんと崎原で相談して日本語、中国語原稿を確定しました。その上で周さんにも確認してもらいました。

最後に本稿が完成するに当たってそれぞれの過程で関わって下さった皆さんに改めて深謝します。

矛盾した不思議な感覚に魅了されて

1年　松木田　智美

1　「体力あるね」「よく頑張った」と声かけられ

私は今、大学まで自転車で通学している。駐輪場の入口にちょっとした上り坂があるのだが、そこを自転車で登り切ると、駐輪場のおじさんがいつも「体力があるね」「よく頑張った」などと声をかけてくれる。それが、私の大学での一日のスタートであり、日常における楽しみの一つとなっている。高校に入学した頃から通学を共にしてきたこの自転車には私なりの思い入れがある。

2　心の中で走り疲れて

高校生活で最後の体育祭が終わった次の週のことだった。私の気持ちは自分でも驚くほど滅入っていた。1、2年生のときは良い思い出となった体育祭。しかし、3年生の体育祭では、競技の部でも応援の部でも全力を出し切ることができず、結果は優勝だったが、私には無理やりの優勝に思えて納得がいかなかった。役員の仕事も上手くいかず、しまいには他人の責任を押し付けられ、体育祭が終わってから私は弓道場で泣いていた。泣いているときでさえ友人にうんざりする話を聞かされ、それを端から見ていた部活仲間だけが、私の気持ちを理解している気がした。

その後も、友人との会話がどこかぎこちなかったり、体調が悪い日が続いたり、色々と上手くいかないことが多くなった。家に帰ると、母といつも喧嘩をしていた。学校にも家にも、私の居場所はないと思った。弓道部を引退するまでは、多少の悩みはほとんど部活仲間と笑いあったり、弓を引いたりすることで解消していたのだが、それができなくなってから、私の心には少しずつ苛立ちや不安が募っていったように感じる。今あのときを振り返ってみると、周りの友人はみな専門学校の受験直前で、必死だったのだ。母だって、祖父が亡くなり行き詰まっていた時期だった。

3　一心不乱に走るということ

そのような状況の中で私は遂に耐えられなくなり、ある日の朝、自転車で学校に行く途中に通学路を外れた。近くにあった大きな公園のベンチに座り、一息ついた。義務教育だったときを含めて、初めて学校をさぼったなあと思った。気を紛らわせるために、とにかく頭の中で考えを巡らせた。勉強も部活動も習い事もひたすら突っ走ってきた中で、得たものは何だったのだろうか。考えもなしに走ったことに意味はあったのだろうか。そしてこれから、走り続けることに意味はあるのだろうか。

私は再び自転車に乗り、ペダルをこぎ始めた。何時間こいだのだろう。海沿いを走っている途中、雨が降り始めた。私は近くにあった小さな公園の木の下に入り、雨が止むのを待った。しかし、雨は次第に強くなっていった。よく考えると私は昔から何かある度に走っていた。辛いことがあったとき、例え疲れていても脚を使って一心不乱に走ると気持ちがスカッとした。母に、「あんたの考えていることが分からない」と、罵声を浴びせられたこともあるぐらいだった。周りの友人や先輩からも、「頑張りすぎ」といつも言われた。しかし、自分自身が「頑張れた」と思うことは決してなかった。ふと、だからこそ走るのかな、と私は思った。長距離を走ることは目に見える「頑張っている」行動である。心の中で躓いたとき、実際に走ることで頑張っている証を見出したかったのかもしれない。

4　溢れ出したもの！　それは！

学校をサボりずぶ濡れになって何をしているのだろう、と自分に呆れた。どこにも居場所がない、そう考えていたが、突然、ある場所が頭に浮かんだ。ふれあい教室。ふれあい教室とは、町立公民館に在る不登校の小・中学生が通う一室である。高校生の私は、平日が休みになったとき、そこの先生や生徒と会話をしたり遊んだりして楽しんでいた。ふれあい教室の先生に電話をかけることを最初はためらった。学校をサボっているのだから、先生も良くは思わないだろう。しかし、私はまるで思考の糸が切れたかのように、通話ボタンを押した。先生は事情を聞くと、「今、公民館にいるからおいで」と優しく言ってくれた。そのとき、心の器から水が溢れ出した気がした。

5 今日も大学までの上り坂を走り続ける

ずぶ濡れになった自転車を立ちこぎして公民館に着くと、先生は駐輪場で私を抱きしめてくれた。冷えきった身体が温かくなって、また動き出そうとしているようだった。その2時間後、自分でも驚いたのだが、私は清々しい気持ちで教室にいたのである。一回、立ち止まって深く考えたことで、気持ちの整理がついたのかもしれない。この日から、私は何かに行き詰まったとき、ひたすら走ったり、自転車をこいだりして気持ちをスカッとさせた。走ることが、今まで以上に大好きになった。

その気持ちは、大学生になった今でも変わらない。大学に入ってから友人は沢山出来たものの、未だに自分の居場所を見失うときがある。しかし、私には、交通機関を使うとすぐに会いに行ける親しい高校時代の友人がいる。地元の仲間がいる。ふれあい教室だってある。少し立ち止まると、自然と向かうべき場所も見えてくるのだ。心の中では走るのをやめたのに、体はただひたすら走っている。その矛盾した不思議な感覚に、私は今でも魅了され続けている。そして、私は今日も、大学までの上り坂を走り続ける。（2012年3月　第11号・P101－102）

「私」革命——にんじん！　デビューする！

3年　上村まい

1　はじめに

私がボランティアサークルに入った4月。児童養護施設は建て替え工事を行っていた。そのため、ボランティアもお休み。私は児童養護施設の子どもたちに会えるのを楽しみに1年と半年、工事が終わるのを待った。

私がなぜ、このサークルに入ったのかというと、特別支援学校の教師になりたいという夢の実現のために経験を積みたかったから。と言ってもわいわい先輩たちと遊びつつ、たまにボランティアにでも行こうかなというくらいの軽い気持ちであった。児童養護施設に行きたかったのはサークルの柱として活動している施設で、子どもにふれ合える施設がそこしかなかったからである。しかも私は、児童養護施設の子どもたちと接した経験がなく、勝手に幼稚園や保育園に行くような気分でいた。つまり、中学校の職場体験で味わった、「おねーちゃん」と言って駆け寄ってくる人懐っこい子どもたち。そんな愛おしい子どもたちに囲まれて私は天国にいるような気分になる。また、児童養護施設に行けなかった期間、私は障がい者の施設や高齢者の施設で活動をしていた。そこでも「一緒に遊ぼう」、「一緒にお話しをしよう」と人懐っこい方たちばかりであった。ここでもボランティアは私にとって天国であった。

2　満を持しての撃沈

工事が終わった第1回目の活動、子どもたちが駆け寄ってくる妄想を膨らませながら、先輩たち4人と施設に向かった。初めての場所で施設の構造もルールもちゃんと把握していないまま、「女の子はこっちなの。この階で遊んでね」という職員さんの一言をとりあえず守ることにし、男女分かれての活動がスタートした。私は一つ上の先輩と2人っきりでわくわく8割、緊張2割で階段を上った。

しかし、私に駆け寄ってきてくれた子は1人としていなかった。みんな冷めた目をしてチラッと見た後、再びテレビに目を向けた。「一緒に見てもいい？」笑顔で尋ねると、「勝手にすれば」返ってきた冷たい言葉。私は心折れそうになりながら子どもたちの近くに腰を下ろした。しばらくすると、子どもたちは電気を消していなくなった。真っ暗な部屋で、先輩と2人きり。体操座りをして、「ここの子どもたち何なんですかね」「うちら来た意味なくないですか⁉」愚痴をこぼしあった。結局その日の活動は1時間、寒くて真っ暗な部屋、先輩と2人きりで終わった。「もうこんな所絶対来ない」と思ったが、大好きな先輩が「次の活動も来て」と言うので行くことにした。先輩は児童養護施設のボランティアの連絡係であったために行かないという選択肢がなかったのだ。

3　関係を築くとは何か

その施設に通いだして2、3回目の事だろうか、一人の女の子が抱き着いてきた。私は単純にかわいいと思ったが、何より救いの神だった。施設に行っても誰も相手にしてくれず、孤独だと感じていた私と関わりたいと思う子もいるんだと感動したことを覚えている。それまでは、冷たい態度の子どもたちを見るたびに「せっかく来てやってんのに」と怒りの感情が強かった。しかし、その子をきっかけに別の子が話に来てくれたり、子どもが居なければ耳を澄まし声のする方へ積極的に足を運んでみたりした。少し慣れてくると部屋をノックして「今日はお部屋で過ごすの？」と気分をうかがってみたりもした。なぜ積極的に行動をしだしたのかというと、無視されている自分自身がなんだか悔しくなってきて振り向かせたいと私の野心が燃え上がったからという単純な理由だ。

気づけば私の隣には子どもたちが居てくれて、2時間という活動の時間があっという間に過ぎるようになった。子どもたちからあだ名もつけてもらった。その名も「にんじん」。奇抜な私の髪型からつけてくれたものだった。悪口かよって思ったことも一瞬あったが、子どもたちなりの愛情表現だと気付いた。今までの私はボランティアをしてやっていると心のどこかで思っている、ただの偽善者だったことに気が付いた。ボランティアの対象者は私のことを待っていて、そこに行けば私という存在を必要としてくれるなんて浅はかな考えは通用しない。ボランティアは相手がいなければ、ボランティアを名乗っても何ら意味のない存在だと思った。お互いがお互いの存在を認め合った時に成立する関係なのだと実感した。その意味で「対等な立場」でないと、子どもたちは見抜き、信頼関係に至らないと私は解釈している。

4 変化に体が震える‼

子どもたちと関係を深めていくうちに気付くことがいくつかあった。その中でも特に、子どもたちは外部の人（ボランティア）に対してすごく警戒心が強かった。新しいボランティアを連れてくると嫌そうな顔をして「あいつ誰？」と必ず尋ねてくる。「いい人だから話しておいでよ」と勧めても嫌がる子が多かった。少し警戒心を緩めると変なあだ名をつけてみたり、ちょっかいを出してみたりして相手を確かめているようだった。子どもたちのネーミングセンスは個性的で、イケメンのお兄さんキャラの先輩には少しふざけて「ルイージ」、目鼻立ちがはっきりしている私の友達には「ヤンキー」ほかにも髪型や顔立ち、その人のキャラクターにちなんで様々なあだ名が誕生していった。そんなやんちゃな顔を見せてくれる反面、遊びのルールなどで子どもたちの考え方を理解しようとせずに自分の考え方を押し付けがちな人に対しては、一切無視という反撃をしていた。そのことを私に報告しに来てくれる子もいてちょっと複雑な気持ちになったこともある。

1年ほど通うなかで、子どもたちはボランティアに対して警戒心をむき出しにすることはなくなった。むしろ、新しいボランティアに対し、興味を示すようになってきた。自分のお気に入りのお兄さん、お姉さんが来ないと「連れてきて」とお願いしてくれるようにもなった。1年というあっという間の時間のなかで、子どもたちの私に対する態度や姿勢の変化に今でも体が震える。仲良くなったからこそ、私が取り合いの対象になって悩んだこともあった。どうしていいかわからないような秘密を教えてもらい困ったこともあった。でもそんな悩みや困難を感じることができたのも子どもたちがそこに居て、私と時間を過ごしたいと思ってくれたからだと思う。

5 おわりに――再び撃沈……そして

大学の勉強⁉やら、アルバイトやらが何かと忙しく、サークル活動も代替わりして自分たちの代は引退したこともあり、あんなに通い詰めていた児童養護施設にも行かなくなってしまった。後輩に「まいさんに会いたがっている子がいますよ」と教えてもらい浮かれることが何回かあった。無性に子どもたちに会いたくなって、久しぶりにボランティアに参加した。すると、なんということでしょう。開口一番「あんただれ？」と言われ、あっけなく撃沈。行かな過ぎた私も悪い。何より、金髪ロングの髪を、黒髪ショートにしていったのがまずかったのか。気づいてくれた子もいたが、本当なのか、いじわるなのか、最後まで分からないと言い張った子もいた。メンタル弱めの私は、ショックが大きすぎてそれ以来行っていない。

　これを書いている今、そろそろ、負けるな！と自分に言い聞かせ、またチャレンジしたいと思っている。気の強いあの子にも、女の子らしいあの子にも、スポーツ万能のあの子にも、何故か私のことを気に入ってくれている施設のおじちゃんにも会いたくなってきた。ふりだしに戻っただけで、子どもたちと対等に近い立場で彼らとつきあいたい。時には私のよくないところを見つけてもらったり、良いところをほめてもらったりする。秘密を教えてもらったら一緒に共有したり、悩んだりする。思い返せば、このような探り合いを繰り返して彼らに受け入れてもらえるようになった。あっという間なのに、ものすごく長い時間だった。改めて、焦らず、楽しく、一から始めるしかない。ボランティアしているつもりがボランティアされている、そんな私のことを、彼らはどう呼んでくれるんだろうか？　もう一度「にんじん」って呼んでもらいたいんだ。（２０１４年３月　第13号・P97－98）

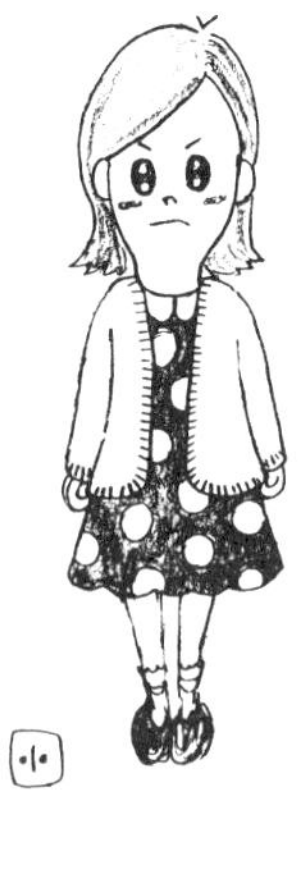

事件は試験を受けている最中に起こった!!

3年　吉岡 正浩

1　はじめに

まずは、自己紹介からなので、名前は吉岡正浩、現年齢は21歳。大隅半島の鹿屋出身だ。高校は野球の特待で入り、介護系の学科に進んだ。小さい時からお年寄りと話したり、遊んだりして楽しい思い出があった。そのせいか介護に興味が湧き、お年寄りと接する仕事がしてみたいと思い介護系の学科に決めた。まぁ、頭も人並みに良いほうでもなく、この科だったら俺の頭でもいけると思ったのも本音だ。

2　赤点とらないようにゆるく頑張っとけば

高校に入って、勉強と野球の両立をしようと思っていた。しかし、やはり無理だよな。生半可な気持ちで両立なんか出来る訳ないでしょ。そのことに高校1年の1学期に気づき、野球が終わるまで勉強は赤点を取らないようにゆるく頑張っとけばいいやという事にした。

野球はめちゃくちゃきつかった。高校に入学して2カ月ぐらいで先輩方の足を引っ張らないようにしないといけないというストレスや練習そのもののきつさで胃痙攣を起こしてしまった。しかし、一緒にきつい練習も楽しい練習もやってきた仲間がいたから、なんとか3年間の野球をやって来れたんだと思う。野球で学んだ事は、切磋琢磨しながら向上していく事も大事だが、時には悩んでいるときに話を聞いたり、アドバイスをしたりされたりしながら精神的な部分にも目を配り、支えになったり支えてもらったりする事が本当に大事に思った。

3 達成感が半端じゃない程にあり……

野球が終わり、いざ介護福祉士の勉強をする事にした。しかし、模試の結果を見て愕然としてしまった。学科のみんなとかなりの大きな勉強の差がでているのを痛感してしまった。「親に大好きな野球をさせてもらった」と思ったら、高校生活での恩返しになるんじゃないかと思えるようになり、授業が全部終わってから教室で居残りをすることにした。ひたすら過去問を繰り返しして、分らないところは先生に聞きに行ったり出来ることは全部した。そして、国家試験当日。前日は緊張のせいであまり眠れなかった。野球の試合の緊張とは違い、今までに経験した事のない緊張だった。試験会場の異様な空気に戸惑いながら問題を解いていった。試験が終わったときは達成感が半端じゃない程にあり試験会場から家に帰り着くまでの記憶がしっかりと思い出せない。そして、月日が経ち試験の結果が自宅に届いた。不合格だった。すごく悔しかった。しかし、どうしても受からなきゃ親に申し訳ないと思い、再度受けなおそうと大学1年でも試験を受けることにした。

大学の勉強と介護福祉士国家試験の勉強とするのは、やはり難しいものがあった。さらに、国家試験の試験日と大学の後期の試験日が重なり頭の中がパンクしそうにもなった。国家試験当日、車で試験会場まで行ったのだが、すごい大雨で前もよく見えない状態だった。なんとか試験会場について試験を受けた。結果は、また不合格。2回目の不合格は精神的にきつかった。ネガティブになり3回目を受けようか迷っていた。しかし、国家試験の2次試験である実技試験の免除が3回目まで有効であったため、これがラストチャンスと思い、3回目の国家試験に挑もうと決心した。

4 3度目の正直、試験の最中に事件が起こった

国家試験の勉強をしようと思ったのだが、大学2年になり大学の勉強も1年に比べて難しくなって国家試験の勉強が思うようにできなくなった。今更ながら高校で国家試験合格していればよかったと思った。あまり国家試験の勉強ができないまま試験当日になってしまった。しかし、小さな自分の脳みそを使いできることは、精一杯しようと思いひたすら問題を解いた。午前の部が終わり、昼食を終え午後の部に入った。そして、試験を受けている最中に事件が起こった。

Ｚｚｚ……。Ｚｚｚ……。

寝てしまったのである。前日まで夜中勉強して、おまけに昼食もお腹いっぱい食べたので、睡魔が襲ったのだと思った。焦りまくっていた。ただひたすらに……。だ

から、あまり午後の部を覚えていない。
試験が終わり、帰り道の途中で母に電話をかけた。
母：「試験はできた？」
自分：「まぁまぁできたかな」
母：「まぁまぁって」
自分：「でも頑張ったんでしょ？」
母：「できることはしたよ」
自分：「そっか。まぁ後は神頼みだね。お疲れ様」
母：「そうだね。お疲れ。んじゃね」

言えなかった……。試験の時に寝てしまったとか絶対に言えなかった。あとは、本当に神頼みしかないとおもって結果が届くのを待った。

試験結果は坂之上の自分のアパートに届くようになっていた。結果を知ることになった時は、ちょうど弟の入学式の日で母親も自分のアパートに来ていた。最初に気づいたのは母親だった。

「ポストに介護福祉の封筒が来てるよ」

と、母親に言われ、「封筒？」と自分は思った。不合格の通知ははがきで来ていたのだが、その日は封筒で来ていた。ポストから部屋に母が持ってきて興味津々でこっちを見ていた。恐る恐る封を開けると……合格証明書が出てきた。

5　おわりに——いろいろ思い出が詰まった資格

母親と一緒に飛んで喜んだ。恥ずかしながら自分は少し目が潤んでしまった。だって、試験中に居眠りしてしまったのだから。そして、すぐに父親にも連絡をした。父も電話の向こうで喜んでくれた。3年目でやっと取った介護福祉士の資格、いろいろ思い出が詰まった資格になった気がする。

自分の中では、「やっと高校に行かせてもらった恩返しが出来た」と思った。

次は、大学に行かせてもらった親への恩返しもあるが、少しでも条件のよい仕事に就くために、社会福祉士を現役合格したいのが本音だが……。（2012年3月　第11号・P125－126）

警察に連絡しますか―お金の使い道―

3年　松田　香澄

1　はじめに

私は、1カ月間A施設で実習をさせていただいた。A施設は珍しい施設で、介護は介護福祉士が、相談業務は社会福祉士がというように完全に業務が区別されており、専門職同士が誇りをもって支援を行っていた。そのせいか、実習中は現場に一切入らず相談室でずっと相談業務を行っていた。

実習前に、「3日間だけなら他の部署に行ってもいいよ」と言われ、連携について学びたいと思っていた私は、実習指導者と相談し、居宅介護支援事業所で実習をさせていただく事にした。

そこで、虐待の緊急カンファレンスに参加することになり、支援について深く考えさせられる機会を得た。

2　居宅の緊急カンファレンスに参加して

居宅での実習3日目は、カンファレンスに同席させてもらった。息子さん、居宅の所長さん（進行）、Bさん担当のケアマネージャー、民生委員、地域包括支援センターの職員3名、相談員、デイケアの主任、Bさん担当のホームヘルパーが参加した。

内容は、なぜ虐待が起こってしまったのか、虐待の背景にあるものは何なのか、Bさんへの対応について、今後虐待が起こった時の施設側の対応などが話し合われた。

息子さんは、うまく呂律が回っていないせいか、話が聞き取りにくく、息子さんのほぼ目の前に座っていた私は、話すたびにするアルコールの匂いがとても気になった。話の中では、ちょくちょくお金の話が出てきていた。

3　カンファレンス後に知ったこと

カンファレンスも終盤になると、虐待の背景がだんだんと見えてきた。身体的虐待の他にも、経済的虐待が疑われるという事である。

カンファレンス後に所長さんから聞いた話によると、息子さんは現在無職、以前は、作業療法士として働いていたそうだ。Bさんは昔、保健士として働いていたこともあり、現在は多額の年金を貰っているらしく、息子さんはその年金で生活をさせてもらっているということだ。

カンファレンスの際に気になっていたあの匂いの理由は、息子さんがアルコール依存症だということが分かった。Bさんの多額の年金の使い道は、アルコールと生活費に消え、お金が尽きてきたらBさんに虐待をしていたのだろうと思った。

ふと、所長さんに質問された。

所「息子さんは福祉の現場で働いていて福祉の知識があるのよ。私たちが恐れているのは、その知識を利用して何かをすることなの。何だと思う？」

私「え～と……。分かりません。何ですか？」

所「息子さんが母親の認知症を利用して自分が財産管理出来るように、成年後見制度の後見人になろうとすることよ。まだ母親が認知症でないから後見人になる可能性は低いけどね」

4　Bさんのことを知ったのは？

ある日の朝、いつも通りの相談室での実習で日誌を提出したり、実習が始まる準備をしたりしていた。相談室には私と相談員の2人だけだった。そんなとても早い時間に電話が鳴った。相談員が電話をしている相手は、A施設のデイケアとホームヘルプサービスを利用しているBさん（女性）からだった。Bさんは「息子から蹴られて頭が痛い」と言い、相談員が「一時的に入所しますか？それとも警察に連絡しますか？」と聞くと、Bさんは「やっぱり家がいいから」とおっしゃったので、電話は終わってしまった。私はあまりにもあっさりと終わってしまったので、嘘の電話か、それほど危険ではない状況だったのだろう。その後は気にならずに一日が終わった。

5　緊急カンファレンスが開かれた経緯

次の日から3日間限定の居宅介護支援事業所での実習が始まった。居宅では基本的に、ケアマネージャー全員が、どの利用者の情報も把握しておくというルールがあり、常に情報を共有し合っている事業所であった。居宅での実習1日目は居宅の雰囲気と主な役割を少し学び、終了した。

居宅での実習2日目のお昼頃、あるケアマネージャーに電話が繋がれた。繋がれたケアマネージャーはBさん担当のケアマネージャーであった。「息子から蹴られて頭が痛い」と言ったので、電話を切った後、事業所にいるケアマネージャー全員に報告・相談を始めた。

緊急性が高いと感じたケアマネージャーはBさんの息子に連絡をし、2時間ちかく説得したうえで、次の日にカンファレンスが行われることになった。事業所には多くのケアマネージャーがいたこともあって、Bさんからの電話の内容は同じであっても、状況が違えば危険性に対する判断や対応も変わるのだということを感じた。

5　おわりに

今回の緊急カンファレンスに参加する中で、二つの場所でそれぞれ違った対応を経験した。その違った対応の背景には、その時の状況や個々の捉え方の違い等様々な要因が関係していると感じた。もし2度目の電話と居宅支援事業所独自の情報共有がなかったらBさんはどうなっていたのだろうと今でも疑問に思う。あの時のケアマネージャーの対応は福祉の現場でとても大切な事なのではないかと感じた。

そして、身体的な虐待にとどまらない虐待の背景にあるものは、きっとお金が大きく関係しているのだろうと感じた。カンファレンスでちょくちょく出てきたお金の話も、ケアマネージャーが言っていた成年後見制度の話も、全て、お金が絡んでいた。お金の問題に関して所長さんは、第三者に任せるようアドバイスをしていた。

緊急カンファレンスで進行を務めた所長さんは、Bさんを保護することだけを目的にするのではなく、一人で母親を介護する息子さんの話に耳を傾け、息子さんの不安な気持ちに寄り添う支援もおこなっていた。所長さんは、Bさんの視点から物事を考えるだけではなく、息子さんの視点からも考えていた。

これらは基本的な事かもしれないが、私にとっては一番専門性を感じた場面であった。このカンファレンスを体験し、様々な視点から物事を考え、常に最悪の事態を想定して危機介入していく必要があると学んだ。そして、福祉の専門職として一人一人が出来ることをし、防げることは事前に防ぐ事が大切だと感じた。そのためにも、地域や機関、多職種同士で情報を共有し合う事は、必要不可欠だと感じた。（2013年3月　第12号・P87－88）

私を追うもの

3年　徳留 まなみ

1　近くて遠い偉大なる人

私は、中学生のとき祖父を亡くした。祖父と会ったのは片手でおさまる回数。でも、はっきり覚えていることがある。祖父は、優しくて、笑うと目がなくなる。牛が大好き。猫も大好き。普段は無口なのに、お酒を飲むとおしゃべりになる。私の名前を呼ぶとき「ちゃん」を強調する。何十人と孫がいるから、私の名前が少し曖昧だったのかもしれない。

そしてもうひとつ。初めて会う近所の人や、スーパーで働くおばちゃんに、祖父の名前を言うと「あぁー！　あの人のお孫さんなのね」と初めて会った人も、祖父のおかげでぐっと距離が近くなる。きっと祖父は誰からも尊敬されていたのだろう。きっと誰にでもしわくちゃな笑顔で接していたのだろう。大阪と鹿児島、遠くてなかなか会えない存在でも、周囲の祖父に向ける目から、祖父がどんな人なのかがわかる日々だった。そんな祖父が誇りだった。だからこそ泣かなかったし、泣けなかった。

2　じいちゃんが呼んでいるかも

中学の職場体験アンケートのときだ。先生が「遊びちゃうからなー、もう進路も真面目に考える時期やからなー」と用紙を配った。職場の選択肢は幅広かった。保育所、小学校、ラジオ局、動物園など、いろいろ。隣の席や、後ろに座る友達が「どうする？　一緒のとこにしようやー」などと話しているなか、真っ先に私の目に留まったのが「福祉施設」ということば。すぐに思い浮かんだのが祖父のしわくちゃの笑顔だったのである。じいちゃんみたいになりたい、そう思った。それと同時に「絶対いつか鹿児島に行く」という思いが気づけばふつふつと湧き上がってきて、秘かな野望となっていった。

高校では介護福祉について学んだ。そのときの私の頭のなかにはただ「そのこと」しかなかったために、恐る恐る口にした「それ」に対して周囲に賛成する人はいなかった。高校卒業を控えた頃、まだ私の中の「それ」は残っていた。それどころかどんどん大きくなっていた。そして叶うときがやってきた！　中学のときから、鹿児島に行くことを願っていた私の思いを家族は知っていたので、どこの家族よりも進路の話は淡々と進んでいった。不思議なくらいに。さびしいとか哀しいという思いもなかった。不思議なくらいに。大学では社会福祉を学ぶことに決めた。

3　何時間かかんねん、あほか！

家族だけでなく先生や友達から言われるのは、

「なんでそこまで行きたいん？」

祖父母のそばにいたいとか、田舎と都会の福祉の違いを知りたいとか、卒業するまでに「福祉」に近づいていろんな理由が湧き上がっていたけれど、やはり一番に祖父の生まれ育った場所で、しかも両親も育った場所に住んでみたいと思っていた。私にとっての偉大なる人たちは、どんなものを目にして、どんなものを食べて、どんなふうに生きていたんだろう。

中学のときから祖父母と暮らす、そうでなくても祖父母の近くに住む気満々だった私。大学に入る段になってそれを両親に伝えると即却下。「野方から通おうと思ったら何時間かかんねん、あほか！」母方の祖父母は曽於で二人暮らし。曽於というのは鹿屋と志布志の間で、鹿児島市内にある大学との距離、行き来にどのくらい時間がかかるかなんか考えたこともなかった。

4　新たな野望＝願い

鹿児島にやってきた私はやはり周囲からもの珍しい扱いであった。一言で言えば、

「関西人？　おもしろいこと言って！」

そんな関西弁があまり目立たなくなるのもそれほど時間はかからなった。無意識に控えている自分もいた。関西人みんながみんなおもしろいわけではないのですよ、と心のなかでつぶやく日々が続いた。入学してからの私は、鹿児島の生活に慣れるため、といいながらサークルもバイトもせず、大学に行き、帰ったら家のことをやる、という単純な日々を送っていた。「鹿児島に行く」という野望が叶ってからの私は抜け殻そのもので、何をしていいのかわからなかった。まるで「燃え尽き症候群」のようだった。新しい友達、見たことの無い景色、毎日が新鮮で、でも何かが足りない。こんなことを家族にも、友

達にも誰にも言うことができなかった。贅沢な悩み、とはこういうことをいうんだな、と自分に虫唾が走ることさえあった。

大学に入学して2年、仲の良い友人らで「アカペラ愛好会」を設立した。誰かが歌を口ずさめばみんなつられて歌いだす。車でも、廊下でも、トイレで手を洗っているときにでも。歌が好きという共通、フジテレビでやっている「ハモネプ」が好きという共通、ボランティアによく行くという共通。ふと誰かが言った。「国際ってアカペラサークルがないね」「じゃあ、自分たちで作ればいいよ」「施設や託児のこどもたちのところにも行きたいね」そんな軽い会話から、急展開。なんとその会話の次の日が、サークル設立願いの締切日だったのである。

何種類かの書類に名前や設立の経緯を書いて、あっという間に設立。「明日が締切」ということばは私達にただただ「焦り」と「実行力」を与えた。どちらも私には無縁なことばだった。

5 無縁なことばが追いかけてくる

サークルを立ち上げて1年はどんな活動をするかの模索する日々だった。ボランティアには行くもののなかなかアカペラを歌う機会はない。高校で吹奏楽をやっていた人やピアノを習っていたことがある人もいたが、指導者がいないなかでのアカペラは不安そのものだった。そしてまた1年が経った頃、新入部員が入り、遊音祭の参加で初めての学外でアカペラを歌った。その頃から学外からアカペラの依頼がくるようになり、無縁だった「焦り」と「実行力」が私を動かすようになる。

それ以来、部員のみんなは私に振り回されていただろう。とにかくアカペラ愛好会を知ってもらいたい。そんな願いがまた、無縁なことばにつながる。どんな依頼も、まず受けることとしか考えないようになった私の考えは、練習時間や自分たちの技術を思うと「無茶」といわれても仕方がないことだとも思う。でも、技術はなくとも、ひとつひとつのどの行事もたくさんの人に私達を知ってもらうことになった。それは歌ってほしいと言ってくれる人がいるからわかる。

6 楽しさや達成感って何!?

私には「焦り」も「実行力」も無縁だと思っていた。焦るのが嫌いであり、面倒くさいことも今まで避けて通ってきた。でも本当に焦ったことはないのか。実行したことがないのか。決めつけていなかったか。私には無縁なことばが無縁ではないことをみんなが先に気づいていたのかもしれない。家族や仲間たちが何かに追いかけられる私に付き合ってくれているから私が私でいられたのではないか。自分には「焦り」や「実行力」、周囲や環境の支えなんかは無縁なんだ、と思い込みたかったのかもしれない。

本当はずっと前から追われていたのだろう。追われるからこそ得る楽しさや達成感。それに気づいたとき思う。「追われるのも悪くないかな」と。（2013年3月　第12号・P101－102）

お墓参りに行きたい！

3年　新地　あゆみ

1　はじめに

ソーシャルワーク演習Ⅲの授業では、主に各分野での実習の出来事を話し合った。私は、今回で実習3回目だったが、すべて高齢者の分野での実習だった。そのため各分野での実習の出来事はとても興味深く、また新鮮であった。自分がその分野の実習に行かなくとも、みんなの話を聞きながらどのような実習であったか想像するのがとても楽しかった。最初は、何を書こうか迷っていた。その為、実習でのエピソードをメモ形式にして書き出していった。しかし、なかなか進まなく、周りのみんなが進めていくのを見て、焦っていた。

その時、先生に「一つのエピソードに絞って書いてみなさい」といわれた。これまでの私は、メモに書き出したことを全部書き出そうとしてなかなか進めなくなっていたのだ。言われた通り、一つのエピソードに絞って書き出してみた。うまく書けるかなと思いながら書いていくと気がついたらどんどんその時の気持ちや、情景が浮かび、スラスラと書いていた。

2　実習初日

高齢者分野での実習が3回目だといっても慣れることはない。最初の職員の方たちへのあいさつや意気込み、施設の説明や、利用者の方とのコミュニケーション……。どれも緊張の連続であった。利用者の方を介助する際、例えば、おむつ交換では、おむつの当て方や、声掛けの仕方、プライバシーの配慮など、授業で学んだことや今までの実習での経験を思い出しながら進めていくことにより、その時の注意点や重要なことを思い出し、介助に臨むことができた。また、利用者の方とのコミュニケーションの際、最初は沈黙が多く、会話がなかなか続かないことが多かった。その時も今までの経験を思い出し、無理やり話を続けようとしたり、焦ったりせず、その方のテンポやペースに合わせながらお話をしていくことで楽しくコミュニケーションを取ることができた。緊張で顔がこわばりながらも少しずつ、少しずつ以前の実習の感覚などを思い出しながらだんだんと慣れていくことができ、1週間目くらいには明るく笑顔で接することができていた。

3 お墓参りに行きたい!

実習が2週間ほどたったお盆の頃だった。利用者の方の昼食の時間が終わり、夕方までゆっくりした時間があった。私は、利用者の方とコミュニケーションを取ろうと思いユニットに向かった。Aさんという利用者の方とAさんが利用されているユニットでお話をしていた。しばらく話をしていると、仕事中通りかかった職員の方に「お盆も実習だなんて大変だね」と言われた。「はい」と苦笑いをしながら返事を返していたときに、Aさんが思い出したかのように、「お盆の時期ねぇ。おいも墓参りに行きたいね」と、ボソッと言った。わたしは、返事に詰まってしまい、「そうですね」としか答えることができなかった。わたしもお盆の時期には毎年お墓参りに行っている。Aさんも毎年お墓参りに行っていたのかな、と考えていた。

そのとき、施設に仏壇が設置されていることを思い出した。実習初日に指導者の方に館内を案内していただいた。2階に共同の仏壇が設置されており、「ここは利用者の方が利用される共同の仏壇です。毎朝お祈りに来る方や、お経を唱える方などがいらっしゃって、とても重宝されているんですよ」と指導者の方が言っていた。その時は、「そうなんだ」くらいの気持ちでしかなかった。しかし、Aさんの話を聞いて、そこへ連れて行きたいと思った。Aさんをお誘いする際、いきなり「お墓参りに行きませんか?」というのは、戸惑ってしまうのではないかという気持ちと、少し驚かせたいというサプライズな気持ちが入り混じり、わたしは思わず、「Aさん、少しお散歩に行きませんか?」と言うと、Aさんは賛成してくれた。

職員の方に許可をもらい、その仏壇がある所へとお散歩に行くことにした。今お話をしていたユニットは1階。2階にある仏壇のある所まではエレベーターで向かうことにした。私がドアを支え、Aさんはゆっくりと歩きながらエレベーターの中へ入った。中に手すりがあり、片方は手すりに、もう片方は私の腕で支えていた。Aさんは歩行が少し不安定なため、エレベーター内でも歩く際も、細心の注意を払いながら一緒に歩いた。向かっている途中に廊下の隅にベンチがあったので、一旦そこで休憩することにした。少し休憩していると、Aさんが「どこへ行くの？」と尋ねてきたので「今からお盆のお墓参りに行きますよ」と答えると、「そうね。お墓参りね」と嬉しそうな表情を浮かべていた。その後しばらく歩き、仏壇の前まで案内した。「着きましたよ」と言うと、Aさんは仏壇の方へ向かい、しばらく手を合わせていた。その後ろで私は、Aさんを見つめていた。一通り終わると、「やっとお墓参りに行けた。ありがとう」とおっしゃっていた。Aさんの顔は、笑顔でいっぱいだった。そんな姿を見て私は、嬉しさでいっぱいだった。たとえ、本当のお墓参りに行けなくても、それに近い形でAさんの思いにこたえることができたのではないかと思う。

4　それぞれの思い

利用者の方たちは、食後に休憩の時間が設けられている。その時間は昼食後から夕食にかけての時間が一番長い。その間、利用者の方はというと、リビングでぼーっとしたり、テレビを見たり、お昼寝をしたりなど、様々だ。私は、この光景は今までの実習の中でも見たことがある。この状況が毎日続いたら……、と考えてみる。もし、自分が同じ状況にあり、毎日この状況が続いたら……、と考えると、退屈でしょうがない。

私は、職員の方に「レクリエーションの時間等はないのですか」と訪ねてみた。すると、職員の方は、「この個室型ユニットではあくまでも〝普段の生活〟に近づけるためのものなの。〝生活〟の中にレクリエーションは含まれる？……でもね、私たちも利用者の方にとって何が本当にいいのか、戸惑っているの」といわれた。私も、一緒に考えてみた。

デイサービスや、多床室などでは、レクリエーションなどの時間が設けられている場合が多い。しかし、中には〝部屋でゆっくりしたい〟〝こんな子どものような遊びはしたくない〟などと思う方もいるだろう。また、個室型のユニットなどでは、毎日テレビをぼーっと眺めるだけの毎日に飽き飽きしている人もいるだろう。現にコミュニケーションをしている時などの利用者の方の表情はとても生き生きしている……。その他にも、散歩へ行きたいと思っている利用者の方で歩行は誰かの補助が必要な場合、職員の方たちは慌ただしく仕事をする中、頼みづらいこともあるだろう。そのためか、利用者の方たちは、静かに、また穏やかに過ごされている。遠慮や、迷惑をかけたくない、と思っている人もいるだろう。しかし、職員の方も本当に利用者の方を心から考えている方もいれば、忙しさを理由に逃げている人もいないだろうか。その気持ちの差は利用者の方に対する態度や声のかけ方、表情などでなんとなくわかる。〝人を相手にする仕事〟という意識がある人と〝作業〟として仕事をしている人もいる。これは今までの経験でも感じていた。この意識の差はどうやったら埋まるのだろうか。そして、何が利用者のためによくて、よりよく過ごすことができるのだろうか……。と、いつの間にかそんな深く考えていた。

5 おわりに

今回の実習は、中身が濃いものになったのではないか？　今までの実習は、介助の方法などの技術や、コミュニケーションをどのようにとったらいいのかなど、いっぱいいっぱいの状態で実習を行っていたため、周りを見る余裕もなかったからだ。３回目ということもあり、少しずつ周りが見えてきて気づけることも多くなったのだろう。

これまでの経験から考えなければならないこと、また、自分がこれから高齢者の分野で働いていく上で、考えなければならない課題などと向き合うことができたと思う。私にとっての〝実習〟とは、とても大きな発見や気づきのきっかけであり、それらについてどうしていかなければならないかという課題を与えてくれる機会となってきている。（２０１４年３月　第13号・P86－87）

対話から得られたこと

3年　桑畑　行宏

実習でお世話になった。今回は、実習中に出会った利用者の方とのほんの些細なことを通じて考えさせられたコミュニケーションについて書かせていただく。

1　はじめに

ソーシャルワーク演習Ⅲは、いろいろな分野へ実習に行った人が集まり、実習で体験したことを発表しあう場であった。私は、実習の記録を読み直しその時の状況を思い出すことから始めた。印象に残っているエピソードをいくつか抜き出し、みんなの前で発表した。自分のなかでは話したいことがまとまっているがいざ話そうとするとうまくしゃべれなかった。

作品を完成させるまでの流れを考えるために、過去の先輩たちの作品を読ませていただいた。次の週から印象に残るエピソードを箇条書きで書き出していき、どれがいいのかを決めた。しかし、そのエピソードについて何をどういう流れで書きたいのか迷う場面が何回もあった。

私は、高齢者分野の特別養護老人ホームに約1カ月間

2　声量がすごい利用者

3週目に差し掛かり、施設の時間の流れを把握し、実習にも慣れてきたある日、昼食の前にちょっとしたトラブルが起こった。経緯はAさんが食堂の自分の席から昼食の前にトイレに向かうため席を立ち、食堂に戻ってくると自分の席が汚れていたことにAさんが怒ったという流れだった。Aさんはトイレから席に戻ってくると「汚れている、散らかっている」と言い、周りに座っていた利用者に対し「誰かが私の席に座って、汚していった」と言い放った後、「誰が汚したか見てない？」と尋ね始め、とうとう「誰が私の席に座ったの？」と食堂を超え、廊

下まで聞こえる声量で騒ぎ始めた。

　私は、食堂に昼食の準備のためその場におり、Ａさんが騒いでいることに気づき、職員に「大丈夫でしょうか？」と尋ねると「前もあったから気にしなくていいよ。そのうち、治まらないようなら他の職員がいくと思うから」と言われた。しかし私は、Ａさんのあまりにも大きな、施設の端から端まで聞こえるのではないかという声が気になり、Ａさんに理由を聞くことにした。Ａさんに近づくまでに状況確認のため周りの席についている利用者にその時の様子を尋ねた。それにより上記のような経緯を知り、現在の状況を把握することができた。周りの利用者から聞くところによると誰も席には座っていないことも確認をとることができた。私は誰かが本当に汚したのか、それとも本人が汚したことを忘れているのかと考えた。私は、Ａさんのことについて、以前に少し知る機会があったことを思い出した。

３　私の黒いズボン

　それは、Ａさんのショートステイの送迎に同行させていただいた時のことだった。実習指導者から、Ａさんについてどのような生活歴を持っているのか、何が好きなのか、昔何をしていたのか、性格など教えていただいたことがあった。その話の中でＡさんに認知症があること、それにより以前にあった出来事も教えていただいた。施設ではショートステイは毎回、利用者自身がサービスの利用期間中の施設での着替えなどを持参してもらうようになっており、施設はサービスと場所を提供しており、利用者自身の持ち物は施設側が入所の際に一度把握し、自宅に帰るときに持ち物に忘れ物はないか確認を行っている。

　Ａさんは入所後のある日「私の黒のズボンがない、お気に入りで持ってきたのに」と職員に言われ、「誰かが盗った」と騒がれはじめ、他の入所者を疑い始めた。施設側も持ち物の把握の際にそのようなものはなかったことは確認できており、ご家族にも連絡を取り、持ち物の中に入れていないことも確認が取れたため、認知症からのＡさんの思い込みだと考え、Ａさんの怒りを抑えるため、職員は「ご家族が鞄に入れ忘れて、ご自宅にあることが連絡を取って確認できたので大丈夫ですよ」と伝えＡさんの怒りを鎮めたことがあったと教えていただいた。そのときは「他の利用者の人が盗んだ」と考え、他の利用者に疑い始め、そのときも声を張り上げたと聞いた。似たようなことがこの件以外にも以前から度々、起こっていることも知ることができた。

４　すみません。不注意でした

今回のＡさんの食堂での席が汚れている件に関しては、この「私の黒いズボン」でのことを思い出し、その情報を踏まえたうえで私は、この場を治めＡさんの気持ちを抑えるにはどうすればいいのか考えた。私は、周りの利用者から得た情報も取り入れ、Ａさんの心境に共感しようと考え、話しかけ始めた。

私「本当ですね、Ａさんの席の周りだけすごく汚れていますね」

Ａさん「そうでしょ？　私が帰ってきたら散らかされていたの。きっと、誰かが座って汚していったのよ」

私「他の人にも聞いてみたんですが、誰かが座っているところはみていないそうですよ、誰が汚していったのか分からないですが、ここは私が綺麗にしますから少し待っていてください」

Ａさん「そんなはずないけどね。わたしはきれい好きでね。トイレに行く前に私はきれいにしていったのよ」「誰かが座って汚していったのよ」

という会話が続き、落ち着かせるどころか、Ａさんを逆に興奮させ、声量こそ少し治まったが、他の利用者をまた疑い始め、周りに尋ね回り、私が「ここを掃除しますから、待っていてください」といっても聞いてくれなかった。途方に暮れていると職員の一人が来られ、Ａさんに話しかけた時の対応は、

職員「Ａさんの席、汚れていますね。私たちがちゃんと注意して見てればよかったのですが、すみません。不注意でした。これからは私たちが注意して見ますから、本当にすみません。ここは私がすぐに掃除しますね。少し待っていてください」

Ａさん「そうね？　お願いね。これからは気をつけてね」

Ａさんは落ち着いた。私は職員から「止めに入ったところはよかったけど、説得が難しかったね」「以前から似たようなことはあってね、Ａさんは認知症があって、認知症だからしょうがないこともあるけど毎回、本人がしたことなのに忘れてしまうから私たちも対応が難しいと感じているところだね」と言われた。

どうすればよかったのか聞いてみると、職員の方からＡさんはこんなことがあってもそのうちに忘れるから、犯人が誰かより、無くなったものや汚れていることで苛立ちを覚えているため、そのときの状況に応じて何に対して苛立ちを持っているのかを把握し、声をかけるとよ

いとアドバイスをいただいた。

5 おわりに

職員の人のAさんに対する接し方は、まず怒ることで血圧が高くなることを考えていることだった。Aさんに安心してもらうため、自分たち職員の不注意により今回の事態が起こってしまったと謝り、すぐに掃除をすると伝えていた。安心してもらうことで興奮を抑え、Aさんが他の利用者に向けていた矛先を職員に向けることで他の利用者の不安感を解消していたのではないかと理解できた。

Aさんの体調や、何に対して苛立ちを持っているのか、それに対してどのように理解して、実際には、どのように接したらよいか？　そこでは、他の利用者の心境のことまで考えて、職員として何をしたらよいかの視点からも検討されていたのだ。何に気をつけ、コミュニケーションを図ればいいか学ぶことができた。簡単にできるとは思わないけど、自分もそのような接し方ができるようになりたいと思った。（２０１４年３月　第13号・Ｐ88－89）

実習最大のピンチ～傷だらけの戦い

3年　福留　詩織

1　緊張の日中一時支援

私は、今年の夏、１カ月間、Ｂ学園で実習をさせていただきました。

Ｂ学園では、入所の利用者さんへの支援の他に、在宅の日中一時支援で来ている子どもたちの支援もさせていただきました。在宅の日中一時支援には、二つのクラスがあり、それぞれのクラスで一日を過ごしていました。私は実習期間中にどちらのクラスにも入らせてもらい、子どもたちと一日を過ごすことができました。普段、サークルのボランティア活動等で、知的障害児と関わる機会が多いため、知的障害児のクラスではスムーズに関係も築くことができ、子どもたちと積極的に遊ぶことができたのですが、肢体不自由児との関わりが今まであまりなかった私にとって、日中一時支援部門で過ごした一日は、緊張と不安のなかでの活動でした。

子ども達は、車いすを利用している子や、寝たきりの子など、自分で動くということが難しい子が多く、一日お部屋の中でＤＶＤを見たり、簡単なお菓子づくりをしたり、園庭で水遊びをしたりというような、ゆっくりした時間を過ごしていました。

2　初めてのお出かけ

私が入らせてもらったその日は「おでかけ」の日で、お弁当を持ってみんなで車に乗り、Ａ地域にあるＤ館のカラオケルームに行き、カラオケをした後、ドライブをして帰ってくるという計画の日でした。

この日は、子どもとスタッフの人数が同じだったため、子どもとペアをつくり、１対１で活動を行いました。私がペアになった子は小学生で、自分で歩くことはできず、発語もないCちゃんでした。朝の打ち合わせの時間に、「気持ちの切り替えがなかなかできず、自分の思う通りにいかないと怒って、人をつまんだり、ひっかいたりするから気をつけてね」と職員の方から注意をされていました。どんな子なのか不安に思っていましたが、Cちゃんは、朝の会のときからずっと私の膝の上に座り、にこにこしていました。

すごく小さい子だったため、普通に座ってシートベルトをすると首にひっかかり危ないということで、後ろの座席に座り、私がその子を膝に抱いて車に乗りました。お出かけがすごく嬉しかったみたいで、バスやトラックが通るたびに声をあげて笑い、また、カラオケに行くということで気持ち作りのために、車の中で職員の先生と童謡や指遊びを歌うと、嬉しそうに体を揺らして楽しそうにしていました。

カラオケについてからも、職員の方が子どもたちの知っていそうな曲を次々に入れてくださり、どの曲が流れても声をあげて笑って楽しそうに過ごしていました。歌が歌える子が1人しかいなかったのですが、順番にマイクを回して、歌ってる雰囲気を感じてもらったり、その子の歌に合わせて体を動かしたりと、それぞれで楽しんでいるようでした。Cちゃんも、マイクが回ってくると嬉しそうに握り、体を動かしていて、隣で一緒に歌いカラオケを楽しむことができました。

3 Cちゃんの攻撃

時間になり、カラオケルームを出る時に少しぐずりましたが、トイレへ行き、気持ちをリセットできたのか、何事もなく昼食も終え、学園にもどる車へ乗ることができ、私は少し安心していました。しかし、車に乗り、学園に帰るということがわかってから、Cちゃんの態度が一変し、機嫌が悪いスイッチが入ってしまいました。

D館を出るまでは、あんなににこにこしていた子が、急に私の腕を噛んだり、つまんだり、髪を引っ張ったり……ということが始まりました。行きと同じ姿勢で、私の膝の上にCちゃんは座っていたため、攻撃の対象は私で、最初はいたずら程度だったものが、次第に本気モードになっていきました。腕も指も細いのですが、力はすごく強く、あっという間に私の腕や顔は傷だらけで赤くなっていきました。最初は、優しく「やめようね」と注意していましたが、私も我慢できなくなり少し強めに「痛いからやめて」と注意をしました。しかし、Cちゃんは、注意をするとすごく喜び、さらにその行動が激しくなってきました。気分転換に外の景色に目を向けてみたり、職員の方の助言で指遊びなどを行いましたが、逆にテンションをあげてしまい、その行動が終わることはなく、私が痛がるのを喜び、怒ることに喜び……と、帰りの車の中ではずっとCちゃんに攻撃をされ続け、それに対して私が怒り、怒ったことに喜び、また攻撃するといった悪循環が続きました。

4　反省会で気づいたこと

Cちゃんは、学園につくと落ち着き、家族が迎えに来る時間まで大好きなＤＶＤを見て、家族が来ると嬉しそうに帰っていきました。

その日の反省会で、その日一緒に活動した職員の方に活動での出来事について話をすると、「Cちゃんは、普段あんなに人と関わらないから、きっとあなたが好きで、あなたにもっとかまってほしかったんじゃないか、その行動を問題行動ととらえるのか、あなたがどうとらえるかで関わりが変わるのではないか」ということを話されました。私は、サークルのボランティア活動で、子どもたちには良いこと・悪いことをしっかり伝える、自分がされて嫌なことは嫌だったと伝えるように心掛けていて、その中で子どもたちとの関係づくりをしてきた為、今回もそのようにCちゃんと関わっていました。しかし、職員の方は、もっとCちゃんのその時の様子や表情などを見て、どうしてそのような行動をとっているのか、Cちゃんはどのような気持ちなのかというところを考えてほしかった、というようなことをおっしゃっており、実習記録の所見欄にもそのようなことが書かれていました。

振り返ってみると、ひっかかれた際、「痛いからやめて」「たたくのはいけないことなんだよ」など、自分の気持ちばっかり子どもに言っていました。しかし、子どもの立場からしてみれば、「なんでこの人は自分の気持ちを分かってくれないんだろう」と思っていたのかもしれません。また、ボランティア先の子どもたちとは、長く付き合ってきたため、表情や行動でその子が今何をしたいのかというようなことを理解することができますが、今回ペアだったCちゃんは、初めて会う子だったため、そのようなちょっとした変化にも気付くことができなかったんだと思います。

5　もう一度チャンスがあれば……

後日、職員の先生から伺ったのですが、Cちゃんは、おでかけの前日、テンションが高くなかなか寝付けなかったみたいで、寝不足のまま、おでかけの活動に参加したそうです。そこで、大好きな歌を歌い、疲れや眠たさが今回のひっかき行動に出たのではないかということでした。

そういう前日の様子などを事前に知っていたら、もう少し関わり方に工夫ができたのではないか、もう一度、Cちゃんとペアを組んだら、もっと楽しい時間を長く過ごすことができるのではないか、という反省や気持ちがありましたが、今回のお出かけ以降、私は入所の支援のほうに戻ったため、Cちゃんと会うことはありませんでした。

たった1回の活動で、すごく痛い思いはしましたが、Cちゃんからはいろんなことを学ばせてもらいました。初めて会う子との活動は、お互いが知らないもの同士で、手探り状態ですが、だからこそ、相手が今どんな表情をしているか、どんな気持ちでいるかということを考えながら、声をかけ、関わっていけるようにならなければいけないということに気づかせてもらいました。また、その中で、していいこと、してはいけないことに気付かせたり、私の気持ちを伝えたりして、関係を作っていくことも大切だということがわかりました。

あの日は、大変な一日でしたが、今ではいい思い出となっています。もう一度、Cちゃんと一緒に活動できる機会があれば、その子の気持ちに寄り添いながら、２人でもっと長い時間、楽しく過ごすことができるような関係になりたいと思います。（２０１２年3月　第11号・P78－80）

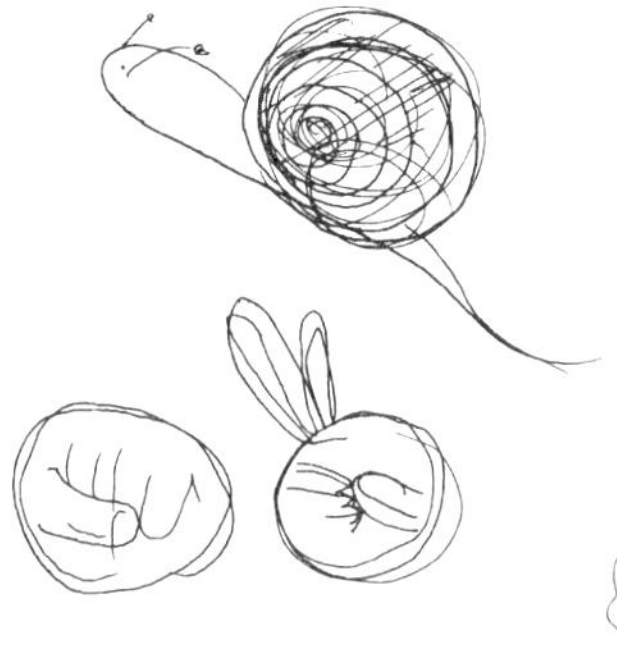

信号機からのメッセージ

3年　横峯 広美

1　はじめに

今回の実習では、実習の内容に入る前に、生活リズムが大学の時のリズムと違うことを痛感した。最初は実習内容よりも生活リズムに慣れないことに凄く苦労をした。

私の場合、実習中は毎朝6時頃に起きて、7時に家を出て実習現場まで車で約50分程かけて通っていた。通勤ラッシュと重なるため、通常30分で着く距離がこのくらいかかってしまった。

2　通勤時に考えていたこと

渋滞中は、車がなかなか前へ進まなかったり、赤信号によく捕まったりしていた。まるで「目標を立てないで実習に挑むのはダメ！」と信号機が私に訴えているように赤色が鮮明に光っていた。信号に止まっているわずかな時間で目標を立てるようにした。例えば「患者様と今日は10人以上話をしよう」とか「分からない専門用語があったら迷わず質問をしてみよう」など、自分の世界に入り考えていた。

考えすぎて信号が青になっていることに気付かないこともあった。後に続く車からクラクションを鳴らされ、目標を考えていた自分の世界というシャボン玉が割れたのである。自分が今おかれている状況に気付き、赤面して車を走らせた。当たり前ですが、青信号になったら、後の車にクラクションが鳴らされる前に進みましょう。

3　嫌気がさした通勤ラッシュ

とりあえず実習現場に行く間に、大まかな目標を立てて勤務時間の30分前には着くように心掛けていた。そのような目標を考える余裕が無い時だってあった。朝起きるのが、いつもより遅く7時半に家を出た日のことである。実習中の勤務時間は、8時半からであったため、さすがに目標を立てる余裕もなかった。「なんで、こんなに渋滞をしているのだ」といつも気にならなかった渋滞が、この日ばかりは嫌気がさした。8時半に刻々近づき、晴れやかに「さあ、がんばろう」ではなく、自己嫌悪が募るばかり。さらには「職員の方に迷惑をかけてしまう」というような雲行きの怪しい心になった。

4 「おはようございます」と言うまで

それでも8時半になる10分前に着いた。駐車場から実習現場の入口までの距離を、重たい荷物を前後に振りながら走った。恐るおそるソーシャルワーカー5名がいる「地域連携室」に入ろうとすると、声が一言も聞こえなかった。朝の会議が始まったのかと思った。

皆が集まる、もう一つの部屋に入ると、1人のソーシャルワーカーしかいなかった。慌てて扉を開けたので、その方は、少し驚いた様子で私の方を向いた。時間内に着いたのにもかかわらず、私は安心できなかった。4人のソーシャルワーカーは、違う会議に出ているのではないかと心配になったからだ。「皆さんは会議ですか？　遅れて来てすみませんでした」と言おうとした時だった。

背後から笑顔で「おはようございます」と言う声がしたので、振り向くと、次々とソーシャルワーカーが来られた。「おはようございます」の一言で〝今日も頑張ろう〟というムードの中、私は、この日初めて安堵した。他方で、ここに来るまでで今日の気力を出し切った感覚があった。私の「おはようございます」には、疲れが色濃くにじんでいたと思う。

5 最悪の連続の始まり

朝から大変な目を味わったので、今日1日は順調に事を進めたいと思った。まさか、その日、実習現場を出るまで最悪の連続を味わうなんて思いもしなかった。

通常通り8時半ごろから地域連携室で各ソーシャルワーカーが、担当の患者様にどのような支援をするのかなど日程の報告を行い、専門職の相互確認後、今日の業務が始まった。

私は「見学を通して連携を学ぶ」ということで、実習現場の周辺にある病院・施設へソーシャルワーカーと見学に行った。他の病院・施設に行くと、同じソーシャルワーカーでも、病院・施設によって業務の内容が違うことに気付いた。

例えば、医師の指示の下、ソーシャルワーカーが患者様に関わるため、医師の指示が無い場合、ソーシャルワーカーが関わることがなく退院になる病院がある。他方、入院した患者様全員にソーシャルワーカーが関わるところもあった。また、ソーシャルワーカーの仕事は、相談援助が全てではなく、介護をしたり外部へ自分達の仕事場をアピールする広報活動をしたりするなど幅広いことが分かった。この日は見学を通して色々なことに気付けたのだが、いくつかの失敗をした。

5　失敗とその背景にある課題

その一つが、某町の有料老人ホームへ見学に行った時である。施設内を見学して、相談室のようなところで、そこのソーシャルワーカーと話す機会があった。最初に名刺を頂いた。名刺には、施設名・職種・電話番号・施設の理念などが書かれていた。私は、「無くさないようにファイルに入れよう」と思ってファイルを手に名刺を入れようとした。指導者から「名刺を頂いたら、その名刺をテーブルに置いて、いつでも名前を確認が出来るようにしないといけないよ」と助言を頂いた。

　ファイルに入れようとした名刺を、名前が書いてある方を表にしてテーブルに置いた。その時自分がとった行動を疑問に思った。いつもなら助言されなくても自分から取れていた行動が、できなかった自分に対して動揺を隠せなかった。

　今、その場面を思い出しても、何故すぐに名刺をファイルに入れる行為をしたのか疑問に思う。後で疑問に思うほど、無意識的にした行動は、やはり朝の出来事も関連があるのではないかと思った。つまり、朝から気持ちに余裕が無いまま、実習を始めると周りが見えなくなり、たどたどしい行動をとってしまうのではないかと気付くことができた。（2013年3月　第12号・P89－90）

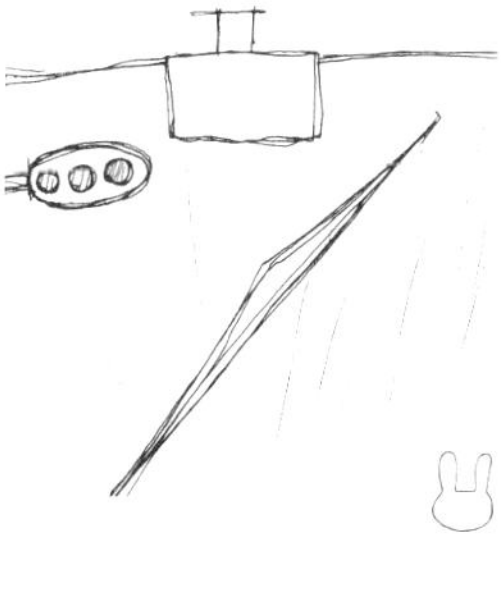

人と向き合うなかで見えてきた夢と学び

3年　白坂　清香

1　はじめに――岡田ゼミにいる理由

大学案内を取り寄せたとき、ゼミ紹介で岡田洋一先生の「心の病とソーシャルワーク」が載っていた。それも興味をもったきっかけの一つだと思う。大学に入学し授業を通し、ますます心の病に興味をもった。ゼミの選考が始まる前に友人と岡田ゼミを見学させてもらった。一つのテーマに対しみんなで考えるのが楽しそうだなと思った。ディスカッション形式で、一人の人が書いてきたレポートに対して、司会を中心に自分の意見を述べていく。その意見に対し周りからまた違った視野で突っこまれたり、突っ込んだり意見を交わしていたからである。このようなやり方でソーシャルワーカーの視点から心の病について学びたいと思っていたので、岡田先生のゼミを志望した。いま、岡田ゼミで悪戦苦闘している。

2　ゼミに入って苦労してできるようになったこと

ゼミでは、自分の興味を持ったものを調べ、それについて手書きで1600字以上毎週レポートを書いて提出する。最初は、どうやって情報を得るかもわからず、とりあえずインターネットや本から、興味のある母子関係の記事を見つけ書いていた。ゼミの仲間にどうやって情報収集しているのか聞いたりする日もあった。私は、本を読んだり文章をうまくまとめることが苦手で苦戦した。パソコンで箇条書きに書いて、印刷して、文章にして、印刷して、訂正をして、を繰り返し、1週間かけてやっと1600字書く日々だった。こども関係の記事や本を読むことで親も幼いときに辛い体験をしてるケースが少なくないことを知った。苦しみは連鎖しているのだと学んだ。

しかし、毎週レポートを書いているとたちまちネタ切れという現象が起きた。そのとき、福祉新聞という新聞があることをゼミで先生に教えてもらった。母子関係に関する情報を得るために福祉新聞に目を通すようになり新たな発見をした。子どもの貧困である。6人に1人の子どもが貧困に陥っている状況を知った。こんなにも苦しい思いをしている子どもたちがいる事にとにかく驚いた。矢も楯もたまらず、子どもの貧困がどのようなものかについて、記事を見つけレポートを書くようになった。この頃になると、箇条書きをしなくても文章を書くことができるようになった。パソコンで書いて印刷して訂正して手書きの清書をするまでに成長できた。また、みんなのレポートをみることで、文の区切り方や接続詞の使い方などを学んだ。

3　みんなで考えるために必要なこと

毎週1人ずつレポート発表をするのだが、初めのうちは、お互いを気遣っているのか、気にし過ぎているのかよく分からないが、中々発言が出てこなかった。ゼミ見学のときのようなディスカッションって感じではなかった。

ディスカッションらしくなるように、3つにグループを分けグループごとに発表しようということになり、毎週、各グループから1人ずつ3人が発表することになった。仲間の発表するレポートを読んで話し合う作業を、ゼミ前の昼休み時間に集まりランチディスカッションをすることとなった。最初は、順調だった。しかし、グループ分けしたことで自分の発表までの間隔が短くなり、次第にディスカッションの為のレポートというより、出すだけのためのレポートになっていった。この題材をみんなでディスカッションしたいと思っても、社会福祉士のための実習の準備も始まり、調べる時間も確保が難しくなり中途半端なレポートになった。ゼミ自体がきつくなった。

ゼミの友達にその思いを話すと、みんなもきつかったことを知った。発言内容もワンパターン化していたので、ゼミ長を中心に話し合いをした。みんなの意見を元に、自分たちにあったディスカッション形式を考え、先生に報告して新しいディスカッション形式で進めることになった。この時期から、次第に信頼関係ができてきたのではないかと思う。私は違う、こう思うと言う意見もディスカッションのなかで出てくるようになったからである。今は、互いにこうしたら、ああしたらもっと意見でるんじゃない？とか話し合えるまでになっている。仲間と形式を試行錯誤する過程の中で、辛い時や苦しい時こそ、人と向き合い話し合うことが大切だと学んだ。

4 子持ちのシングルマザーがぶつかった壁

私は、0歳の子どもを抱えて、シングルマザーになった。仕事も中々見つからず精神的に行き詰まっていた。そんな時、市の6カ月検診の相談機会を通じて、保健師の方が子育て支援センターに繋いでくれた。支援センターを訪れると自分の娘と同じくらいの子どもとその親が玩具や遊具で楽しそうにあそんでいた。私はそこで、保育士と離乳食や子どもの成長について話した。1回訪れただけなのに心にゆとりができた。そのことがきっかけで、インターネットのホームページで検索したり、友達に誘われたりして市外など色々な子育て支援センターに行くようになり、わらべうたや製作などの活動に参加し楽しむようになった。通うにつれ、自分自身の子育てが役に立ち、子育てをしている人の心を救ってくれる仕事があるんだと思って、保育士の仕事に興味をもった。

社会人で入学してどうやったら保育士になれるか、学費はいくらかかるかなどインターネットで調べた。その時、母子家庭の母や父子家庭の父が2年以上養成機関で修業し資格取得するときに、入学時の費用や修業期間中の生活の負担軽減のために、助成金を支給してくれる母子家庭高等技能訓練促進費という制度がある事を知った。対象は、県によって異なるが主に看護師、介護福祉士、保育士、作業療法士等であると記されていた。市役所の福祉課に行き説明を聞いた。保育士も対象とのことで、受給条件も満たしていたのと、助成金の範囲で通える専門学校があったため、入学し資格を取ることを決意した。

5 保育士養成の学校に入学して

平成23年の春、保育士養成の専門学校に入学し、夢への第一歩を踏み出すことができた。保育実習では、子どもの命を預かる責任は重く、成長の一部に関わる事は大変な仕事であると感じた。ハイハイしていた子どもがつかまり立ちしたり、言葉を話したり、子どもの成長を見た時の喜びや感動は言葉では言い表せないほどのものだった。また、子どもの目線に立ち一緒に遊ぶなど、いろいろな事を共有することで、自分自身が子ども達から学ばせてもらっている事にも気づいた。子どもの成長を傍で見られるこの仕事がしたいという気持ちはますます強くなった。

しかし、そのような思いが強くなると保育に対する問題意識も生まれた。発達障害のグレーゾーンの子どもが多く、家族との連携が大切だが親が中々子どもに対する違和感を受け入れられず適切な支援の提供が難しい。そこには、家族支援の不十分さがあるのではないかということ。仕事や家族の事情などで、精神的負担が大きくそれが子どもの成長に影響していること。自分自身、子どもを持つ同じ親として、そうなってしまう保護者の気持ちも分かる。だけど、保育を勉強していると保育士側の気持ちもわかる。自分の中でモヤモヤした日々を過ごすようになった。

6　鹿児島国際大学に編入しようと思った理由

2年生になり就職について考えるようになった。自分の中でモヤモヤしている気持ち、つまり、問題意識は、子どもに関わる仕事がしたいけど、自分が子育てで辛い思いをして気持ちが分かるから、親の心を助ける仕事がしたいと今なら整理できる。当時は、どのように整理したらよいかも分からなかったので先生に相談しに行った。そこで、精神保健福祉士と社会福祉士という職種があること、鹿児島国際大学で学べることを教えてもらった。

インターネットや大学から資料を取り寄せたりして、二つの職種について調べた。自分のやりたい仕事に近かったので、7月20日にあるオープンキャンパスに行った。

オープンキャンパスでは、各教室に設けられたコーナーで学費のことや編入学の話を聞き、更に模擬授業を受け、社会福祉士の勉強はどのようなものか体験した。また、直接、先生や学生と話せるコーナーがあって行った。そこで、精神保健福祉士を目指すコースの学生の方と実習担当の先生と話す事が出来て、勉強や実習の事、なぜ精神保健福祉士を目指したのか、社会福祉士はどんな仕事をするのか色々聞いた。精神保健福祉士や社会福祉士の仕事や学校での生活がなんとなく掴めた。

その後、自分の問題意識を具体的に検討するにはどのようにしたらよいかを考えるために色々な機関にボランティア活動に行った。現場を見るたび、先述の問題意識が強くなった。

一人の子どもに出会った。おとなしくて、すごくお利口さんな子。でも、その子はいつも大人の顔色を伺ってから物事を答えているように私の眼には映り、集団にも積極的に交わらず、遊び方も遠慮しがちで子どもらしさがないと感じた。衝撃的だった。その子の母親がうつ病だということを知った。直感で親の心と子どもの心は繋がっているのかもしれないと思った。専門職がもっと家族に寄り添って、協力して、子どもが子どもらしく過ごせる場所に保育所がなったら……と思った。

しかし、休みの日も子ども達のために業務するほど、保育士は多忙で人手不足。保育の業務ではそこまでするのは困難だと感じた。保育の専門性を持った社会福祉士や精神保健福祉士が保育所に必要だと思った。確かに、相談する機関はある。だけど、母親が働いていると休みの日はやるべきことが多くて相談する場所に行く暇がない。

自分のことは後回しになる。毎日子どもを迎えに行く場所に相談する場所があればどんなによいだろうか。そう思うと、福祉ってなんだろう？　相談業務ってどうするの？　うつ病ってどんな病気だろうなど疑問がうまれた。学校に行って勉強したいという思いが出てきた。

7　編入を決めるまでに考えたこと

就職に向けて本格的に動き出す季節になった。自分はシングルマザー。働いて子どもを育てなければならない。保育士になって、現場で経験を積んでいけばできることではないのか？　精神保健福祉士で保育所に勤務している人はいない。必要ないのかも？　子どもがいるのに借金してまで大学に進んで本当に目を向けて学ぶべきものなのか？　就職活動をきっかけに葛藤が生まれすごく悩んだ。その時、子育て支援センターで心が救われたことを思い出した。救われたことで、困難はあるけれど前を向いて歩いている自分がいることに気付かされた。困難に寄り添ってくれる人が自分の身近な場所にいると、人は自分自身の困難に立ち向かっていける力を養えるのかもしれないと考えた。家族を支えたい。やっぱり、自分が感じた問題意識から目をそむけることはできなかった。精神保健福祉士や社会福祉士が保育所に必要かどうかは学んでみなければ分からない。たちどまっていても答えはでない。まずは学校に行って学んでみようと思い、編入することを決意し、受験した。

8　おわりに

平成25年の春、鹿児島国際大学に入学することができた。またまた、夢に向かって前進するようになった。

発見の連続だった。福祉というものが老人や障害、病院や日常生活など、こんなにも幅広いものだということを知り驚いた。今まで援助者は、相談されたことに対し相談者が望むことを忠実に行うことが相談業務だと思っていた。勉強をしていくうちに、相談者の悩みに耳を傾けて受け入れて、色々な制度や身近な人などの資源と結び付けて、相談者が自分の持っている力に気付き困難に立ち向かえるよう寄り添うことが相談援助だと学んだ。その人の生活に寄り添う仕事は、援助方法も一人ひとり異なり保育同様、福祉にも支援に対する答えはなかった。奥が深く難しいと思った。

いま、ゼミ以外でも岡田先生の話や事例や新聞記事、ビデオをみてディスカッション形式で授業を進めることがある。そのとき感じるのが、クライエントが抱える問題を遡ると子どもの頃の家庭の環境が影響していることが多いのではないかということ。やはり「親の心が健康なことは子どもの心も健康に繋がる」と思うようになった。

私は、最初の問題意識に対して、いまの時点で何をどのように取り組んだらよいかを掴めたと思っている。（2015年3月　第14号・P50－52）

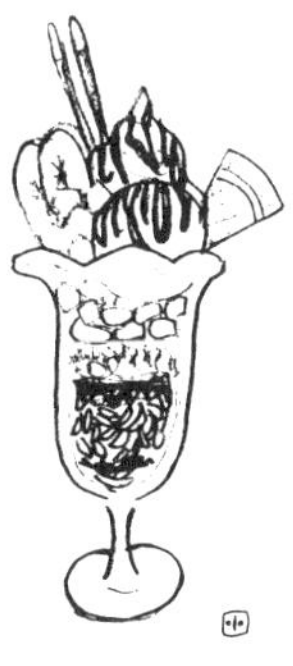

自信と優しさ、そして笑顔を忘れずに

2年　前田 結華

1 はじめに──20年という節目に

私は、生まれつき両下肢に障害があるため車いすで生活をしています。

日常生活を送るうえで多少の不便を感じることもありますが、これまで多くの人に支えられ、自立して生活ができるように環境を整えてくれたおかげで、現在もこうして大学生活を送ることができているので本当に感謝しています。しかし、障害者が社会に自然に溶け込み、生活するのはまだまだ困難です。それを実感している私は、これまで身を持って経験してきたことを生かし、将来は障害者の自立支援に関わり、社会参加の手助けをしたい。まずは、当事者の一人として健常者では気づかない視点から若干の提案をすることから始められないかと考えるようになりました。

今年は、生まれて20年という節目の年でもあるので、この場を借りて、これまでの歩みを振り返って、そのための具体的な課題について少し考えてみたいと思います。

2 みんなの視線のなかで堂々と行動できるまで

物心がついた頃には、私にとって歩けない状態が当たり前になっていました。就学前は、幼かったこともあり、自分の障害について深く考えることもありませんでしたが、小学校に入学して車いすで学校生活を送るようになると、「障害さえなければ……」「歩けたらどんなにいいだろうか」と思う出来事がたくさんありました。

例えば、廊下ですれ違った下級生から、視線を感じる時です。「足が悪いの?」「足、ケガしているの?」「どうして車いすに乗っているの?」と尋ねられ、ひどいときには「赤ちゃんみたい」と言われることもありました。当時の私は、何と答えていいかわからず、いつも俯きながら、その場を通り過ぎていました。

帰宅後、両親に話をすると、「小さい子たちは地域の中で若い人が車いすに乗っている姿を見かけることが少ないから、気になるんじゃないかな？　仕方ないよ。これから先も、辛いことがあるかもしれないけど、一つ一つ乗り越えていこう。お父さんとお母さんはどんな時でもあなたの味方だし、応援しているよ。自分らしく生きることに自信を持って、笑顔で過ごしていこうね」と私の気持ちに寄り添い、励ましてくれました。その後も同じような場面に遭遇することがありましたが、何度か繰り返されるうちに視線を感じることにも慣れて、「小さい子たちは興味本位で珍しそうに見ているだけだ、仕方ない」と割り切れるようになり、今では、家族と「ちびっ子がジ～っと見ていたね。もう慣れたわ！」と笑って話すことができるくらい、堂々と行動することができるようになりました。

その一方で、日々たくさんの人の優しさに触れ、温かい視線があることも分かりました。道を譲ってくれたり、階段の上り下りの際には車いすを持ってくれたり、登下校の時間になると通学カバンを持ってきてくれたり……。ある日、友達に「ごめんね。いつもありがとう」と伝えると「『ごめんね』はいらないから！　謝られるようなことは何もしていないし、『ごめんね』より『ありがとう』って言われた方が嬉しいよ。これからは謝るのはやめようね！」と言われ、胸が熱くなると同時に「感謝の気持ちを大切にしよう」と改めて思いました。

3　諦めない心と縄跳び大会

小学校の体育の授業では、皆と同じようにできないことが増えてきて、「皆と一緒に参加したい。身体が自由に動けばできるのに……」と思いながらも「仕方ない」と半ば諦めていました。そんな時、担任の先生は、「できる範囲でいいから」と別メニューを考えてくれたり、少しルールを変更したりして皆と一緒に楽しめるような授業をしてくださいました。

その中でも、一番印象に残っているのは、大縄跳びです。私が通っていた学校では、縄跳び大会で行われる種目の中にクラス対抗の大縄跳びがあり、授業の中でも練習が行われていました。ある日突然、先生に「ちょっとやってみよう！」と誘われた時には「今まで自分で跳んだこともないのに、どうするつもりなのだろう」と驚きました。言われるがまま、先生と向かい合って手をつなぎ、挑戦してみましたが、高いジャンプが跳べず縄に引っかかったり、跳ぶタイミングが合わなかったりして最初は全くできませんでした。

しかし、昼休み等も利用して毎日練習を重ねていくうちに、持久力がつきタイミングも合うようになると、どんどん記録がのびて10回～20回跳べるようになっていきました。私は、記録更新していく度に自分に自信がもて、達成感で胸がいっぱいになったことを今でも覚えています。先生や友達の協力と応援もあり、本番でも練習の成果を発揮することができました。そして、私が跳んだ回数もクラスの記録の中に加算され、優勝することができた時にはとても嬉しかったです。

このことから私は、「最初から諦めるのではなく、まずはチャレンジして、努力することが大切だ」ということを学びました。

4 充実した高校生活の中で突きつけられた現実

私は、中学生の頃まで休みの日も自宅で過ごすことが多く、引っ込み思案で、人前で発表したり、初対面の人に対して自分から話しかけたりすることができませんでした。そんな性格を変えるきっかけになったのが部活動です。高校に入学する前までは「勉強も難しくなるから」と部活動に入ることをためらっていましたが、高校の入学式で校歌を紹介する音楽部の先輩方の素敵な歌声に惹かれて「音楽部に入りたい！」と思い、入部を決めました。

音楽部に入部してからは、これまでの生活とは違い、ほとんど休みがなく連休中もコンクールや定期演奏会に向けた強化合宿が行われるなど日々の生活がとても充実していました。

様々な学校行事や地域の行事にも参加するようになり、他校との交流などを通して、多くの仲間と出会い、つながりを持つことができたことは私にとって大きな喜びであり、一生の宝物です。

また、高校最後の夏に行われたコンクールでは、初めて県予選で金賞を受賞し、九州大会に出場しました。800時間を超える練習は、辛くてくじけそうになったり、皆の気持ちがなかなかまとまらなくて焦りを感じたりすることもありましたが、お互いに励まし合い、本番では、心を一つにして最高の演奏をすることができたと思います。

私は、この3年間で多くの舞台に立ち、九州大会という大きな舞台も経験したことによって精神面が鍛えられ、以前より、人前に出るときに過度な緊張をしなくなりました。さらに、音楽部で過ごした日々が、私の引っ込み思案な性格を明るく、社交的な性格へと変えるきっかけとなり、大きく成長させてくれたと思います。

高校生になって生活に幅も出てきたことで気づいたことがあります。それは、私一人で外出することは、ほぼ不可能だということです。なぜなら、一見バリアフリーになっている所でもちょっとした階段や段差等が障壁となって行動が制限されたり、公共交通機関も十分に整備されていないからです。

ある日、鹿児島市内で講習会が行われるためバスで会場まで行くことになりました。私もバスを利用して出かけるのは初めてのことだったので、不安もありましたが、「友達に少し手伝ってもらえば何とかなるだろう」と思い、バス停で待っていました。しかし、いざバスに乗ろうとした時、乗客が多かったせいか「車いすを乗せることができない」と断られてしまいました。その日は休日だったのでバス停まで親が迎えに来てくれて会場まで送ってくれたのですが、私はショックを受け、その車中で涙を流していました。

5　親元を離れての大学生活

大学入学後は、親元を離れて大学の女子寮で一人暮らしをするようになりました。私が一人暮らしをしていることを知った周りの人からは、「すごい！　頑張っているんだね」と驚かれることが多く、「食事や買い物はどうしているの？」とよく尋ねられます。

私の場合、買い物に関しては、月に1回実家に帰省した時に1カ月分の食料をまとめて購入するという方法をとっており、買い出しの際には、店頭に並んでいる商品の中で、一番賞味期限が長いものを選ぶようにします。そして、日持ちのしない肉類やパンは少量ずつラップに包んで冷凍保存するなど様々な工夫をしながら、1カ月間食料が不足することがないように、毎日の献立を考え、調理をしています。一人暮らしを始めたばかりの頃は、料理も苦手で1品作るのに1時間はかかっていましたが、今では効率よく作業をすることができるようになり、レパートリーも増えてきました。

「まとめて購入したたくさんの食料品をどのように運んでいるのだろうか？」と疑問に思う人もいるかもしれませんが、私は、車の運転免許を持っていないため、両親に実家から寮までの送り迎えをお願いし、その際、両親に荷物を運んでもらっているのが現状です。しかし、片道約2時間30分かけて、送り迎えをするのは両親も大変だと思います。そのため、今後は、買い物もインターネットを使って注文し、スーパーから宅配をしてもらうという方法に切り替えていくことを検討しているところです。そして、可能であれば車の運転免許も取得できたらいいなあと思っています。

また、食事に関して、「たまには、こんなものが食べたい！」と思った時には、キャンパス内にある学食やレストランを利用して友達とお昼ご飯を食べることもあり、急きょ必要になった文具なども、大学内の売店で購入することが多いです。一人で外出することが困難な私にとって、大学の中にたくさんのお店が出店され、食事を楽しんだり、買い物ができたりする場があることは、とてもありがたく、便利で助かっています。

その他、炊事や洗濯、掃除など身の回りのことについては、全て自分で行っています。これまで親にしてもらっていたことを自分一人でこなすとなると、何をするにも時間がかかって大変ですが、その分時間に余裕を持って早め早めに行動するように心がけています。どれだけ時間がかかろうと、自分でできることが一つ一つ増えていくことは喜ばしいことであり、これからも自分なりに工夫をしながら、日々頑張っていきたいと思います。

6 電動車いす
——通学の楽しみと雨の日の通学

大学入学後、大きく変化したことがもう一つあります。それは、電動車いすを使用するようになったことです。高校までは手動の車いすを使用しており、教室移動の時など短時間で移動しなければならない時には、友達が押してくれていました。しかし、大学は、一人ひとり受講する講義が異なるため、高校までのように、ずっと友達と一緒に行動できるとは限りません。一人で移動をしなければならない時、平坦な道であれば自力で車いすをこぐことができますが、長くて急な坂道を自力で上ったり下ったりをすることは体力的に難しく、たとえ自力で坂道をのりこえられたとしても、それには相当な時間が必要になります。授業と授業の間の休みが10分という限られた時間の中での移動などを考えると、やはり「電動車いすの方がいいだろう」と思い、手動から電動の車いすに切り替えることになりました。

電動車いすであれば、一人でもキャンパス内を自由に行動できますし、何より、友達と楽しくおしゃべりをしながら通学ができることを嬉しく思っています。通学なんて些細なことだと思われるかもしれませんが、私は、今まで登下校の際には毎日親に送り迎えをしてもらっていたため、友達と通学することに対して強い憧れの気持ちを抱いていました。大学に入ってその願いを叶えることができ、私にとっては、通学も大学生活の楽しみの一つになっています。

しかし、天候が悪い日の通学は、右手で運転をして、左手で傘をさし、膝には、カバンがおいてある状態なので、少し大変です。雨が降っているだけなら、何とかなりますが、雨に加えて風まで吹いてきた時には、特に注意が必要になります。なぜなら、傘が飛ばされそうになり、身体まで持っていかれることがあるからです。実際に、このことが原因で傘が折れてしまったという経験もあります。このようなアクシデントを起こさないためには、「いかに運転のスピードと傘とのバランスをうまく保つか」が重要なポイントになるのですが、これがなかなか難しいので、とにかく、安全に気をつけて慎重に運転しています。

また、大学から寮までの距離は非常に近く、車とすれ違うこともほとんどないので、安心して運転をすることができていますが、町の中などの交通量が多いところにおいては、通学の時よりも危険性が増すため、万が一事故が起こった時のことを考えると怖くて外出することができません。したがって、私が外に出るのは、寮と大学の往復だけであり、休みの日は、家で勉強をしたり、テレビを観たり、本を読んだりして過ごしているので、少しずつ中学生の頃のような生活に戻ってきているというのが正直なところです。このような状況を変えるためにも、車の運転免許を取得することができたら、さらに行動範囲が広がっていくのではないかと思っています。

7　おわりに――障害とともに楽しく生きる

20年間を振り返ってみて、改めて思ったのは、「できないことばかりに目を向けて、悲観的になるのではなく、自分のできることを一生懸命取り組み、社会の一員として、誇りをもって生きていくことが大切だ」ということです。

この世の中に完璧な人なんて誰もいません。それぞれに得意、不得意があり、できないこともあって当然だと思います。無理に一人で頑張ろうとせず、時には、周りの人に助けてもらうことがあってもいいのではないでしょうか。そして、困った時には、誰かが気付いてくれるのを待つのではなく、自分から「助けてほしい」と声をあげることこそ、「自分の障害がどういうものなのか」、「問題解決のためにどのような支援を必要としているのか」を周りの人に知ってもらうきっかけとなり、「障害」に対する理解を深めていくことにつながると思います。

このエッセイを通して、当事者目線で、「これまで抱いてきた思い」や「どのように地域生活を送っているのか」を伝えることで、少しでも多くの人に現状を知ってもらうことができたなら、こんなに嬉しいことはありません。

これから先の人生、悩んだり、苦しんだり、うまくいかないことがあるかもしれません。しかし、そこでくじけることなく、物事を前向きに捉えることができたら、何かしら道は開けていくと思います。様々な経験をする中で、「障害とうまく付き合いながら、楽しく生きる術」を身につけ、明るく笑顔で過ごしていきたいです。そして、「チャレンジする心」「諦めない心」「謙虚に感謝する心」を忘れずに一歩一歩進んでいきたいと思います。（2015年3月　第14号・P41－44）

履修登録教えます……

3年　八瀬尾 眞希

1　はじめに――あなたたちは何ですか？

入学式、学科ごとに分かれて教室での説明会。友達なんていないし、取り敢えず席に座った。「お隣いいですか？」見た目は、さばさばしてそうな女の子。だけど声は震えていた。軽く自己紹介をし合って、すこし話して終わり。その子はオリエンテーションのときにトイレですれ違ったくらいで、顔見知り程度な感じ。名前はこんちゃん。

新入生勧誘、とりあえず社会福祉学科だし、就職の時に役立つし、私の友達もボランティア系のサークルに入りたいということでサークル巡り。テントにダンボールで小さく「履修登録教えます」と書かれて貼り付けてあるのを発見。「あ、時間割の組み方教えてくれるんだって、時間ないから後から行こうか」そんなことを言いながらその場を後にした私たち。

なんやかんやで学科でのオリエンテーションを済ませ外へ出ると新入生も学生もほぼ残っていない。しかし、そのテントだけは残っていた。恐る恐るテントへ。男の人と目が合った、「あ、あ、あの履修登録を……」「どうした？　どうした？」会話はたぶんこんな感じだったはず。

「ごめんね、16時以降はテント片付けないといけないから学生ホールに行こうか」社会福祉学科の先輩、他の学科の先輩たちが授業の内容やら入ろうと思っているボランティアサークルについても教えてくれた。オリエンテーション期間何回も教えてもらいに行っていたような気がする。

でも、あなたたちは何ですか？　サークルなの？　そんな疑問が残った。

2　深く考えず思った

オリエンテーション期間以降知らない電話番号、メールアドレスからたくさん連絡がきた。誰かと思えばサークル勧誘で回って説明を聞いたサークル、無理やり感満載に連れて行かれたサークル達から。もちろん履修登録教えますのサークルからも。履修登録教えますからは「定例会が昼休みにあるから興味を持った子はぜひ来てね」とメールが入っていた。3限が入ってるから行かない。友達とそういうことになった。

　しばらくして友達と学内を歩いていたら、履修登録教えますの人たちがたくさんいた。目が合ったし、とりあえず頭下げといた。そしたら一人の先輩が「君たちサークルは決まった？」声をかけてきた。「いや、決まってないですね」「それなら俺らの部室に来て説明だけでもききにおいでよ、今から暇？」

　部室に連れて行かれると職員室に置いてあるような机が7つ。え、先生いるんですか？　そんなことを聞きたくなる。冷蔵庫に電子レンジにケトルに電話にパソコンに……ここ何？　気になる。

　説明を聞くと「総務委員会」というサークルだという。ここに入ると学友会の行事全てに参加できるとか、学科関係なく友達ができるとか、学生生活充実するとか、社会勉強になるとか。たくさん並べられた。私の友達は全く興味がないようだった。私は行事に全て参加できる、主催側だからあまり参加できないけど、やりがいはあると思うよ。その言葉に揺らぎ始めた。なんか楽しそう。でも一人で入るのは嫌だ。

　その後こんちゃんに会った。「サークル決めた？」何を思ったか、こんちゃんに聞いていた私がいた。「総務にはいるよー」とこんちゃん。これは行ける！　何が行けるのかよくわからないが「私も迷ってたー。入っちゃおうかな？」「入ろう入ろう！」入ろう、深く考えず思った。

3　見えないいろんな圧力

「1年生〜」委員長からの一言で見当がつく。正座で20分くらい続くお話を聞く。耳にタコが出来るくらい同じ様なことを言われた気がする。出来てない人だけを呼び出すのではなく、1年生全員を呼び出しての注意。私たちの中では、出来ていると思っていても、注意を受けたなら、もっと出来るようになろう。出来ていない子は出来るようになろうね。多分そういうことを伝えたいんだよね、そういう解釈の仕方になっていた。何かの打ち上げのとき、1年生少ないね、この言葉の裏には1年が来ないと2年生を動かすことになる。先輩が動くことになる、だから来い。そういう圧力がいろんなところでかかっていたと思う。それに気づけていた私たちは我ながら凄い、と褒めてやりたい。でも今思うと当たり前なのかもしれないと思う。部室に来て委員長が委員長席にいたら肩に力が入るのと深呼吸を1回。大げさかもしれないけど、威圧感みたいなものが怖かった。でも1年生は部室に来るのがお仕事といわれていたし行くしかない。

初めての大学祭。学友会は警備やらのお手伝い。半日くらい一人でローテーションのような感じでエレベーター前や建物の入り口になどに警備としていすに座っていたり、2人組みで学生ホール内、正門前と警備したり。何ともいえない緊張感。気が緩んだ時に委員長が来たりする。朝から夜遅くまで、大学祭は3日間だが準備と片付けも入れて5日間。緊張感と戦う毎日だったとおもう。最終日の後夜祭の花火を見た瞬間の達成感。私たちは大学祭（大学祭実行委員会）じゃないし作り上げたわけではない、なのに「私たちがんばったね」と、こんちゃんたちと言い合ったり。多分緊張感から解き放ったことからの「頑張ったね」だったのだと思う。

4　4年生が1年生と楽しそうに……

12月1日代が変わり3年生が長に。雰囲気が瞬く間に変わっていった。私自身も部室に入る前の深呼吸がなくなった。楽しい総務室になっていった。

新学期、また新しい1年生が入ってきた。あれ、なにか違う……なんで4年生と1年生が楽しそうに話しているの？　先輩に対しての言葉遣いが荒いんじゃない？　もう6月だよ、そろそろ注意するところたくさん見えてきたよね？　そんな戸惑いが徐々に顔を出してきた。戸惑いから不満に変わっていくのに時間がかからなかった。4年生は気づいたときに個別に注意をしているらしい。私たちが1年のころと今の1年生の指導の仕方に不満が沸いたし、緊張感より楽しさ、楽しいという雰囲気が漂っていたこと。代が変わればやり方も雰囲気も変わる。それに一番戸惑うのが2年生だということも知ったし、変えたければ私たちの代で変えればいい、私たちが上にものを言う立場じゃないし、自分たちの思い通りに行かないことに駄々をこねているだけ、わがままに過ぎないということにも気づけた。

4年生が嫌いなわけじゃない、むしろ大好きな先輩たち、ユーモアあふれる笑いの絶えない人たちだった。私たちの不満にも耳を傾けてくれてはいたし。

でも気がついたことは、あの威圧感、緊張感は大事だったってこと。怖かったし総務室に行くのにも緊張した。だけど、それがあったから今の私たちがいるわけで、大切なこと、当たり前にすべきことを教えてくれていたんだな、としみじみ考えさせられた。

5 私の考えは軽いのか？

4年生が引退して3年になったいま。9月下旬、残すところあと2カ月で今の4年生が引退。そしたら私たちが長になる。今の4年生からは「たった1年じゃ何も変えられない、変えようとしても無理なんだよ、絶対苦労するよ、他機関との絡みもあるし」。1年の間に就活もある、実習もある、全てを学友会に注ぐのは無理だし、私たちが引っ張っていけるのか、後輩からの不満を解決できるのか、3年生はみんな不安だと思う。その中に落ち着いている私がいる。確かに不安だねー、なんていいながら落ち着いている私。1年間で何も変えられない、そこはそうだなと思う。

私たちが引っ張っていかなきゃならない、ここなんだが、引っ張っていくのは委員長を筆頭だと思うけど3年生は一人じゃないし、何かあれば話合えばいい、話し合う姿勢は2年生の頃から作ってきたから。その成果を4年で十分発揮できるようになっているのだから。私の考えは軽いのか。

印象に残ったことを書き綴ってきたが……まとまりがない。

6 たくさん悔しかったり、悲しかったり

いまもこうして総務室の机の上でパソコンをカタカタ。空きコマのときに暇をつぶすのは決まって総務室。もし総務に入っていなければ、図書館、カフェテリア、学生ホールを転々としていただろう。そして友達の少ない学生生活だっただろう。大好きな、尊敬できる先輩もいなかっただろう。そして泣く回数も増えた。悔し泣き、これからもも多分。何度となく友達の服にマスカラをつけた。ここは、こんちゃんじゃないんだけど。そして、これからも多分。

たくさん失敗した。悔しかった。悔しかったから来年のこの行事は失敗しないぞ、去年よりいいものを作ろうと思うと辞めるなんて言葉は頭から消える。それに感謝される。ありがとう、楽しかった、大変だったね、お疲れ様。そんな言葉をかけられる度に達成感、遣り甲斐を感じることが出来る。

7 あれこれと思いはめぐり、滅入ることも……

私たちが長になったとして……想像できない。私たちが1年のころの4年生は大人びていて学友会に何十年もいます、みたいな貫禄があって、威厳があって。ＯＬさ

んですか？なんて聞きたくなるくらい。私たちはそんな4年生にはなれないと思う。自信がない。そして気づくのは何かと比べるのはいつも1年の時の4年生、あのときはこうだったよね、私たちもあんなふうになれるのかな。一番怖い4年生だったけど一番憧れている姿なのだと思う。たぶん他の3年生もそうなのではないだろうか。

10月11月12月と行事はてんこ盛り。代が変わり今度は私たちが一番上になるのだ。今から3年で話し合う機会が確実に増えてくる。みんながどんな考えを持ちどんなふうにしていきたいのか、全員一致は無理でもみんなの意見をだいたいは把握しなければならない。先輩によって言っていることが違うと後輩だって戸惑うし不満だって生まれるから。

不満が生まれることはどうしようもないけど、それを委員長一人で解決じゃなくて3年全員で共有し、どれだけその不満を薄くしていくか。なくすことはできない、それは今までの経験で気づいた。歴代の先輩たちも不満が生まれるたびに何かしら解決しようと試みていたが、解決は無理。解決しようとしても、またすぐどこかで不満が生まれてくるから、気が滅入る。

8 おわりに——私の役割は何ですか？

入学式の時の私と今の私、どれくらい変わったんだろうか。流されるままに入ったサークルのように思えるが、やってみたいと自身の中にも少しあって、その意思がなければやめていたし、目標にしたい先輩もできたわけで、結果いいとこ尽くしだった。

とは言いつつも、私の総務委員会での役割とはなんなのだろうか？　時々ふと考える。集団にいたら役割が生まれてくるわけで、その役割も4年生が引退したら少し立ち位置が変わっている。そこで私は何をしていくのだろうか。その役割を達成できるのだろうか。そう考えると、やっぱり不安、怖い。

でも長になるときに、みんなが抱えてきたことだし、その順番が私たちに回ってきたのか……。

そう思うことにしようか。不安ばかり抱いていても仕方ない。

苦手な先輩、怖い先輩もいた、怖いと思って大学で会っても挨拶もせず逃げていた先輩がすごく面白い先輩で最終的には一番かわいがってくれた先輩になっていたりと、学友会１２０名弱いる中いろんな後輩、先輩、同級生と関わって残りの1年どんな思い出が出来るのか、どんな発見があるのか楽しみだ。（２０１５年3月　第14号・P47－49）

無限の可能性を秘めた皆さんへ！今、働いているものからの一言

1年
新田 博之

1 ソーシャルという価値観は凄い

何十年ぶりに学生を経験して、早いもので半期が経ち、この間に異なる価値観に触れる機会を得ました。生活を支える為に稼ぐという概念を除きますと、多様な物の見方もあり得るものだと感じました。また私、並びに私を取り巻く環境にソーシャルという意識が欠如していた点を認識出来たことは大きなプラスでしたし、認識すらしていませんでした。さらに効率・時間軸を外して考えますと、ソーシャルという概念が大きく変化することにも驚き、ここに大きな可能性を感じました。

最初に私の自己紹介を簡単にさせて頂きます。現在、私は資本金６０００万円の中小企業を平成2年より営んでおり、今年から当校で学び始めました1年生48歳です。事業内容は、車関係・産業機械関係の部門を、技術力を背景に事業展開しております。この２部門を２拠点で20名のスタッフで運営しています。

最近の出来事としましては、何と申しましても、姉歯・リーマンショックがあります。姉歯ショックでは建築基準法改正により担当部を抱えます産業機械部で17％もの大幅な売上減を経験し、傷も癒えない翌年に、リーマンショックによる影響に見舞われ、これまた同じく産業機械部を直撃、売上を30％減少させました。姉歯ショック時では幸運にも車両部が好調に推移し、何とか全社では18％の売上増と健闘しましたが、翌年のリーマンショックには、ほんとに参りました。17％減少しましたベースからさらに30％の売上減ですから、従来売上の半分位までダメージを受け、全社でも４％の売上減となりました。なんとか赤字決算は回避しましたが、今振り返ってみましても、スタッフが一丸となって努力して頂いたことと、大きな幸運に恵まれたことに因ると深く感謝しています。

これらの運に助けられ、何とか直近まで5年以上に渡り黒字経営で頑張って来ることが出来ました。振り返ってみれば、この時期は毎年のように変化を求められ、創業から何回となく遭遇しました大きな危機の一つに数えられます。

2 私の仕事観と社会観

次に私の社会環境への認識をお話しします。ここではあくまで私個人的な意見で､偏った解釈･見識があると思われますことを冒頭申し上げます。現在の日本では、生きるだけでも驚くほどお金を必要としているように感じます。逆に言いますと、ご自分の生活レベルを設定しその維持に必要な糧は、絶対的に調達する必要があるという事になります。これを調達する為に多くの方々が日夜凄まじく努力をしており、一般的な家庭では、涙ぐましく精一杯の努力でやっと成り立つレベルに思えます。ここから以上のフロー部分がお金では変えられないもの、お金以外の価値観へと成り得るエリアだと認識しております。

物に溢れ、必要なものが少なくなった現在でも資金を流動させる必要があります。しかし欲しいもの・サービスへの欲求が薄れた今日では、多少努力した位では資金が流動しません。この為提供サイドから､より便利に､より安価に、要望の先取りを競い、便利感・お手頃感をアプローチし続け、少しでも興味を持って頂く努力をし続け資金の流動を図り続けています。これが社会の発展の一部を構成しているとも言えますが無理を強いているのは事実です。このアプローチを常に競い続けてしまう為に、常に過剰供給状態となり、圧倒的優位な商品・サービスで無い限り、さらなる一歩を求められますが、残念ながら一歩先へ到達出来る程の差は創り出せない状況で､半歩先への努力が問われ続けます｡この過剰供給が技術･サービスの発展を捻り出し、日々の便利と安価を提供しているように見えます。

競争に勝った、いわゆる勝ち組と負け組との差は小さく､昨今言われます微差力が問われることになります｡この微差に勝ち残る為に、私を含め人々が恐ろしく切磋琢磨している訳です。これには、折れない強い精神力が必要となり、また求められているように思われます。

私の個人的解釈ですが、買って頂く・評価して頂く為には、人々の価値観の変化以上に、日々業界ルールとでも言います任意基準をすばやく解釈変更し、結果何が正しいのかではなく、だれを必要とし、選択するのか、またその人から評価される為にはどうしたら良いのか？また、その判断を求め続けているように感じます。これが営業クレームという名のもとでの過剰サービスへと絶妙にリンクし合い、さらなる微差への挑戦となっています。しかしこの土壌が経済の進化への原動力となっているとも感じます。不思議なことに、能力一杯の仕事をしていては大きな進歩が得られることが少なく、これは無理だろうと思える目標値に、さらに20％加えた、一見自分でも不可能に思える目標値に挑み、この限界点を消化した際に次のステップが、風景が、見えるように感じます。目標点いわゆるノルマが常に不可能に思えるのは、この為のように考えていました。これを達成させる為には、また生き残るには強靭な精神力が必要とされます。そのような極度な緊張とストレスの中で日夜暮らしている状況ですから、消費者となった場合には、高い次元の洗練された要求になりがちと思っていました。

3　サービスとしてのクレーム対応

私の顧客獲得の一つで管理ユーザーからのクレームのケースを挙げます。まず、クレームの一報を受けましたら、即座に訪問しお詫びをします。もちろん電話での対応は極力避けます。余計に興奮され怒られ過ぎてしまう傾向があり、後々の対応を複雑にする可能性を生じます。ここまでは当然ですが、ポイントはお許しを頂いた後のアプローチです。お許しを頂いた後にそれに要した倍の時間を費やし通い詰めます。2日要したら4日間といった具合です。要するに、ここまでしなくても、とおっしゃられても通い詰め、もう来ないで下さい、と言われる位クレーム対応をすることを心がけます。諸問題・価値観の違いから生じるクレームの為に、即時対応可能な十分な準備をしておきます。このクレーム時に初めて、お客様のお世辞抜きの本心に触れることが出来ます。しかし、実際このクレームの殆どがいわゆる不手際から来るクレームではなく、ご説明した事項への価値観の違い、もしくは要望的要素です。このことを間接的にでもお伝えしますと大抵逆鱗に触れます。プロなら私の怒りも織込みなさいという内容が殆どです。この価値観はお一人お一人大きく異なり、手探りで模索する必要があり、一回本心で怒られたお客様の価値観は財産となり、次回からクレーム発生を避けるツールが揃い良い関係が構築出来ます。このことからクレームで得た問題点を解決し、お客様へ改善過程も画像付で報告するなどで深い信頼を獲得、熱狂ファンの獲得へ繋げることが可能になります。事実、ご紹介頂ける上お得意様は、このクレームから発展した方々が多いです。その意味でもクレーム対応をサービスの一環と考えるようにしています。

この感動を得るツールとしてのクレームがサービスとなっています状況は、一方では要求していないものへの過剰アプローチとも考えられますし、いわゆる過剰サービスともいえます。このことから、細かなところ迄、また提供される人すら気付かない細部までサービスが行き届いているように感じ認識していました。私は、むしろ逆に多少不便な方が新しいのではないか?とも考えてしまう程行き届いているように勘違いをしていました。

4 ソーシャルと応援型消費

提供原価割れになりえる経済的に恵まれない方々への歪をフォーカスしたことは恥ずかしながらありませんでした。それどころか、自分の数字のことで精一杯だったように思えます。昨今、企業でも有料ボランティア精神(注1)での対応などとボランティアを全面に打ち出して来ています。前期の講義で、これはあくまで持つ者へのさらなる一歩のボランティアとの意味合いが強いように思えて来ました。勝ち組がそのマーケットを独占する仕組みの上では、社会的に十分貢献出来得ます人々でも、負け組に属した途端ゼロ査定されてしまいます。この微差による勝敗は経済的不利益が大きく、バランスを考える必要性を感じます。

効率からかけ離れた立ち位置を経験出来ることで、結果に対して原価との価値観を外して考えることが重要なことがある、との視点も勉強になりました。原価としての人件費を社会全体で担い、時間の許す方々が原価としての人件費をソーシャルとの考え方でボランティアする。このことで経済的に負担出来うる範囲で、各企業が応援型消費を構築する可能性があることを発見出来ました。価格面でも多少高くても社会に貢献出来る、いわゆる応援型消費の可能性は大きく、これは徐々に表れつつありますが、規模があまりに小さく試みる企業も小さなベンチャーが殆どです。マーケットの小さなこの分野を大きくアナウンスすることで、ソーシャルから派生する消費行動の変化を応援型消費の発展として臨める可能性があることに答えの一つがあるように感じています。

現在の家庭を取り巻く環境を考えてみますと、ご主人の単身赴任・長時間労働など家庭を犠牲にせざる得ない状況で溢れています。これにも消費者の消費傾向の変化が有効だと感じています。消費者が消費する、その瞬間が企業を選択しているという力を最大限生かして、供給過剰になりにくく、心ある企業文化を後押しする消費行動を目指す応援型消費を推進することが家庭の幸せをもたらす答えの一つだと考えます。

5 人並みの生活の捉え方

よくよく考えますと、人々の目標とする人並みの生活そのものが、今の時世では高い目標になっているのでは?とさえ思えます。私たちが、車がほしい・家がほしい・多くの給料がほしい等々の物質的な欲求を持つ限り、どうしても競い合ってしまいます。競争はお一人お一人が幸せになろうとする正しい行動ですが、全体を見渡せば、競争によりむしろ逆の効果が大きく現れてしまい、結果社会全体としては不幸になってしまいます。生活の糧がこのような競争の中で構成されることは、決して評価される事ではありません。心を豊かにする余裕が残っているような状態で仕事を終えられ、生活の糧が得られる状態、言い換えますと能力を超えない負荷でも生活出来うるバランスを考える必要があります。少なくとも、その状態でも負けない社会にすべきかもしれません。異常なほどの労力でやっと安定したささやかな人並みの生活を営める環境は、そもそも無理があります。しかし別の見方をすれば、その中で何処かに居場所を見出し、頑張らなければならないのも事実で、その為の準備を、考えることからでも在学中に試みてみては如何か、と感じます。

ＮＰＯなど社会的に高い目的を見つけ出し貢献を深め、充実したすばらしい人生を送られておられる方々も多くいらっしゃいます。この点への知識は地域創生などの講義で得る事が出来大変感謝しています。その意味では学生は可能性の宝庫に思えてなりません。自分の信じるものが早いうちに見出せ、成し遂げる折れない志が得られれば、これは私たちの時代にない新しい生き方を模索出来る可能性が大いにあります。グループで戦わず自身の能力の向上を自身でチャレンジする新しいタイプの日本人でしょうか？　グループで戦うスタイルの弊害は現れ始め久しく、管理・効率だけでは通用し難くなり新しい発想が求められているのも事実です。パワフルな日本人がこれ程にもいらっしゃるとは、ほんとに驚きました。これには無限の可能性を感じます。

6　実社会では時は金なりです

企業一般に就職される方々の場合では、社会に出た途端に突然違う価値観にギャップを覚えることでしょう。この為に即戦力的なことを習得する必要性を感じます。まず挨拶から始まり接遇、デジタルの多い現代ですが、直筆の手紙も重要視されており字のきれいな人は確かに重宝されます。企業が社員教育で要している部分の一部を在学中に行ってみては、と強く思います。時間は今なら十分にあります。社会に出ますと、時間イコールコストですから時間に追われます。担当する部署に必要な基礎事項の勉強しか出来難い状態が多いと思えます。仕事を離れても担当部署で必要な事案を考え続けなければ所定の会議などで報告書などの提出すら出来難くなってきます。当然プライベートの時間でもテーマへの掘り下げを考える方を企業は求めています。結果の一部はこの発想・アイディアから始まり、結果の見えない、アイディアなどに時間を割くことが就業中に捻出出来る筈もなく、勤務時間内は結果が出ることを中心に行うことになります。

これらにより、プライベートでも残務に追われ、またアイディアに追われる傾向があるように感じます。

本学で感じることですが、私のように仕事と並行して学ぶ者にはとても勉強になり、物事の基礎を再発見出来、楽しく学ばして頂いております。就職を控える、また必要な方々へは、どうしても実社会で問われる事などへ思考が及んでしまい、フォローの少なさを感じてしまいます。夢を持って臨むことも確かに重要ですが、実際は、好きな仕事を担当出来る機会は非常に少ないことも説明する必要があるでしょうし、運よく会社は選べても上司は選べないこと、直属の上司でその後の運命が大きく変化することなど、お伝えする必要性も感じてしまいます。実際はむしろ与えられた仕事を好きになる能力が問われていますし、よほどのことが無い限り嫌いにならない能力、この能力の長けた方が結果を残しているようにも感じます。担当した業務に精一杯努力出来るかが問われ、与えられた業務に誰より早く、誰より多く情熱を注ぐか？また出来るか？にかかっているように感じています。些細なところに好きを見出し、自分を騙し好きになる能力が問われているように思えてなりません。また、慣れと少しの鈍感力で、ほんとうに好きになってくるから不思議です。

モチベーション向上について、社内でも講習などはありますが、基本自己責任です。スタッフのモチベーションをマネージャーが考え、マネージャーなど管理職のモチベーションを執行部が求めることが重要と言われていますが、これは高次元の事案で自己能力を超えるアプローチをしているにも関わらず、結果が出せない方々への解決法を探ることだと思います。この解決法を探る過程でマーケットと深く向き合う必要に迫られ、高いモチベーションの維持が図られてくるように感じます。上場企業に就職すれば20歳代前半から転勤や配置転換に合うことも多く、モチベーションの維持も容易ではありませんが、残念ながら、革命的な事でもない限り、精一杯努力することしか他に出来る余地が殆ど無く、些細なことに目的を見出し精一杯努力し続け、取り巻きの方々に可愛がられる能力を問われているように思えます。

7　おわりに……今の立ち位置は特別です

私がお伝えしたいことは、今しか時間がなく、後は全力あるのみだという事です。時間が無限で無料であるかの如くの贅沢さに、羨ましさともったいなさを感じます。私も目の前に競う相手が現れ戦う必要に追い込まれるまでは、全く気が付きませんでした。負けたくない一心で必死に必要な知識・技能を貪欲に詰め込み、なんとか生き残ってきたように感じます。私にもう少し時間があれば、逆に学生時代に、こんなことまで必要になることに気付いていれば、深読みしていれば、と残念でなりません。色々背負い込んで初めて分かったような思を強くします。

私の場合、産業機械系の国家資格十数種類を専門学校通信教育など経て5年ほど要して取得し、車両系の国家資格取得二種類でも、仕事の合間に専門学校に2回通い6年程要し取得しました。実務関係の資格取得だけでもこの無駄さ加減です。この他に、接遇・CS・SCR関係（注2、3、4）でもかなり時間を要しました。しかもこれらは要点のみを掻い摘んで学習していますので、必要最小限程度です。しっかり学んだ方々とは深さが違い、遠く及びません。時間が許せば接遇など深く学んでみたいのですが、日々の事すら出来難い現状では、どうしても優先順位が低くなりがちで、結果未達の状況になっています。ほんとうに残念です。

実際の商談などのケースでは（もちろん商品が魅力的なことがベースになります）取引相手を選別する際に人々が行う事は、まず担当スタッフの人柄や人間性を試して信用に足る人間かを目利きします。その上でメガネに叶った人だけで次の商談へと移り、価格や条件等々の詳細へとなります。要するに商品ありき、ではなく、まず人ありきだということです。その為には人間を磨き続けること、また経験が浅い方の場合は、情熱・人の良さを分かって頂く為に試行錯誤することが中心となります。

この時、接遇などが物申してきます。これらは出来うれば時間がおありの時にじっくり深く学んでみるのも一つの選択肢だと思います。電話対応などは業界資格などあるようですから、これらも検討して頂くことも面白いかもしれません。ロールプレイングを通じて即実践でも耐えうるレベルに磨き込んでみられると、実社会ですぐに役に立つでしょうし、第一印象の構築から挨拶、また接遇など実社会で必要なマナー習得などは時代が変化しても強い武器になり続けそうです。結果的に、他の新卒の方々に対して優位性が図れるかもしれません。学問だけに囚われない選択肢も一考して頂ければ幸いです。

以上、半期を振り返って感じましたことを簡単にお話しさせて頂きました。あくまでも全ての内容が私の実体験に因るもので、見当違いや偏った見識などが多くあると思われますことを最後に申し添えさせて頂き、終わりたいと思います。（2012年3月　第11号・P105－109）

〈注〉

（1）有料ボランティア精神とはビジネスを通じてお客様のお役に立ちたいとの意味です。お客様のお困り事に対して出来る事を、それに見合う対価で奉仕することを模索することです。

（2）接遇とはお客様に対しての接客技能のことで，売上確保に重要な要素です。

（3）CS（Customer Satisfaction）とは，顧客満足度のことです。お客様が提供側に抱く満足度合いのことになります。

（4）CSR（Corporate Social Responsibility）とは企業の社会的責任のことです。利害関係者に対して問われる責任のことです。

オープンキャンパス企画体験記

こころがそだつということ

4年　山下　正子・村田　ゆかり

はじめに

私は7月22日（日）に行われたキャンパス見学会で学科紹介をさせてもらいました。来年度社会福祉学科に入学を希望する高校生や保護者、高校の先生方に学科の紹介をするように求められたのですが、自分が経験していないことを紹介することは難しいと思いました。そこで、「環境が変わるということ―人とのつながりの中で―」と題して、私の今までの大学生活を振り返ることにしました。

現在4年ですので卒業論文の作成と同時に就職活動や社会福祉士国家試験対策にも取り組んでいます。社会福祉学科には福祉計画、介護福祉、医療福祉、心理教育の4つのコースがあります。私は福祉施設への就職を希望しているので福祉計画コースに所属しています。

入学して3年次の実習を終えるまで

私は、入学と同時に女子学生寮に入りました。寮には管理人さんがいらっしゃったので、分からないことや不安なことなどはすぐに解決することができました。寮生同士で集まれるので、友達もつくることができました。学業の面では、専門科目と教養科目を登録し講義を受けることになりました。大学生活に慣れ始めたとき、サークルに入りたいと考える余裕ができました。いくつかのサークルを見学して先輩にとても優しくしていただいたので、写真部に入部しました。サークルでは学科の異なる先輩などと知り合うことができ、講義のレポートや試験勉強への取り組み方などを教えていただきました。

2年次は大学にも講義にも慣れてきちんと出席できていたと思います。しかし、3年次の実習先を決めることができず悩んでいました。そこで、実習センターの方に相談したところ「いくつかの施設でボランティアを募集しているから参加してみたらどうか?」というアドバイスをいただきました。そして、障害者施設と高齢者施設でボランティアをさせていただきました。その経験は、実習先を決めるときにとても役立ちました。その時の高齢者施設で現在もアルバイトをしています。

3年次からはゼミ活動が始まります。私は社会保障を専門とされている田畑先生のゼミに所属しています。昨年度の田畑ゼミでは、本学社会福祉学会の自主研究助成を受け、「社会福祉士国家試験模擬問題・解説研究」に取り組みました。また、学外研修では日本年金機構鹿児島北年金事務所で研修させていただきました。夏休みの実習は、2年次にボランティアをさせていただいた障害者施設で受け入れていただくことができました。実習が始まるまでは不安でいっぱいでした。しかし実習が始まると、あっという間に過ぎていきました。実習を通じて、専門的な知識だけではなく社会人としてのマナーも身につけることができました。実習後は振り返りを他分野で実習した人たちと行う中で報告書を作成したので、他の分野についても理解を深めることができました。

学科紹介の終わりと始まり

このような大学生活を送る中で、自分ひとりで考えてもわからない時が何度かありました。そのたびに、友人、先生だけではなく、実習センターや学生支援センターの職員の方やボランティア先やアルバイト先の職員の方との関わりの中で解決してきました。今回このような機会をいただいて、私自身がこれまでどのような大学生活を送ってきたかを振り返るよい機会となりました。これからも自分ひとりでできること、人とのつながりの中で出来ることを考えながら生活していきたいと思います。ご静聴ありがとうございました。

今回、学科紹介を行うまでの間にも、人とのつながりを実感することができました。キャンパス見学会の約1カ月前に、ゼミの担任である田畑先生から「キャンパス見学会で社会福祉学科の紹介をしてみないか」

という提案を受けました。卒業論文の作成や国家試験の対策などを理由に断ることはできたと思います。しかし、間違いなく自分のプラスになると思ったので引き受けさせていただきました。学科紹介担当の先生からは5分くらいの原稿を準備してほしいということだったので、原稿を準備し、自分なりに練習していました。

学科紹介に向けて

キャンパス見学会の3～4日前の事前打ち合わせで、原稿を持ち込んで読むことが禁止されている「ビブリオバトル形式」で学科紹介が行われるということを知りました。友人に協力してもらい、スクリーンにスライドを映し出せるパワーポイントを作成しました。5分を過ぎたら途中でも終わりとなるということだったので、5分以内に収まるように読み原稿も書き直しました。

前日は不安でいっぱいでした。入試室の方にお願いして、土曜日の午後に当日使用される教室で練習をさせていただきました。パソコン操作を友人に頼むことにしたので、スライドを変えるタイミングやマイクの音量などの確認も行いました。最初は読み原稿を読み、回を重ねる中でスライドを見て話し、最終的にはスライドを時々見て話しました。1時間前後、練習している間、当日は午前中に学科紹介が行われる予定だったので「早く明日の午後になればいいのに……」と思っていました。帰宅してからも何度かスライドと同じ原稿を使って練習をしました。

当日は、リハーサルをしたい人は早めに集まってほしいということでした。早めに教室に行くと数人が集まっていましたが、リハーサルをする雰囲気ではありませんでした。発表まで1時間くらい時間があったので、空き教室に移動し練習しました。

ステージに上がる直前まで友人が「昨日、あれだけ練習したから、大丈夫」と言っていたので、私を励ましてくれているのかと思っていました。後になって訊くと友人もとても緊張していたので自分に言い聞かせていたと知りました。

ステージに立つと、スクリーン上のスライドを時々見て話しながら、周りを見渡す余裕がある自分に驚きました。4分で紹介を終えたので、残り1分は質疑応答の時間となりました。「お勧めの先生は？」という質問が出たので、少し考えて「お勧めの先生というよりも、大学で色々なことを経験する中で自分に合った先生を見つけることが大事だと思います」と答えたところで、持ち時間の5分となりました。

おわりに――人とのつながりの中で

今回、与えられた状況の中で、自分が一人でどこまでできるか、できないことはどうするかということについて深く考えさせられました。直前になって事前の説明とは異なる内容だと分かっても、不満を言って投げだすのではなく、今の自分にできる最善の方法を探り実践する力が必要だと感じました。原稿を上手く書けたから良い発表ができるかというとそうではなく、即興の言葉だけで人を惹きつけられるかというとそうでもないでしょう。大勢の方々に自分の伝えたいことを伝えるには、それなりの準備が必要だと思いました。

最後に、当日の学科紹介ではふれることができませんでしたが、社会福祉学科の先輩で現在は入試室の職員をしている方に、前日の練習では大変お世話になりました。突然にも関わらず嫌な顔ひとつせずに、当日のパソコン操作を引き受け、パワーポイントの作成や前日の練習にも楽しんで協力してくれた村田さんに感謝しています。これから社会に出ていくときに、間違いなく必要なことをいくつも学ぶことができたと思います。この時期にこのような貴重な経験をさせていただいて改めて本学に入学してよかったと思います。本当にありがとうございました。

後姿と横からみていて分かったこと

こんにちは、村田ゆかりです。入学して寮で近くの部屋になって、授業も一緒に受けてサークルも同じになって、2年まで山下さんと一緒にいることが多かったです。だから、今回、彼女の発表を聞いていて、何って言っていいのか分からないけど、すごいと思いました。その日は満たされた感じで帰りました。

キャンパス見学会で学科紹介をすることになったので、用意した原稿を読むから感想を聞かせてと彼女に言われたのがきっかけです。しかし、ビブリオバトル形式でやるので原稿を読むわけにはいかなくなりました。発表する側も聴く側も分かりにくいと思ったのでパワーポイントを作ることになり、その操作も私がすることになりました。

すごく不安だったので、前日に2人で練習をすることになりました。私は、時間を計りながら、パワーポイントのスライドを進めるタイミングをつかむ練習をしていました。最初の練習で制限時間の5分以内にできたので、ギリギリでもいいと思っていました。何回か練習しながら計ってみるとギリギリだったり余ったり、時間が変わりました。ギリギリだと余裕がなくなるので、時間が余る位の方が、発表に余裕が出てくるのだと思いました。時間の調節の難しさと大切さを身近に感じることができました。そして彼女が原稿を読んでいると思っていたので、いつの間にか、スライドだけを見て話していたことに驚きました。

当日、発表する順番を決めるくじを引く時、なぜか1番になると思っていて、実際、1番を引いた時、気がついたら、互いに肩を組んで、小さな声で頑張ろうと言っていました。自分達の時間まで舞台の袖に立っていて、「緊張するね」とこそこそ話し合っていました。直前になると、彼女が「あたし、今集中するからね」と言いました。緊張が伝わってきて、私の立場で何ができるか考えたけど、考えるだけで何もできませんでした。

発表では、私は横に立つことになり、少ししゃがんだ方がよいのかと迷っていると、彼女に「立っていて」と言われました。

発表が始まると前日の練習と比べて、速いペースで進んでいるなと思ったけど、でもいいかな、そしてこれなら5分で終わると安心していました。終わったら帰れると勝手に決めていて帰ろうとすると、「5分間いて下さい」と言われました。

「お勧めの先生は?」という質問に対して、私は身近な田畑先生しか思いつかなかったけど、彼女が適切なことをその場で答えていてすごいなと思いました。(2013年3月　第12号・P41-43)

自主研究助成成果報告

社会福祉用語・人物300選

報告者・福祉社会学部社会福祉学科3年　田畑ゼミ　竹迫　美香・紙屋　奈央

1．研究にあたって

私たち田畑ゼミでは、国家試験の共通科目である「社会保障制度」について学んでいる。周知のように、社会保障とは、生存権に基づいて国民生活を保障することを目的とする政策・制度を示す概念であり、貧困に陥った人々の救済にとどまらず、広く、疾病、障害、死亡、加齢などの生活を脅かす危機から国民の生活を守り、その安定を図る体系である。その意味で、現代の社会保障制度はすべての国民の生活に不可欠なものとして構造的に組み込まれ、その仕組みはいわば「生活の前提」となるものである。しかも、それは生存権を国家の責任で保障する制度体系として整備されてきた。ゼミでは、こうした社会保障の全体像の理解に努めるとともに、社会福祉士国家試験の過去問題の分析・検討も行ってきた。こうした取り組みを先輩たちと同じように、形にできないかと考えて協議した結果、社会福祉・社会保障にかかわる用語や社会福祉の研究者・実践家の人となりの記録を収集し、それを『社会福祉の用語・人物300選』として発行することにした。そして、この研究を自主研究助成の対象課題として鹿児島国際大学社会福祉学会に申請し、幸いにも採択されたので、2グループに分かれて取り組むことにした。

2．研究の流れと学び

まず用語の収集は、各人が社会福祉士国家試験の過去問題集、講義ノート、テキスト、辞典によることとし、ゼミ生全員で収集したものを用語一覧として作成した。しかし、全体数が300に満たなかったので、再度収集することにし、目標数に達したところで、それを各人の責任で解説・説明していくことにした。その過程は大変困難を極め、勉強不足のために、項目一つの説明だけでも時間がかかり、なかなか進まなかった。こうした研究を自主研究助成の課題にしたのを半ば後悔しながら取り組んでいた。テキストや辞典の説明を何度読んでも、意味が理解できなかったり、また説明文を書こうにも筆がいっこうに進まない、そんなこんな状態が続いた。この研究が遅々として進まないという反省から、用語レポートの提出について、期限を決めて取り掛かることにした。それが功を奏して、取り組みに真剣さが増し、中にはほとんど出来上がっていると思われる報告もあった。ゼミ生の多くは、それに刺激され、ようやくアクセルがかかるようになった。

3. 内容紹介

社会福祉用語・人物300選は、B5版で、100ページを超えるボリュームとなった。構成は、はしがき2ページ、本編94ページ、索引4ページ、文献6ページである。ここでは、社会福祉・社会保障の基本的事項300のうち3点を紹介したい。

例）1. 朝日訴訟

岡山県の結核療養所に長期入院中であった朝日茂氏が、国の定める保護基準では、憲法第25条の生存権保障を満たすことは不可能であるとし、厚生大臣を被告として国の生活保護水準のあり方について争われた行政訴訟事件である。朝日茂氏は、生活保護によって生活扶助（入院患者日用品費）の月額600円と医療扶助を受けていたが、1956年に実兄から扶養料として毎月1500円の仕送りを受けるようになった。これに対して津山市福祉事務所は、仕送りを収入認定し生活扶助の廃止、900円を医療費自己負担分として徴収、残り600円で生活をするようにという保護変更の決定した。こうした行政処分は不当であるとして不服申立てを行ったがいずれも却下されたため、1957年8月12日に厚生大臣の裁決の取り消しを求めて提起した。朝日訴訟の第1審判決では原告勝訴、第2審判決では原告敗訴となった。その後、最高裁に上告したが原告死亡により、最高裁は保護受給権を一身専属とする判断を下し訴訟は終結した。人間裁判ともいわれたこの訴訟は、生存権保障への国民の関心を高め、生活保護行政の改善にも大きな影響を与えた。

例）2. エルバーフェルト制度

ドイツで1852年に制定されたエルバーフェルト市新救貧規則に基づいて、1853年1月から実施されていた制度で、イギリスのCOS（慈善組織協会）やわが国の方面委員制度のモデルとなった制度である。その実施機関は、市議会議員、市議会で選出された市民、市長等からなる市救貧部であり、市議会議員、市議会で選出された市民から構成される7人委員会が最高の議決機関とされた。救貧部の下では、在宅扶助と救貧施設における扶助が行われた。当初、在宅扶助については市を10地区に分け1名の管理人を置き、各地区をさらに15区域に分け、各区域には担当者として1名の救済委員を置いた。救済委員には市民から無給の名誉職委員を委嘱し、各地域の貧民の生活調査、救済、生活指導にあたらせた。また、各地区に地区救済委員会を設置し、救済の適正化を促した。救済の内容は、生活維持に必要最低限とし、労働能力の活用、自助の努力を強調することとされた。

例）3．片山潜

明治時代から昭和時代にかけての社会主義活動家。岡山県生まれ。1884（明治14）年に渡米し、キリスト教的社会学と社会改良主義を学んで、エール大学神学部を卒業する。帰国後、1897（明治30）年にアメリカやイギリスのセツルメント運動を参考に、東京の神田三崎町にセツルメントハウスとしてのキングスレー館を設立した。後に社会問題研究会に参加し、労働組合期成会を結成する。1901（明治34）年には社会民主党の発起人となり、『我社会主義』（1903年）を出版する等、セツルメント活動や労働運動に尽力した。

4．試験科目「社会保障」と国家試験

社会福祉士国家試験の合格率の全国平均は、過去5回までを遡ってみると第22回が27・5%、第23回が28・1%、第24回が26・3%、第25回が18・8%、第26回（2014年1月実施）が27・5%と、第25回（2013年1月実施）の合格率がその他と比べて大きく下回っていることがわかる。その理由は出題形式の変更があったためといわれている。全体的に合格率が低い理由として「各専門分野についての知識・理解度の欠如」と「社会保障」という分野に対しての苦手意識が強いことがある。実際に国家試験を受けた方の話をお伺いしたり、過去の国試のデータによる分野ごとの点数分布を見たりしたところ、「社会保障」と「福祉行財政」の分野についての理解が著しく低いことが見受けられる。これら制度的科目の出来・不出来は勉強量に対応するものである。出題形式の変更や年々上がっている社会福祉士国家試験内容の難易度に対応し、時事問題への精通・応用力等に対応するには、日常的に生活の中で社会保障を考える習慣を身に付け、勉強時間をさらに増やすことが必要になる。また、近年の国家試験全体の出題傾向を見てみても、過去問題集のなかでも見ることのなかった新しい問題が出るようになり、

さらに法律関係の問題数が増えていて、年度ごとの法律・制度の変更や改正などの変化に反応し出題されるという傾向がある。科目ごとに見ると、「社会保障」の配点は大きくはないが、しかし、「社会保障」は他の科目とも広く関係し出題されているので、「社会保障」の学習をきちんと行うことが合格につながるといってよい。この点は、ゼミでの国家試験過去問題分析でも明らかになったところである。したがって、出題傾向が変化し、難易度も年々上がっている国家試験の対策を立てるためには、苦手意識の強い「社会保障」をいかに克服し基本的な制度や用語について理解を深めていくかが重要だと考えられる。

5．合格基準

社会福祉士国家試験の合格基準は以下の通り。二つの項目の両方を満たすことが必要になる。

（1）問題の総得点の60％程度を基準として、問題の難易度で補正した点数以上の得点の者。

（2）出題科目の「18の得点群」すべてに得点があった者（1群でも「0点」があったら不合格）。

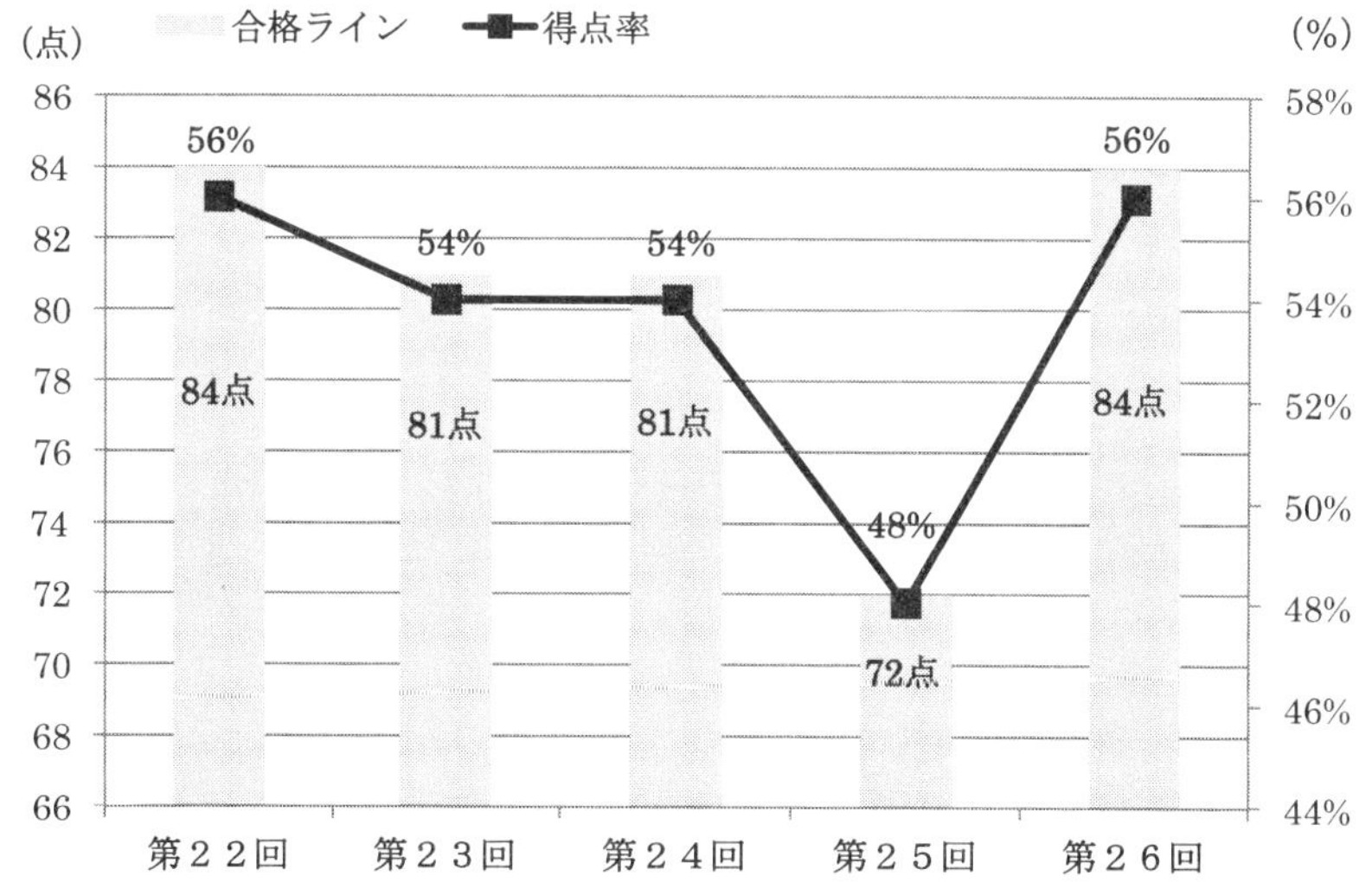

合格基準の推移（資料：厚生労働省）

6．おわりに

用語の説明を行うこの研究は、勉強不足の私たちにとってはかなり難しい取り組みであった。テキストや辞典を比べながら根気よく読んだのも初めてのことだった。ピントはずれの解説をしてしまったところもあった。そのため、何度も書き直しや修正を行った。解りやすく文章化するということの難しさを知った。これらは、これまでに経験したことのない深い学びとなった。本書の発行が大幅に遅れてしまったのは、こうした点検作業に時間がかかったためである。全体を通してみると、弱音を吐く場面もあったが、限られた時間で加筆・修正をして完成できたことは、私たちにとっては驚きであり、自信にもつながるものだった。

最後になりましたが、本研究を行うに当たり、研究助成を与えていただいた鹿児島国際大学社会福祉学会に感謝を申し上げます。本書の活用により、来年の社会福祉士国家試験に合格することで、学会に対する感謝の意を表していきたいと思っています。ありがとうございました。また、田畑先生や大学院の前村先輩には大変お世話になりました。改めて御礼を申し上げます。

なお、『社会福祉用語・人物３００選』は、近いうち、本学図書館に配架されますので、自由に閲覧することができます。積極的に活用して下さい。（２０１５年３月第14号・Ｐ２－４）

3章

合格体験記
——何をどのように取り組んだか

「なんやねんっ」に「なにそれ」で向かうことから

大阪市立木津中学校
2013（平成25）年3月卒業　蓑田　彩紀

も「何故、大阪市？」と尋ねてきた。私はうまく説明が出来ず、大好きな両親を安心させるために大阪市を諦め、熊本県採用試験に挑んだ。にもかかわらず見事滑った。まぁ当然の結果である（笑）。試験に落ちた私が出来ることは熊本県からの臨時採用の電話を待つのみ。熊本の社会科の臨採なんてそんな滅多にあるもんじゃ無いことくらい私でも知っていた。私は、ずっと心の端に置いていた「大阪市」についてもう一度考えてみた。「教師になって何がやりたいのか？」「自分が関わりたい子どもって？」「自分が挑戦したいことは？」たくさん考えた。初めて自分の将来について真剣に考えた。何も得ることなく、ただ淡々と過ごしてしまっていた大学生活を悔やみながら。

何を今更バタバタと慌てているんだ……みっともない。情けなく、恥ずかしさでいっぱいだったが、恥ずかしがっても仕方がない。自分の人生だがどうしようも出来ない状況。私は一人の友人に相談した。「自分のやりたいよう

大阪に行くことを決めるまで

さかのぼること高2の冬。私は知らず知らずの間に、家族からたくさんの優しさ、愛情を注いでもらっていた。それに気付いてからというもの私には家族なしの生活なんて考えられないという人間になった。大学生活を送る中でも、母との電話は多い時で1日に3、4回。少ないときでも2日に1回はかけていた。また、長期休みにはバイト先が繁忙期にもかかわらず、必ず帰省し、エネルギー補給のためにどこにも行かず家族との時間を楽しんでいた。

そんな楽しかった大学生活は、あっという間に過ぎてしまい、4年生の7月。幼少期からの夢であった〝学校の先生〟になるための採用試験が迫っていた。なのに、私の勉強スイッチは入らず、何もせぬまま採用試験の願書を大阪市に出した。両親は私が歩む道に疑問を持ち何度

にしてみたら？　何とかなるって」と友人は言った。私は、何の根拠も無い、勇気づけているわけでも無い、投げつけられたような言葉に、なぜか勇気付けられて、私は大阪市教育委員会へといくことを決めた。きっと、自分を後押ししてくれる言葉が欲しかっただけなのだろう。

決行！　怒涛の大阪弾丸ツアー

2月8日、大阪市教育委員会へと向かった。簡単な面接があった。当然、委員会の方は私に「なぜ大阪市？」と質問した。この数カ月の出来事や考えたことを素直に打ち明けた。委員会の方は、静かに私の話を聞き、笑顔で「ようこそ」と言ってくれた。鹿児島に帰り、私は携帯電話依存症のように常に携帯をそばに置き、ひたすら待った。しかし、いつかかってくるかわからない状況にじっとしてることが出来ず、バイトをほぼ毎日、昼も夜も入れて働いた。2月16日14時頃、大阪市教育委員会から一本の電話がかかっていた。私は、お昼のバイトの真っ直中。そんなことなんていざ知らず、慌ただしいランチタイムに追われながら働いていた。バイトが終わって携帯を見て「何で今日なの……？」と愕然とした。先輩や、臨採をされていた方から、「電話を取り過ごしたら、次に回されるよ」と聞いていたからである。しかし、私は一か八か電話をかけてみた。

ラッキーだったとしか言いようがない。「4月からの臨採の件でお電話しました。もう就職先はお決まりでしょうか？」という問いかけに、叫びたくなるほど喜んだ。と、同時に両親の顔が浮かんだ。どうやって説得しようかという不安。大阪から電話があったこと、そしてその返事を15分後に折り返して返事をしなければならないことを伝えると、「熊本からの電話をもうちょっと待ったら？」と言われた。まあ、親ならそう思うだろう。何も知らないバリバリの田舎育ちの娘が、観光以外で行ったこともない、住んだこともない場所に行くと言っているのだから、止めずにはいられなかったのだろう。しかし、両親は「最後は自分で決めなさい」と言ってくれた。高校2年のあの冬の出来事を思い出した。本当に家族から愛されているなと改めて感じた瞬間だった。

それからの日々は怒濤だった。両親同様、私も心のどこかで熊本で就職する気満々だったため、鹿児島の家から実家に荷物を少しずつ持ち帰り、整理していた物を、もう一度段ボールに詰める作業をした。と、同時に3月22、23日に大阪弾丸ツアー。中学校挨拶、家探し、家電探しが始まった。「臨採ってこういう意味でも大変なんだねぇ」という私の隣で「1年分の人を見た……」といって疲れ切っている母。なんだかんだ言いながら、一緒に大阪市まで来てくれたのである。感謝の気持ちでいっぱいだった。

こうして3月28日から、大阪での生活・仕事がスタートした。もちろん、母との電話は続いている。夜遅くまで仕事に没頭していることが多いため、電話をする回数は、週1回程度に減ってしまったけれどもその分、1回の時間が長くなった。というか、この時間がなければ、こんな遠い地でやっていけるはずなどない。

力試しに受けてみるか

「今年はとりあえず、どんな試験なのか知らないし、力試しに受けてみるか」

軽い気持ちだった。しかし、周りの先生方からは有り難いことに、「受かってね」「頑張りや」の言葉ばかり。ただ戸惑う私は、頑張らざるを得なくなってしまった。

採用試験という壁がこんなにも分厚くて高いものなんて考えもしなかった。私は、なんとしてでも受からなきゃいけないという強迫観念に駆られ、勉強を始めた。始めたといっても、参考書をどうするかから悩む私。大阪市に来て間もない私には、人でいっぱいの大阪市で本屋に行くなんて恐れ多いことだった。人混みの中に出たくない私は、平日のしかも、本屋閉まりますよ～という時間に駆け込み入店。所謂、迷惑なお客さん。その迷惑なお客さんは、20分ほどかけて参考書を選んだ。選んだ参考書は、各都道府県の過去問が載っているＰａｓｓＬｉｎｅ。この分厚い参考書を2冊購入し、帰宅後、実際にやってみた。難しい県とそうでない県がはっきりと分かれている。ある県の過去問を見てため息が出た。

〝次の年表は、本件のスポーツに関係する人物についてまとめたものである。あてはまる人物を語群から選びなさい。

昭和28年（　ア　）選手がポストマラソンで優勝する

昭和39年（　イ　）選手が東京オリンピックで選手宣誓する……〟

別にその県の問題を馬鹿にしているわけではないが……なんとも言えない気持ちになりつつ問題を解き進めた。

1次試験前日。部活動指導は休めという心づかいをしていただいた私は、初めて市立図書館に行き、分厚い参考書と戦った。が、隣に座った高校生のペンを持ち替えるときのあの配慮のない置き方に集中力はプツリと切れてしまい、すぐ帰宅。結局、自宅で勉強した。

ワンフレーズでたとえると雄のライオン

1次試験は7月6日に集団面接、同月21日に筆記試験で行われた。面接は、5人で挑む。人生初の集団面接。私以外は大学生でカチカチに緊張し、初々しさが残っているような雰囲気。私も3カ月前まではあんな感じだったのかと思うととても遠い過去のように感じられた。聞かれたことは一般的なこと。「大阪市を選んだ理由」「社会科を選んだ理由」「社会科を通して生徒たちに学ばせたいこと」「様々な保護者とどう向き合っていくか」私はこの質問にはこの数カ月で学べたことを交えながら答えた。自分が思っているよりスムーズに答えることができた。最後の質問は私の予想を裏切る「自分をワンフレーズで例えると（理由付けなし）」であった。今までの質問の流れから予想出来るものではなかったため、きっと驚いた表情をしていたと思う。順番は、今まで通りならトップバッターだが、運良く一番最後。皆、「情熱の塊です」「雑草のような人間です」と、かっこいいことをどんどん言っていく。最初に当たればよかった……そんなかっこいいこと言えない……と焦りは最高潮になった。私からでた言葉は「雄のライオンです！」。自信ありげに言ったものの、面接官は大爆笑。大学生たちは私を見て驚いていた。そんなに見ないでくれ……と恥ずかしさでいっぱいになった。無事（?）、面接終了。そのまま急いで学校に向かった。今日は午前中は防災訓練のため生徒たちは通常通り登校。なのに私は……と悲しくなる。午後からは練習試合が入っていた。これが、臨採しながら試験を受けるしんどい所でもある。落ち込んでいる暇など無い。

後日、一般教養の筆記試験。内容的には、そんなに難しいと感じるものではなかった。数学・理科・英語と中学高校の勉強を真面目にではないが、コツコツとしていたことが良かったのだろう。英語に関しては問題数が他の科目より多く感じられたが、もともと英語が好きということもあり、苦にはならなかった。なんとなくであったが、解き終わり、時間にも余裕があった。

面接のあの最後の質問さえなければ……という不安と、どこから沸き上がってくるかわからない変な自信との葛藤が続いた。

次の関門は、板書計画を作ることだった

1次試験合格発表の日、私は合格発表と気付かれぬよう、部活動指導をしていた。しかし、主顧問の先生に「もう結果でてるやろ、見てこい」と言われ、渋々見に行った。「3111△△」の番号があった。ホッとした。とともに、また〝勉強＞部活〟か……と残念に思った。この仕事の逃げることの出来ない運命である。講師だから、正規になりたいならなおさら。

次に控えるは2次試験。8月18日に社会科筆記専門試験、同月31日に個人面接である。

筆記試験がお盆明けということに驚いた。理由は、私の我が儘なのだが……祖父の初盆が見事筆記試験と重なってしまうという史上最悪の状況に陥ってしまったのだ。筆記試験前々日、私は大好きな家族の元に居たい気

持ちをぐっとこらえ……いや、堪えきれず「試験はもういい」と言っていた。今考えるとなんて馬鹿なことを……と思うが、その時は家族とまだ居たい気持ちが強すぎてそう思っていたのかもしれない。私は、ギリギリまで家族と居たかったので、普通は、飛行機を利用するのを新幹線という手段で大阪に戻ってきた。次の日は、練習試合のため、朝からいつものように生徒たちと準備をしていた。すると、主顧問の先生から、「勉強してきていいよ」と言われ、渋りながら私は個室に籠もり、生徒たちのかけ声や応援する声を聞きながら勉強し始めた。気が付けば夕方17時。驚いたことに、休憩なしでぶっ続けで勉強していたのである。前日の悪足掻きである。

筆記試験当日、緊張することもなく、いつも通り起床。いつも通りがいいのだ！　試験はというと、講師を始めて最初に持った地理の関東地方が役に立った。意外だったのは、地理の苦手な私が地理をすらすらと解けたこと。生徒のための日々の教材研究が、自分の知識として役に立つということを実感した。授業で説明するためには様々なことを知っておく必要があるからだ。私は、嬉しさのあまりニヤニヤしながら地理を解いていた。歴史は、高校の知識レベルだった。ある問題でど忘れした。あとから思い出すだろうと思い、解き進めていると、ふと『フェノロサ』と頭に浮かんだ。何の前触れもなく、思い出すことが出来たことに、笑顔で顔を上げ〝あ～！〟と笑うと、面接官と目が合い、気まずくなった。次は、公民。撃沈した。基本的なことなのだと思うが、国際連合のことなど、そこまで詳しく知らないよ……と思いながら問題を解くが、回答欄を無理矢理埋めることも閃くこともできない。〝諦めることも大切だ！〟と自分に言い聞かせ最後の問題に取りかかった。最後の問題は、４つのグラフや分布図を用いて板書計画を作る問題だった。これも、たった3カ月の講師経験が、少なからず生かされたように思う。日付、ページ番号を書くこと等は、きっと大学生の私には、考えも出来なかったように思う。

担任になったつもりという無茶ブリ

個人面接では、場面指導（設定）が20分間のほとんどの割合を占めると聞いていた。しかし、この場面指導（設定）が私にとっては大きな山場でもあった。よそからきた私には、生の関西弁が怖いのだ。職員室でもそうである。普通に会話されているはずなのに、ケンカ口調という感じがしていたたまれないし、話をされる時は、怒られているような気持ちになる。そんな私が面接官の口調に動じることなく、面接をやり切ることが出来るか不安だった。校長先生や元気アップコーディネーターの先生に面接、特に場面指導練習をして頂くが、「蓑田さんらしさが無い」といわれ続け、気がつけば本番当日。

朝7時に美術の先生からモーニングに誘われ、楽しく談笑しリラックスできた。面接は14時からだったため、心にも時間にもゆとりがあった。リラックスした気持ちで会場まで行くと同じく国語科の講師の先生と遭遇し、さらにリラックス。なんてラッキーな日なんだと思いながら、私は自分の番を待った。待ち時間は廊下のイスで待つ。前の方がしている面接の内容は聞こえないが、面接官の関西弁の迫力だけが私の耳に焼き付きリラックスモードから一気にド緊張状態になった。

自分の番がきた。「失礼致します」といい入室すると、まさかの光景。1次試験で面接官をしてくださった方が2人。中央に座っている方は、大学時代にお世話になった田畑教授にそっくりだったのだ。緊張が一気にほぐれ、いつもの笑顔で面接を受けることができた。質問内容は、1次試験の時と違い、個人的なこと。「講師をしていて大変だと思うこと」「九州の子どもと大阪の子どもの違いはあるか」「部活指導は何ができるか、またはやりたいか」等が聞かれたが、戸惑うことなく、素直に……まるで保護者と会話しているかのように笑いも入りながらの受け答えをしていたように思う。

場面指導に切り替わった。5月、あなたは1年2組の担任です。家庭訪問にいった際、佐々木君のお父さんから相談がありました。「体育の先生が怖いから、学校嫌だといっている。親としては学校に行って欲しいが、子どもがつらい思いをしているのをそのままにはしておけない。大事にはしたくないし、先生に迷惑がかかるのも申し訳ない。だが、この状況をどうにかしてくれないですか」という相談です。担任の先生になったつもりでやって下さい。

私はまず、①佐々木君の気持ちを知るため、話をする時間を確保する。②体育の様子を他の生徒にも確認してみる。③状況把握したら、体育の先生に少し話をしてみる。④その後の経過を見る。⑤うまくいかない、もしくはひどくなった場合は学年・管理職へとつなげていく、ということをお父さんの気持ちに寄り添いながら話を進めた。あっという間に終了。私が恐れていた「叫ぶ・怒鳴る」関西弁は無く、温かい雰囲気で終わった。

「なんやねんっ」に「なにそれ」で向かうことから

採用試験がすべて終ってわかったことは、現場を知っているということ、色々な先生との会話が、どれだけ自分の力や知識となっているかということである。もちろん、自分の勉強をしながら、教材研究・部活指導・生徒専門委員会・様々行事などをこなしていくことはハードであるが、生徒と関わることで「先生として子どもたちと向き合いたい、講師ではなく」という気持ちの変化が私にはあった。だからこそ私は頑張れたんだと思う。

来春4月。私は新たな赴任地で、正規職員として働くことが決まった。また新しいスタートである。どれだけ出来るかはわからないが、やれるだけのことはやりたい。今までお世話になった方々や、熊本で心配しながらも全力で応援してくれる両親の元に胸を張って帰ることが出来るように。

今朝も6時30分、寒さに負けぬよう、自転車に乗って御堂筋を走り抜けている。「なんやねんっ」。そう言って笑いながら私の胸ぐらを掴む、中学2年の女子生徒。少し驚くもそんなこと悟られまいと、「なにこれ？」と彼女の手を笑顔で掴む。これが〝若い〟教師の宿命なのかと思ってしまう。そう、私は講師ではあるが、今、念願の中学校社会科の先生をさせてもらっている。しかも、何も知らない場所で。

初めての教師という立場での仕事。慣れないながらも、とにかく手を抜かず、何事にも精一杯取り組んでいる。また、周りの先生方の支えのおかげできつい思いをすることもない。生徒とは、〝若い女性〟の先生だから、話しやすい・近寄りやすいということで知らずのうちに寄って来てくれるが、良い方向に進むだけではなく、他方で〝お友達感覚〟になってしまう。だから、「なんやねんっ」といって胸ぐらを掴まれる。しかし、対生徒、教師同士の関係、保護者との関係と全てが私にとってはとても新鮮で学び甲斐のあるものだ。色々なことを学びに大阪市まで来たのだから、たくさんのこと学び自分の糧としたい。

（2014年3月　第13号・P55－59）

5回の不合格

鹿児島市立谷山小学校　有村　貴秀
2002（平成14）年3月卒業

はじめに

私は本学社会学部社会福祉学科を平成14年3月に卒業しました。卒業後、宇検村立久志中学校、鹿児島市立喜入小学校、鹿児島市立大龍小学校と赴任し、現在は鹿児島市立谷山小学校で期限付き講師として2年生の担任をしております。今回6回目の受験で鹿児島県の教員選考試験（小学校）に合格することができました。

さて、私の人生はここまで決して平坦なものではありませんでした。公立高校入試、大学入試、5回の教員選考試験での不合格。受験というものはすべて失敗し続けてきました。こんな私が今回合格することができました。私がどのように大学生活を送ってきたのか、また卒業後どのような勉強をしてきたのかを申し上げたいと思います。

小学校教員免許取得を目指すまで

私の大学生活は決して褒められるようなものではありませんでした。周りの友人たちが社会福祉士や福祉関係の職業を目指し実習やボランティアを頑張る中で、社会福祉学科にいながらゼミにも所属せず、卒業論文も書きませんでした。だからといって教員選考試験の勉強をしたかというと、そうでもありませんでした。大学当時から教師になりたいという思いはありましたが、甘い誘惑に負け続けていました。

当然のことながら卒業する時に就職が決まるわけもなく、「どうしよう」と考えていた時、奄美大島の教育事務所から連絡がありました。もちろん即決で、その4日後から宇検村立久志中学校で期限付き教諭となりました。行ったことのない土地、初めての学校現場。初めてだらけでした。平日は教材研究や、校務分掌の仕事に追われ、それが終わると部活動の指導。土日も毎週、部活動の試合や練習。「忙しい」という言い訳で勉強を全くせず、見事に仕事と勉強の両立はできませんでした。

確かに、教員選考試験に合格するということで言うと、奄美大島での1年間は遠回りだったかもしれません。しかしながら、私が合格できたのも奄美大島での経験があったからこそだと今は思えます。何よりも、子どもが大好きで、教師になりたいということを再確認できたこと。そして、学校現場で、大学では学ぶことのできなかった実際の学校の組織というものをある程度つかめたこと、他の先生方の子どものへの関わり方や授業の進め方が分かったことなど、多くのことを先輩の先生方から教わったりしたこと。また小規模校で、小学校も併設していたため、小学校の教師の魅力を感じたこと等です。

私は久志中学校で働きながら玉川大学の通信教育で、小学校の免許を取得する決意をしました。正直に言えば中学校社会科で受験するよりも小学校の方が合格する可能性が高くなるということもありました。仕事の合間を縫ってレポートを書いたり鹿児島市内に試験を受けに来たりしました。結局、小学校の免許を取得するのに2年かかりました。

3回目の挑戦

勉強はしたくない。でも、教師にはなりたい。という葛藤と戦いながら、本格的に教員選考試験の勉強を始めたのは奄美大島から帰ってきた、平成15年4月からでした。これまでしたことのないような勉強をしました。友人から「『ランナー』を勉強したらいいよ。『ランナー』ができれば合格できるよ」と言われたので、『ランナー』の教職教養と小学校全科を繰り返し勉強し続けました。4月から7月の試験までに両方とも10回くらいは繰り返したかもしれません。7月の試験前は、2冊を暗記していまいるのかということが分かるほど、どこに何が出ていました。寝ているとき以外は常に試験のことを考えていました。こんなに勉強しているのだから絶対に合格できるはず。今回、もし駄目ならその時は教師になることを諦めようと考えていました。しかし、結果は1次で不合格でした。実際に、試験問題を見てみると解いたことの無い問題ばかりで、ある程度予想できた結果ではあったものの、現実を突きつけられると辛いものがありました。

これが最後の受験と決めていたにもかかわらず、結果の翌日には来年も受験するということを決めていました。どうしても教師になりたいという思いと、わずか3カ月余りの勉強で結果を出そうとしたのが甘い考えだったという思いがそうさせました。まだ通信で免許を取れていなかったので、その年度のうちに免許を取ろうと思いレポートを書いたり、鹿児島市の会場だけでなく、県外に玉川大学の試験を受けに行ったりしました。年が明けて、1月には小学校での教育実習をさせていただきました。久しぶりに子どもたちと接し、なんとしても教師になりたいという思いがますます強くなりました。

4回目の挑戦

2月に小学校の免許を取得し、そこからまた教員選考試験の勉強が始まりました。昨年の勉強がまだ頭から抜けきっておらず、スムーズに勉強に取り掛かることができたのは昨年との一番の違いでした。昨年の反省をいかし、鹿児島県の過去に出た問題を解き、鹿児島県の傾向にあった問題を解きました。また、全国の過去の問題を解き、数多くの問題を解きました。その当時、どの県も7割5分以上の点数を取ることができていました。しかし、今の自分の実力がどの辺りにあるのかということが分からず、不安との戦いもそこにはありました。かといって、模擬試験を受けに行く時間も惜しくて、その間にひとつでも覚えられるのではないかという思いもあり、結局一人で問題集と向き合う生活が続きました。本番の試験会場に行き、教室で待っていると自分の見たことの無い参考書などを開く受験生を見ると不安に駆られました。6回目、今年の試験のときも不安はありましたが、このときの不安感・緊張感は今でも忘れることができません。結局、この年も1次試験で不合格でした。

この年に、私の友人が2人合格しました。プラス思考の私もさすがにこの時ばかりは、「自分にはもう駄目かもしれない。所詮、自分が頑張ったところで1次を突破することはできない」と考えました。不合格通知をもらって、しばらくしてから、県の教育委員会に、不合格者の中での自分のランクを聞きに行きました。すると、対応してくださった方が、「『A（注）』です。あともう少し。来年も頑張って」と言ってくださいました。そのときの言葉が、もう一度私を勉強へと向かわせました。私は今回の不合格の原因を考えました。おそらく勉強時間だけなら上位30位に入っているのではないかというくらい勉強していました。しかし、自分の能力が分からず常に不安と向き合っていました。そこで、模擬試験を受けることにしました。模擬試験を受けてみると、結果は約150人中1番でした。出身大学者の中には有名国立大学の名前もありました。高校受験、大学受験と失敗し、学力に対して決して自信のなかった私も、今までやってきたことは間違いではなかったんだ、頑張れば来年こそは合格することができると感じました。というよりも、自分に言い聞かせていたのかもしれません。

5回目の挑戦

その数カ月後に喜入小学校での期限付講師の話がありました。私の仕事は「指導法改善」の一員として、学級担任ではなく、少人数授業や、ＴＴ指導をすることでした。空き時間があったため、教材研究に取り組んだり、他の先生方の授業を見させていただいたり、積極的に話しかけていろいろな話を聞かせていただいたりしました。そのときの全てが今でもとても勉強になっています。自分もいつかはこんなすごい先生になりたい、と強く感じました。

休日は試験勉強をしました。ゆっくりと休みたい気持ちもありましたが、図書館に行きました。また、教師を目指す他の友人と情報交換をしたり、気分転換に話したり、この年は心にある一定のゆとりを持って学習をしていたように思います。一人で突き進むのもいいかもしれませんが、友人と情報交換をしたり、先輩や恩師の先生、現場の先生などと話したりするなど、人と触れ合い、悩みを相談することによって心にゆとりが生まれたのではないかと思います。

受験勉強としては、昨年の試験を改めて振り返ってみると鹿児島県の傾向として最新の教育答申などがでることがあったので、最新号の教育雑誌を毎月購入し、答申を勉強しました。ただ覚えるだけの作業なのでとても辛かったのを覚えています。ただただ、繰り返して読んだり、チェックペンや単語カードなどを活用して覚えたりしました。

そして、この年の1次試験を合格することができました。私はこの時もうすでに採用になったかのように喜びました。というのも、私の周りに1次試験を突破して、その後不合格になる人がいなかったからです。1次試験の結果が届いて2週間位してから2次試験がありました。この年からピアノの実技試験と3次試験が導入され、全くできなかったピアノの練習をするくらいで他のマット運動や模擬授業、個人面接の練習はおざなりになっていました。実際に2次試験を受けてみると、優しい感じの面接とは程遠く、一つの答えにどんどん質問をかぶせられました。「こんなはずではない」という思いもありましたが、それでも2次試験の合格を疑いませんでした。しかし、結果は不合格でした。「何でもっと頑張らなかったのか」「また来年に向けて1次試験の勉強をやらなければならない」というなんともいえない気持ちでした。どうしようもない挫折感であるにもかかわらず、この時は次の年の受験を早々と決意していました。

6回目の挑戦

2次試験の結果の後、大龍小学校で期限付講師をしました。大龍小学校では自分から校長先生に申し出て研究授業をさせていただきました。忙しい時期であったにも関わらず、ほぼ全員の先生方が授業を見てくださり、授業研究もしていただきました。自分では気がつかなかった視点からの指導をいただき、とても勉強になりました。生意気なようですが、教師は手を抜こうと思えばいくらでも抜けます。しかし、向上しようと思えば様々な機会があります。私は常に学び、成長し続けていく教師でありたいと思います。

大龍小学校を3月で退職し、4月からは7月の試験に専念しました。昨年の全国の問題を解くという作業から入りました。苦手の英語にも取り組みました。鹿児島県は英会話文が出るということで、中学校の問題集を開きました。書店で中学生と一緒になって問題集を探しているとき「何をやっているんだろう」という思いもありましたが、恥も何も無く、ただ合格したいという思いが勝っていました。自分の部屋には覚えにくいものを紙に書いていき、壁に貼りました。朝の9時から勉強を始め、1時間半で15分の休憩を取り、昼に1時間休憩し、午後からも1時間半の学習をし、15分休憩してまた学習を進め、夕食や入浴の間の2時間を除き、それを夜の10時までしました。受験勉強を始めた3年ほど前は自信がなくて、勉強をしていないと不安になりただ勉強をするという感じでしたが、この時は、しっかりと睡眠をとり、体を休めることも大切なのではないかと思えるようになりました。とはいうものの、ベッドに入っても暗記科目をひたすら覚えるという日々が続きました。そして、1次試験の1カ月前になると新しいことを学習するのではなく、今まで学習したことを復習しました。間違った問題はノートにまとめ、繰り返し解き、一度解いた問題が試験に出た場合は確実に正解できるようにしました。しかし、何回解き直してもやはり間違う問題もあり自信を失うことも多々ありました。募集要項が配布されると、去年より20人減の採用ということで、不安が募りました。それでも、やるしかなかったので勉強をひたすら続けました。

そして、1次試験を突破することができました。2次試験は昨年の失敗を繰り返さぬよう、以前勤務していた学校に模擬授業の練習に行き、先生方に見ていただいたり、マット運動やラジオ体操など体育実技の指導をしていただいたりしました。校長先生から面接の指導もしていただきました。自分では、正論だと思う答えも「教科書どおりでつまらない。もっと自分を出しなさい」と言われ、これまで、期限付きとして勤務していたときの経験をふまえて答えるようにしました。そして初めて2次試験を突破することができました。

いよいよ3次試験です。昨年は2次試験が合格でも3次試験で不合格になる人が多かったということを聞いていたので、緊張感を持って試験に臨みました。校長先生や大学の先生に小論文の添削をしていただきました。現在の教育界の課題などを指導していただき、大変勉強になりました。校長先生がその時におっしゃっていたのが、キーワードを押さえ、自分の体験を通して書きなさい、ということでした。最初はとても難しく感じましたが、今まで、期限付き講師をしていたときのことを思い出し、「この学校ではこんなことをしていた」「あの先生はこんな授業をしていた」などと、思い出したことを正直に書くことにしました。すると、1千字という字数もそう苦痛でなくなりました。そして、今回私は鹿児島県の教員選考試験に合格することができました。

教員選考試験合格を目指す皆さんへ

これから教員選考試験合格を目指される皆さんに、私は全国の過去問をお勧めします。教員選考試験は広範多岐にわたります。1冊の参考書や問題集を繰り返し解き続けるのもいいかもしれませんが、それだけではカバーできない問題も出てくると思います。私は結局3年分の全国の問題を繰り返し解きました。すると、重要な問題がおのずと見えてきます。それを確実に自分のものにしていくのが大切だと思います。また、見たことのないような問題が出てきたときも、それと関連するところを参考書で調べたり、ときには、中学生・高校生用の参考書で調べたりしていく方が効率的だと考えます。そして、理数系は自分で考えても時間がもったいないだけなので、自分で考えても分からなかったら、理数系に強い人に質問をした方が時間を効率的に使えると思います。

私は、大学を卒業してもうすぐ5年経とうとしています。今思えばあっという間の5年間ですが、苦労の連続でした。私はこの5年間を通して感じたことが大きく2点あります。1点目は、支え続けてくれる人への感謝の心。2点目は、ありきたりですが、頑張れば必ず実現できるということです。1点目は、私の周りの親や兄弟、友人、先輩の先生方、恩師の先生、他にも多数の方々の支えで、ここまでくることができました。決して一人ではやりぬくことはできなかったでしょう。支えてくれた人には心から感謝しています。そして、2点目は、夢は必ず実現するということです。何度も、もう駄目かもしれない。今度で終わりにしようと思いましたが、信じて勉強すれば、必ず実現します。諦めるのは簡単です。しかし、諦めてしまうと、そこで夢は夢のままで終わってしまいます。

私は今後自分の学級の子どもに自分が教師になるため

にとても苦労したこと、そして、多くの人がそれを支えてくれて、必死に頑張れば合格できたことを話すつもりです。この私の実体験を子どもに話すことができるだけでも5回の不合格は無意味ではなかったと思います。また。どんなに努力しても結果が伴わないことがあります。私はその痛みも十分に味わいました。私はこの経験も、今後の児童理解にいかせるのではないかと思っています。人生に、無意味なことはないと思います。その時は無意味に思えてもそれが長い人生の中で必ずや自分の糧になると信じます。

おわりに

最後になりますが、私の生き方がすばらしいとは思いません。大学時代に勉強していれば、きっと違った人生を歩んでいたことでしょう。ただ、こんな人生を歩んでいる卒業生もいるんだということを知っていただければ私は嬉しく思います。私はこれまで多くの先輩方にいろいろなことを教わりました。今でも先輩方には教わりっぱなしです。ある先輩に、「後輩に伝えていくことも教師の大切な使命」と言われました。今度は私が後輩に対して何かを伝えていかなければなりません。私にできることは限られていますが、微力ながら何かお手伝いできることがありましたら何でもしたいと思っております。

自分の目標へ向かって頑張ってください。目標が決まったらとことん頑張ってください。きっと、結果は出ます。皆さんとどこかでお会いできることを楽しみにしています。また、皆さんのこれからの活躍を期待しています。私も皆さんに負けないように頑張ります。（2007年3月　第6号・P40－43）

〈注〉鹿児島県の教員選考試験では1次、2次、3次とも試験結果の開示を求めることができます。総合の個人の順位がランク（A～C）で示されます。

合格へのキセキ

鹿児島県立鹿児島高等特別支援学校　寄宿舎指導員　丸田 香織
2004（平成16）年3月卒業

はじめに

何年か前から合格したら合格体験記を書くことを依頼されていました。自分なりに人一倍勉強して何回もチャレンジしている教員採用試験ですが現実は厳しく、いつか私にも合格するときがくるのか?などと思いながら毎年受験していました。毎年「不合格」の結果を受け取り、半分は諦めの気持ちで「合格したら書きますよ～」などと軽い返事をしてきました。

今回も合格発表当日、15時からの発表でした。仕事が終わるまで結果は見ないつもりでしたが、気持ちが落ち着かず、発表から1時間後、意を決してホームページを見てみると受験番号がしっかりとありました。長い戦いが終わった、開放的な気持ちになりました。そして今、この文章を書いています。

私が鹿児島で小学校教員になりたかった理由

なぜ特別支援学校で期限付きをしていた私が小学校を受験したか、一つの理由はどうしても鹿児島県の教員になりたいという思いがありました。だから少しでも採用人数の多い小学校で受験しました。しかし、私には特別支援学校の教員になりたいという中学校からの夢もあり、心にはいつも葛藤がありました。それなら思いを貫くという意志もなく、ずっと自分が小学校の教員になりたい理由を探していました。

何年か期限付きをする中で、小学校にも特別支援教育を必要としている子どもたちが多く在籍していることを知りました。また、小学校からの転入生を担任したこともあり、その子どもの指導を通して、小学校で特別支援教育を必要としている子どもたちの指導をしてみたいと思うようになりました。そして今年度、寄宿舎指導員として中学校から特別支援学校へ進学してくる子どもたちと関わる中で、小学校で特別支援教育を必要としている子どもたちの指導がしたいと強く思えるようになりました。そして、小学校で特別支援学校での経験や学んだことを生かしていくことのできる教員になることが今の私の夢です。

大学時代と小学校教員免許を取ると決めるまで

大学時代は1番目にサークル、遊び、2番目はアルバイト、3番目に授業?という優先順位でゆるい学生時代を過ごしました。学生ってそのようなものだとも思っていました。授業は毎回睡眠学習という有様で勉強とは無縁のひどい生活でした。そんな私だから教員採用試験に合格するなんてありえないと思っていました。

大学では中学校社会、高校公民、特別支援学校の教員免許状を取得しました。中学校社会で初めて受験した教員採用試験は惨敗でした。大した勉強をしたわけでもなく記念受験のようなものでしたが、採用人数は少なく厳しい現実だけは理解できました。特別支援学校で期限付をしながらの2回目の受験は前回よりは勉強したつもりでしたが、結果は同じでした。周りの友人の1次試験合格の結果を聞きながら、今までの自分を振り返りこのままではいけないと考え、通信大学で小学校の免許を取得して小学校で受験することを決めました。

小学校の試験内容を調べていくうちに問題点が出てきました。試験内容に私の苦手なマット運動が含まれていたのです。幼い頃に首の捻挫をした経験があり、その痛みは5歳だった私には衝撃でした。医者が「無理はしないようにしてね」と言った言葉を「これからは無理してマット運動をしてはいけないんだ」と勘違いするくらいの出来事でそれ以来、マット運動の時間は担任の先生に事情を話して見学させてもらっていました。

マット運動なんて一生することはないだろうと思って過ごしてきたのに今更……と思う自分と、一か八かやらなければという自分の葛藤がありました。家で布団を敷いて友達の手伝いをもらいながらする前転。「よし、やるぞ！」と気持ちを振るいたたせるには時間がかかりました。「せ〜の」と友達のアドバイス通りあごをひいてへその辺りを見ながらくるんと回ってみると、意外と上手に普通に回れたことに「できた！」という喜びと、こんな簡単なことだったのかとも思いました。

うんざりするなかで見つけたリフレッシュ

「思い立ったら、即行動！」小学校の免許取得に向けて仏教大学の通信教育を始めました。手続きが完了し、届いた箱には教科書やレポート用紙がぎっしり入っており、思わずふたを閉めたくなるような物でした。どこから手をつければ良いかも分からず、届いた教科書はしばらく放置されていましたが、そんな話を職場で先輩の先生にすると、先生が書いたレポートを見せてくださいました。先生も通信制大学で免許を取られているということで、真似してでも良いからとりあえず書いて送ってみたらとアドバイスをいただき、やっとその気になり何日かかかりレポートを書き終え、送ってみました。

1カ月ほどして結果が届くと思いがけず結果は「優」。嬉しくなって、それからはどんどん新しいレポートに取りかかりました。それと同時に2カ月に1回行われる試験に向けての勉強も始めました。今月はレポート、月初めにレポートを送り終えると翌月の試験に向けての勉強。レポート、試験勉強、レポート……の12カ月を送りました。社会人になり仕事を終えてからとりかかるレポート、勉強の毎日にかなりうんざりしましたが、その中の楽しみは試験で鹿児島市内に行けることで、当時離島で期限付きをしていた私のいいリフレッシュになりました。

初めて見る合格の2文字

小学校の免許の取得にめどがついた頃から併行して受験勉強も始めました。ランナーや問題集をして1回目の受験に備えました。勉強のやり方もわからず、思った通りの勉強はできずに結果は不合格でしたが勉強すれば何とかなるのではと希望は持てました。2回目の受験は何回も受験経験のある先生方に勉強法のアドバイスをもらって、通信講座も始めました。11月くらいから勉強にとりかかり、平日17時までの仕事を終え近くの公民館で22時まで勉強の毎日。土日は図書館へ行き同じ問題集を繰り返しやりました。何かに頑張った経験は高校受験以来です。今まで不合格の結果をもらったのは4回目。今年は今までとは違う、頑張っているのだから「合格」という文字が見たい、頑張ったことを結果に残したいという思いで横浜市と鹿児島県を受験することにしました。7月までこの生活で5キロくらいは痩せました。鹿児島県の試験を終えて受験会場からの帰り道、自然と涙が出てきました。そして約1カ月後横浜市の発表、結果は合格！　初めて見る合格の2文字に感動しました。

横浜市の2次試験に向けて一緒に受験した同僚と対策。仲間がいたこともありお互いの良いところを真似しあいながら何回も模擬授業、面接の練習をしました。そして迎えた当日、知り合いなど一人もおらず、横浜への一人旅。それだけで緊張。圧迫面接に泣きそうになりました。沈んだ気持ちで面接会場を出ると、自宅からの電話。鹿児島県の結果が届いたとの親からの連絡でした。どうせ結果は分かっていると思い、親に開けて見てもらうと「合格って書いてある……」という電話から聞こえる声が信じられませんでした。

教員になりたい理由と横浜に行かなかった理由

鹿児島に帰ってすぐに2次試験対策を始めました。2次試験に向けて体育実技の練習、面接や模擬授業の準備、思っていた以上にしなくてはならないことが多く、どれもこれも中途半端で思ったほどの練習時間も取れないまま当日を迎えました。最後まで自分の中で定まらなかった問いは「なぜ教員になりたいのですか？」「なぜ小学校の教員になりたいのですか？」という根本的な部分でした。教員になりたいと思った中学生の頃の熱い気持ちがなくなってしまい、子どもが好き、教えることが好き、といった誰でも言えるような言葉しか言えない自分に自信が持てずにいました。そして思ったことを面接官にしっかりと伝えることもできずに残念な1日でした。試験2日目、体育実技試験。面接や模擬授業の準備ばかりに時間を割き、マット運動の練習をしたのはほんの少しの時間でした。前転と後転さえできればいいかと思っていたのになんとかできたのは前転。もっと練習すればよかったと後悔でした。そして結果は不合格。一足先にもらった合格通知、それは横浜市の採用試験。これが鹿児島県の合格だったらと何度も思いました。また1年間勉強しなければならないと思うと気持ちが折れそうでした。

横浜市の合格をもらいながら私は横浜市の教員にはなりませんでした。せっかく合格したのに……といろいろな人に言われたけれど私は横浜には行きませんでした。行かなかったというよりは行けなかったのです。私は自分が思っている以上に鹿児島が好きで、鹿児島県の子どもたちのために教員になりたいという気持ちが強いことに気づきました。面接でこの気持ちを伝えることができたらよかったのにと後悔でした。それからの私は来年度の面接ではこんなことを言おう、あんなことを言おうと考え、自分を見つめながら過ごすことが増えました。

不合格に対するリベンジのなかで

不合格へのリベンジ1回目、半年仕事を辞めて勉強に専念しましたが結果は不合格。リベンジ2回目、また不合格、リベンジ3回目、またまた不合格。採用人数も毎年減っていく中で今年こそは！と思う自分と、仕事と勉強の両立の難しさに少し諦めの気持ちがあったような気がします。

そして今年、リベンジ4回目。今年度は特別支援学校で寄宿舎指導員をさせていただきながらの受験でした。今まで以上に温かい先生方に囲まれて、職種や勤務時間が変わったこともあり、時間を上手く使って勉強時間を確保することができました。平日は4、5時間、土日は終日、図書館で過ごし、6月からは東京アカデミーの鹿児島県対策に通いました。今までよりは気持ちにゆとりが持て、時には1時間程度買い物に行ったり、友達と話をしたりすることができました。

試験当日は腕時計を忘れてしまうというハプニングもありましたが、無事に試験を終えることができました。試験を終えて職場に出勤すると試験を受けた同僚何人かで自己採点をしようということになりましたが、私は現実を受け入れるのが嫌でやりませんでした。結果が入った封筒が届く頃を予想してポストを開けては……ドキドキの日が何日か過ぎ、やっと届いた封筒。何回も深呼吸しながら開けると、何年かぶりに見た合格通知が…何年もかけて待っていた合格通知は嬉しすぎて泣いてしまいました。

久しぶりの2次試験準備

2回目の2次試験、私が1度目に受験したときとは傾向が変わり、模擬授業がなくなり集団討議が加わりました。面接では1度目の教訓を生かして面接ノートを作りました。質問されそうな事柄を書き、その質問に結びつけることのできる自分の経験を書くようにしました。よく聞かれる内容をボイスレコーダーに録音し、質問されたことをすぐに言えるように暗記して、鏡の前に座ってボイスレコーダーから聞こえてくる質問に答える練習をしました。表情や話し方を確認しながら繰り返し練習しました。集団討議では職場の先生方やアカデミーで知り合った仲間と一緒に様々な題材で実際に討論して練習しました。そして、私が苦手なマット運動。毎日1時間程度、前転、後転、どうしてもできそうでできない倒立前転をどう上手く見せるかの練習をしました。

2次試験、そして面接と進むなかで

2次試験、体育実技試験当日、まずはラジオ体操、次に苦手なマット運動。どんなに練習してもできなかった倒立前転、側転そしてやっとでできるようになった開脚前転、前転、後転、バランスをすることになりました。今までできないことでも今日はできると信じて、本番には強いはずと自分に言い聞かせて、マットの前に立ち、倒立前転をしてはみたものの首から落ちまだ練習の途中なのに、首を痛めてしまいました。今までできなかったことが当日だけできるはずもないのに……。たくさんの人に見られて恥ずかしい思いをしました。しかも配点は10点、できないと諦めても良かったのにと要領が悪すぎだと反省しました。しかし、痛みも少しは和らぎ諦めきれない私はもう一度やらせてもらいました。マットを前にすると怖いし痛いし、でもやるしかない。できることを精一杯にやりました。その後の25メートル水泳も最後まで泳ぎきりました。

いよいよ明日は面接、集団討議試験、でもやっぱりなぜ小学校で受験したかという面接の試験の答えがうまく出せずにいました。そこへ崎原先生から電話。先生にアドバイスをもらい、自分の気持ちを整理して試験に臨みました。面接試験では何を答えたかも分からないくらい一生懸命に答えました。面接官の先生方は私の返答に？と思っているだろうと思いながらもちんぷんかんぷんな答えをまじめに真っ直ぐに答えました。そして、私の長所「最後まで諦めない」という所は体育実技試験の体験を交えて伝えることができました。試験の日程を終えると前回の2次試験とは違う全力を尽くしたという満足感がありました。

おわりに

今まで合格した先輩方によく「どうやったら、受かりますか？」と質問していたのですが、先輩方は「何で受かったかわからん」「タイミング？」「受かるときは受かる！」「みんなそれぞれ受かるタイミングがあるよ（笑）」と言われ続けてきました。

合格した今、やっぱり私も今年受かるのには何らかのタイミングや意味があるのだろうと思っています。不合格の結果をもらうたびに様々なことを考えさせられました。もしあのとき合格をもらっていたら学生の時のゆるい自分のままだったかもしれません。不合格ってもらいたくないものですが今は9枚の不合格通知に1枚の合格通知をつけて合計10枚、宝物になりました。10回目にキセキが起きたことに感謝。そして、私の合格にはこれまでたくさんの人が関わってくださり、たくさんのアドバイスをいただきました。その先生方に感謝したいです。

（2013年3月　第12号・P55－58）

見えない者の挑戦

福祉社会学研究科（博士前期課程）
2011（平成23）年3月修了
南　明志

はじめに

　私は2011年1月30日（日）に行われた第23回社会福祉士国家試験に合格しました。大学卒業の年に初めて受験し、3度目にして合格することができました。決して、すばらしい学生とは言えませんが、目標の一つであった社会福祉士を取得することができました。

　私が、社会福祉士に合格できたのは、多くの方々の支えがあったからです。この場をお借りして感謝いたします。今後は、社会福祉士として、障害当事者の立場から相談支援ができればと考えています。ここでは、社会福祉士国家試験に受かるまでを振り返りながら、障害についての私の思いを述べさせて下さい。

障害とは何か――見えないということ

　障害とは何か？　見えないとはどういうことなのか？　皆さんは、想像したことがありますか？　皆さんは、見えない人のサポートや支援をしたことがありますか？　晴眼者であれば、書店に行って読みたい本を見つけ、すぐに読むことができますよね。皆さんは、当たり前のこととして感じていませんか？　見えないと言うことは、見えている人が普段当たり前にしていることが、すぐにはできないと言うことなのです。

　見えない者にとって苦手なことに、外出時一人で歩くこと、活字の文書を読み書きをしたりすることなどがあります。あくまでも、苦手ではあって決してできないわけではありません。スクリーンリーダーと言うソフトをパソコンに入れれば、音声で操作できますし、ＯＣＲを活用して、活字の文書を読んだり、音声で確認しながら活字の文書を書くこともできます。また、電子書籍のようにいつでも、どこでも点訳・音訳された書籍をダウンロードして読むこともできます。晴眼者よりも、時間はかかりますが、工夫しながら皆さんと同じように日常生活を楽しんでいるのです。

講演会などをさせてもらう中で受ける質問に、見えなくてよかったことはありますか?と問いかけられることがあります。言い換えると、障害者で良かったことはありますか?と言うことですよね。常識的に考えても、あるはずありません。世の中に、障害者として生活したいと思っている人などいません。それと同じことです。外を自由に走り回りたい、読みたい本をすぐに読みたい、学生の時はアルバイトをしてお金を稼ぎたいなど、皆さんが普段当たり前にしていることが見えない者にとっての一番の願いなのです。

中途で失明した私は、少し見えていた時期に、見えないことについて深く考えたことがありませんでした。見えなくなったら〈怖い・不安・何もできなくなるのではないか〉という恐怖心を抱いていました。実際に、見えなくなって最初に感じたことは、恐怖心よりも、生きる喜びを失ったような気がしました。見えていた景色が見えなくなった。人と会話をしていても相手の表情が読みとれなくなった等々。挙げれば、きりがありません。いくら悩み続けても、時間は何も解決してくれないのです。自分自身で、しっかりと見えなくなった事実を受け止めなければ、前には進めないのです。

しかし、私には見えていたころの記憶があります。生まれつき見えない者にとっては、見るということがどういうことなのか知りようがないのです。晴眼者にとって当たり前な色の概念自体がありません。逆に言えば、晴眼者にも、見えない世界は体験しようがないのです。そのなかで見えないことを補えるのが晴眼者の目なのです。

障害者として健常者に伝えたいこと

福祉教育のなかで、よく疑似体験をして障害者の立場に立って物事を考えてみようと言う学習があります。見えない者として、晴眼者に伝えたいことは、点字や白杖歩行等の体験をすることによって、障害者の立場に立って物事を考えることよりも、晴眼者として、障害者に対してどのようなサポートができるかということを考えてほしいのです。何も難しいことはありません。道で迷っている人を見かけたら声をかけてあげる等の身近なサポートで見えない者も自由に社会に参加し、自立した生活をおくることができるのです。

また、私は、障害者であるからこそ、感じることができるものがあると思っています。それは、多くの人との繋がりです。普段一人で外出すると、皆さんは、外出した際、限られた人（知人・友人等）としか会話を交わさないと思います。しかし、盲導犬と歩く私の姿を見ている周囲の人々は、気軽に声をかけてきてくれます。小さい子どもから、ご高齢の方々まで様々な年齢層の人々と会話を交わします。障害者のなかには、障害を周囲の人に知られたくなく、引きこもりがちになる人もいます。それでは周囲の人の支援や協力を得ることはできず、障害ではなく孤独な存在に陥ってしまいます。

健常者に障害について理解してもらうためには、障害者自身も、積極的に社会参加していくことが大切なのです。お互いが普通に会話を交わすことによって、自然と障害と言う言葉はなくなっていきます。障害者が特別な存在として見られている現代社会において、障害者と健常者がお互いに歩み寄ることで、障害者も健常者同等の生活をおくることができるのではないでしょうか。日常生活において、障害者が身近な存在であり、障害者にとってバリアを感じさせないようなそんな社会になってほしいです。

大学進学の動機と、社会福祉士受験に向けて

「なぜ、見えないあなたが大学に行って社会福祉学を学ぶの？」

これは大学進学を決めた私に、盲学校時代の教員が言った言葉です。視覚障害者の現状を知らない健常者であれば、違和感を持たれる方もいるでしょう。現在、視覚障害者の職業で最も多いのが、アハキ師（注）の資格を取得し、理療業を目指す者です。ここでは、詳しい話は省きますが、アハキ師の資格を取得したほうが、視覚障害者の就労には有利なのです。しかし、私は視覚障害と言う理由だけでアハキ師の資格を目指すのは、一生懸命資格取得に向けて努力している人に失礼だと思い、自分の幼少期からの夢であった大学に進学し、社会福祉学を学ぶことを決意しました。

大学入学後、晴眼の友人もでき、サークル活動や、コンパなどにも積極的に参加し、楽しいキャンパスライフをおくることができました。大学の講義等については、先生方のご配慮もあり、黒板の文字を読んでいただいたり、テキストや、授業中に配布されるプリント等については、大学の点訳職員をはじめ、鹿児島県内の点訳ボランティアの方々によって不自由なく学習することができました。また、大学で社会福祉学を学ぶにつれ、社会福祉士を取得したいと言う気持が強まっていきました。しかし、県内で見えない者が社会福祉士を取得した例がこれまでなく、社会福祉学科の先生方に勉強の方法等を質問しながら学習を進めていきました。

具体的には、社会福祉士に関する参考書や、問題集は、多くの出版社からだされているため、どのような本が点

字を使用する私に適しているのかを先生方と検討していきました。模擬問題集や、参考書をお忙しいなか、音読をしてくださる先生方もおられました。また、社会福祉学科の学生が、先生方の呼びかけによって、音読のサポートをしてくれました。見えない者にとって、図や表が多く含まれる本は、全てを認識するまでに、点字で読む場合、かなりの時間がかかってしまいます。なるべく、文章で解説や、用語の説明をしている本のほうが読みやすいのです。

また、本学では社会福祉士対策講座が設けられており、私も受講しました。講座を担当していただいた先生方には、事前にプリント等を点訳していただいたりと、授業も不自由なく受けることができました。情報障害とも言われる視覚障害者にとって、大学時代を統合教育、つまり健常者の学生と同等の立場で学習できるというのが、点字を使用している私の願望でした。しかし、先生方のなかには、パワーポイントのみで進められ、見えない私は理解するのが難しく、できればパワーポイントの内容を事前に点訳していただければ嬉しかったです。

絶対にあきらめない気持ち

「見えないからできないのではない。努力をしないからできないのだ」

私は、いつもこの言葉をかみしめながら勉強してきました。私は、3度目の試験で合格しましたが、途中あきらめかけたこともありました。特に、私が受験した時は、旧カリキュラムから新カリキュラムへの移行の年でどのように勉強を進めればよいのか模索していた時でもあり、大学のカリキュラムになかった勉強をする際はかなり悩みました。

そんな時、ある先生から「絶対努力すれば、合格できる。今、あきらめたらこれまで協力してきた全ての人に失礼だ」と言っていただき、それから私の気持が変わりました。見える者にとっては、一人でも勉強することができるが、見えない私にとっては、決して一人で勉強をしているのではなく、多くの方々の支援やサポートがあり勉強できるのだという感謝の気持ちが生まれてきました。

社会福祉士の勉強をとおして、人との繋がりや、努力すれば絶対に夢はかなうということを学びました。

おわりに

合格通知を手にしたとき私は、言葉に言い表せないほどの嬉しさと、今後社会福祉士として障害当事者の視点に立った相談支援をしたいと言う新たな目標も生まれてきました。障害者（特に視覚障害）の就労は依然として厳しい状況が続いています。しかしながら、障害当事者だからこそ新たな職域を開拓していくこともできるのです。今回、社会福祉士の受験勉強をするなかで、様々なことを学びました。このことを無駄にすることなく、これからの人生に活かしていきたいです。（２０１２年3月第11号・Ｐ84－86）

〈注〉アハキ師とは、あん摩マッサージ指圧師、はり師、きゅう師の略である。

受験に対する、恥ずかしいくらいの心の葛藤

知的障害者更生施設あすなろ福祉会・聖の郷　作業指導員
仮屋　志織
2004（平成16）年3月卒業

はじめに――雪の中の記念受験

今回は雪は降っていない。しかし寒いなぁ。3年越し、2度目の受験である。前回の受験の時とは、試験にかける思いが違っている。いざ出陣!!

思い返せば、最初の受験は大学4年生の時。いわゆる記念受験というものであった。もちろん勉強などしていない。時々、友達と一緒に図書館へ行き、気休めの勉強だけはしていた。ハリーポッターを読んでは「魔法が使えたらなあ」と現実逃避の日々。

受験当日、鹿児島県内では珍しく雪が降っていた。試験中も試験会場である情報高校の屋根から、ドサッと固まって落ちる雪を眺めていたのでよく覚えている。窓から目を離し、机に目を下ろすと、そこには試験用紙。まったくもって分からない。分かるはずもないが……。適当にマークを塗りつぶし、余った時間は再び、窓の外を見て過ごした。試験終了後、「どうだった？　難しかったね？」と友人。どうだった、こうだったと言われても、こちらは難しかったことさえ分からない。どうせ記念受験だ。こんなものよ。

2度目の受験に向けて

大学卒業後、知的障害者更生施設に就職。1年目、2年目は仕事を覚えることだけで、精一杯であり、社会福祉士受験のことなど、忘れて過ごした。2年目の秋、かつて私が社会福祉士受験をしたことがあると知っていた職場の先輩から、「今度、社会福祉士の若手だけで構成したユース会があるんだけど参加してみない」と誘われた。ギクッ。勉強嫌いな私は3年間、できるだけ、この言葉を遠ざけていたのに。ついに「社会福祉士」そして「試験勉強」と向き合う時が来た。

誘われるがまま、10月1日、鹿児島県社会福祉士会南

薩地区支部主催第1回ユース会研修に参加した。参加者のほとんどが有資格者の中で数名が受験者。今回の研修内容は「社会福祉士とは?」である。まさに私が聞きたかったのは、これだ。1．社会福祉士とは? ～福祉社会の何でも屋さん。社会生活の裏方的存在である（調整役・受付的なもの）。2．何の為に社会福祉士の資格をとったのですか? ～自分の気持に余裕が持てるように……。と有資格者の話。余裕と自信!! 社会に出て3年目の私がほしいものも、それだった。職場で何か発言しても、自分のことばに自信がなく、そのことばを裏づけるものがほしかった。利用者の方に支援をしていても、本当にこの支援方法でよいのか不安になることがあった。余裕をもって支援したい。この会への参加は、私に、再び社会福祉士受験へ挑戦する気を、自然と起こさせてくれた。

何回か開かれたユース会に参加した。福祉に対する熱い思いをぶつけ合う、この会は、毎回、私に「受験に挑戦してみよう」という気持ちを忘れさせない良い刺激になった。受験を決意して、7月、8月、勢いに任せ、受験申込までして9月、10月と過ぎていったが、その間、勉強はほとんどしていない。ほとんどしていないということは、少しはしたのか? うまいことを聞いてくれるね。実をいうと良い刺激もらった研修後の3日間と、なぜか勉強せねばという強迫概念に駆られて暑い夏の1週間は、やってみた。でも、たったそれだけである。

10月後半にもなると、受験に対する焦りと不安が一気に押し寄せてきた。～そろそろ勉強始めないとなぁ……というストレス。「勉強してる?」と周囲の声……というストレス。「○○○終わってから、始めよう」と勉強を先延ばしにしてしまう日々。来月からは！ 来週からは！ 明日からは!! あぁ～こんなにストレスを感じるくらいだったら、勉強した方がましだ。

意外や意外。取りかかってみたら、毎日、スムーズに机に向かえた。それまでのユース会研修や、有資格者の話の中から受験対策に関する情報収集が役に立ったのは確かだと思う。逆に「勉強しなきゃストレス」から開放され、スッキリと勉強に取り組めた。1日に無理せず3時間。仕事もあるし、体調崩したら大変だし。今回「挑戦しよう」と思えただけでも大収穫だ。そんな気楽な気持ちで最初の3週間は取り組んでいた。

自分では頑張っているぞ、満足、満足と思いながら仕事後、職場で勉強していたある日。「社会福祉士、受けるの? この前、勉強始めたんでしょう。ホントにそれで受かると思ってやってるの? あまいねえ～」と最近、流行のKY（空気を読めない）な同僚……。そのことばにカチンときたし、ショックだった。涙が出そうなくらい悔しかった。実際、この程度の勉強では受からないことは、自分でもわかっていた……。足りない。今の勉強方法じゃ、根本的に何かが足りない。勉強時間も足りない。受験まで、後2カ月しかない！

受験直前2カ月に何をしたか？

その日以来、尻に火を付けられた私は、1日約6時間勉強し始めた。休みの日には一日中、机に向かった。さらに、12月後半からは3時間勉強し、1時間寝る、をひたすら繰り返した。方法は、まず、過去問題集を3回、ワークブック2冊を3回通してやり、再び過去問題集を2回通して勉強した。他の受験者の教材も借りて、一通り学習もした。

私の作戦は、すべての教科を万遍なく、とりあえずサーッと通しでこなしていく。とにかく広く、浅くを、繰り返す中で、少しでも理解を濃いものにしていこうという戦略であった。サーッと教材に線を引き、サラサラと走り書きを加える私に、横から「線を引いいただけじゃ覚えられないよ」という突っ込みもあった。そんなの関係ねえ～。そんなことばも無視して、サーッ、サーッ、サーッと私は線を引き続けた。

私には、私の性格に合ったやり方があるんだ。血液型占いによく書かれているB型の性格、つまり忍耐力がなく、飽きっぽいところが、日常的にも顕著に現れている私には、この方法が一番合っているような気がしたし、何といってももう一つ一つ丁寧に勉強する時間がなかった。そもそも他人の例、それも合格者の例だけ聞いたり、読んだりしても、どの勉強方法や受験戦術が自分に合っているのかは、やる前には分からない。第一、自分の性格を一番知っているのは、受験者本人だし、仕事や遊びなどのため、受験勉強にかけられる時間も違うのだから。受験生の数だけ勉強方法があるのだと、自分に言い聞かせた。ちなみに、私の場合、お気に入りの勉強グッズ（ペンや筆箱）、勉強中の美味しいコーヒー（ミルクと砂糖たっぷりのヤツ、そしてケーキやお菓子などの間食も欠かせない。これは、勉強方法というよりも、私を勉強する気にさせる魔法かもしれない。

年が明け、受験直前になると、もはや、他人に言われて悔しかった気持ちとか、「勉強しなきゃストレス」なんて忘れていた。やはり、最後は「社会福祉士になりたい。なるんだ」という自分の体の奥から出てきた気持ちだけが残り、勉強を続ける私を励ましてくれた。

その後の顛末

受験当日、今回は雪がなかった。しかし寒かった。3年越し二度目の受験にどんな敵が待ち受けているのか？いざ出陣!!　試験中、時間はフルに使った。時間配分のことなど、前もって考える余裕がなかったので、時間は気にせず、とにかく没頭した。前回の受験のように、窓の外を眺めるのも忘れていた。試験終了。合格の手ごたえ無し。しかし大きな、大きな達成感有り。さぁ、明日から勉強中やりたいと思っていたことができるぞぉ！　やれるぞ！　終わってしまえばそんなもんである。

　翌日には、模範解答がでた。自己採点すると57点。不合格である。前回、勉強しないで受けた試験と同じくらいの点数だった。その時、私って、本当に勉強できない人なんだなあ～。でも頑張ったことは確かだし、来年こそは頑張るぞ!!　こんな風に思えた。自分でもびっくりしたのは、ショックを受けるどころか、次回の受験に向けて前向きに考えることができたことだ。私にも頑張る力があるんだと気づかされた。

　3月末に合否通知が来た。結果は分かっていたが、とりあえず開封した。「上記の者は、第19回社会福祉士国家試験に合格したことを証する」と書いてある。えっ⁉　目を疑った!!　この通知、受験番号を間違えてないの？　送り先を間違えていないの？　何回も見た。合格したのだ。後で調べて分かったのだが、私の見た模範解答は18年度のものだった。おっちょこちょいにも、程がある。

おわりに——後輩たちに

今回の受験では、自分のおっちょこちょいでB型の性格が、災いしたか幸いしたか、分からない。とにかく色々なことがあり、私は不合格者の気持ちと、合格者の気持ちを一遍に味わうことができた。どちらが気持ちよいのかは、言わずもがなである。

　しかし、どちらの時でも、本気で、何かに打ち込んだら、自分にとってプラスな何かを見つけることができた。どっちにしてもプラスなのだ。この受験で、私は、自分が考えていたより、もっとがんばれる自分を見つけた。今回一番の戦利品はこれだ。間違いない。

　お題は、合格体験記だが、ここまで書いてみて、そのほとんどが、受験に対する、自分の気持ちとの葛藤となってしまった。これを読み、受験対策に役立てようと思っている皆さんには、参考にならず、本当に申し訳ない。しかし、受験になかなか本気で踏み切れない気持ちとか、不安や焦りは、みんなが持っているものだと思う。私の書いた、恥ずかしいくらいの心の葛藤を読み、少しでもリラックスしていただけたらと思う。（２００８年3月　第7号・P45－47）

うれしさ半分、戸惑い半分、そして今

（社福）陽光会 陽光苑　**松田 まなみ**
２００８（平成20）年３月卒業

しゃかいふくしし……って？

これが、大学に入学したときの私の正直な感想です。国際大学の社会福祉学科に入学したものの、〝社会福祉士〟についてては、それが一体何であるかを、全くと言っていいほど知りませんでした。人と関わるような仕事に就きたいという何となくの将来設計はあったにせよ、それが具体的なビジョンもないまま、大学に入ったのです。

本当は、心理学系統、犯罪予防系統に興味はあったのですが、それを職業として自分の中で当時は結び付ける事が出来ず、「近いのは…福祉だろうか？」といった感覚だったような気がします。え？　犯罪関係なら警察官になればよかったのに！って？……警察官には身長制限があることを中２の時に知ってから（今もその制限があるのかは定かではありませんが）、私の職業選択の中に〝警察〟という文字は無かったのです。

そして学科のコース選択で自分は介護福祉コースを選びました。介護コースを選択する事になった理由は〝介護の職に就き、人の役に立つぞ!!〟などとかっこよさそうなものではなく、〝資格が確実に取れる〟〝自分は一人っ子だから、介護は知っておかなくては〟という点で選択したのです。こんな感じで社会福祉学科の大学生活をスタートさせました。

すろーすたーと……というか、早くスタートしてくれ自分

そんなこんなで大学生活を、楽しく学校に行き（１～３年しっかりと内容を理解して授業を受けたかどうかは別にして）、サークルを頑張り、遠征にも行き、アルバイトも経験し……としているうちに、あっ!!という間に４年生になってしまいました。

さて、周りでは、社会福祉士対策の講座が始まり、参

考書を広げる人もちらほら……。私はと言うと、講座は受け、頑張ってみようかなぁと思い始めてはいるものの、「参考書とか問題集は、どれがいいのかなぁ～」と思っている状態。そして夏には介護実習があれば、そっちが忙しいからと自分に言い聞かせて逃げていました。さらには、夏の介護実習が終わったかと思えば卒業論文もあります。自分は真剣に研究に取り組んだとは言えなかったのですが、提出しないままというのもすっきりしない部分があり、卒論と国家試験とが両立出来ずに気持ちだけが焦っていました。気が付けば4年の10月に入っていました。

気合が入りました!! スイッチオン☆

そんな気持ちばかり急いで、実際には何も手つかずの状態だった私についにスイッチが入るときが来ました。普段私は介護コースの友達たちと一緒に学習室にいたり、一緒に昼ご飯を食べたりして過ごす事が大半でした。ある日、友達数人で「国家試験が後何日だね～」など話していたときのこと、一人の友達がこういったのです。「だってせっかく大学まできたんだし」私はハッとしました。自分の中に何となくは〝大学に来たんだし〟〝資格取らなきゃ〟とは思っていましたが、この時やっと自分の中で本気に思ったのです。「大学まで、しかも私立大学まで行かせてもらって、介護福祉士だけとって卒業するなら、高校や短大でも出来る事じゃないか!!!」と。

本格的に勉強始まりましたよ。やっと（笑）

まずは、その時焦っていた卒論と国家試験勉強の二つをどうにかしなければと思いました。自分の性格上、卒論を諦め、国家試験のみをする事も出来ず、かといってどっちも上手く平行線で行くなんて器用なことも出来なかったので、こう考えました。「国家試験科目に授業、講座は真剣に受ける！　その代わり、他の空き時間、家に帰ってからなどは卒論のみ手をつける！」

この作戦は私にとっては功を奏し、締切までに卒業論文をなんとか提出！　提出後は思い残すことなく、国家試験にのみ取り組むことができました。国家試験の勉強法としては、過去問をひたすら解き、それに対しての解説を読み、過去問の余白に書き込むといった方法をとっていました。しかし、私は文章を読むのが得意ではなく、2～3行読んでいると飽きてしまうのです。そこで解説に書いてあることを、噛み砕いて消化し、自分に吸収しやすいようにするために、書き込みを文章で書いたり、色ペンを使用するだけではなく、棒人形などの絵を描き、マンガのような挿し絵のようなものを作って、イメージとして自分の頭の中に取り込んでいきました。

そしてもう一つ。勉強する環境です。人それぞれ自分が勉強しやすい場所や方法があると思いますが、自分の場合一人だと甘えが出る、さぼりやすいという点があり、家での勉強は難しいと判断し、まずは学校へ。そして、図書館では寝てしまう癖がついていたため（↑図書館は寝るところではありません！（笑）。良い子はまねしないように……）、5号館の4階にある学習室を使わせて頂きました。ここには何人かの仲間が集まって勉強していましたが、私はその勉強モードに便乗して、自分も勉強する気力を保っていこうと考えたのです。そして、みんなは自分よりしっかりと勉強していた人たちだったので、問題や分からないことについて話し合っているところにちゃっかり混ざり、わかりやすい解説を聞いていたのです。それでも学習室はものすごい勉強モード……私は時々息が切れそうにもなったりしたので、適当に休憩を挟んでいました。

いざ！　神頼み！

本番は、自分にとって本当に難しかったです。午前中は自信を持って選択出来たものは数えるほどしかなく、昼食時に周囲から聞こえてくる「難しかったね」「あれは簡単だった」などの声が尚更自分をへこませていました。自分にとって難しくて、問題の難易度の高低すら分からなかったです。気分は落ち込み気味だったのですが、後半（専門教科）を暗い気持ちで受けてはダメだと思い、楽しんで受けようと決め、なんとか乗り切りました。終わった後の爽快感はなんとも言えなかったです。

そして数日後の自己採点……あれ？　あれだけ分からなくて落ち込んだ午前の方が点数がいい……原論なんかわけも分からなかったのに8点とれてる？　なぜだ……奇跡が起きてくれました！　午前中使っていた鉛筆は太宰府の鉛筆だったのです。午後は違うのを使ったため？あまりいい結果とは言えませんでした（笑）。それでも自己採点の点数は合格点ぎりぎりあるかないかというところ。3月に正式に結果を見て、ほっとし、嬉しかったです。でもそれと同時に、戸惑いもありました。〝ちゃんと全てを理解して合格できた訳じゃないのに、取ってしまった〟という気持ちでした。これからも法律や制度が変化していくので、それに対応できるよう、勉強はしていかなくては……と改めて思います。

今、仕事しながら考えていること

私は、「大学に来たからには、社会福祉士の資格をとりたい！」と思い、頑張れました。しかし、資格を取ったからといって、すぐに何かに結びつくのだろうか？　そう思ったこともあります。在学生の皆さんもそう思うことはないでしょうか。

確かに、社会福祉士資格を持っていると言っても、その資格での求人が多いとは限りません。資格を持っていたとしても、職場での条件が良くなるとか、優遇されるということが保証されているとも限りません。しかし、資格を持っていることで、選択肢の幅、活躍の幅が広がることは確かです。そして何より、社会福祉について学ぶということは、いろいろな視点から物事を見ることができるきっかけになると思います。

現在、利用者の方と接する中で、心休まるときもあれば、「もう‼」と腹が立ってしまうこともあります。私も人間ですから……。しかしその時に、何でそんなことをするの！という見方をしてしまう自分に対して、「いや、何か必ず原因があるはず」とか「この人も歯がゆい思いがあるんだろうな」「背景は何があるんだろう」……と感情的になる自分に〝ちょっと待て〟をかけ、様々な観点から見なければ分からない！と思うことができるのは、自分の場合、社会福祉の勉強をしてきたからだと感じています。

目の前にいらっしゃる利用者の方々は、今まで、人生を歩んできた大先輩たちです。何らかの介護が必要であったり、家庭環境では生活することが難しくなったからこそ、生活の場を施設に移されているわけです。人の一生の中で、家族や友人以外の自分も含めた他者が関わりを持つことで、その人の生活が成り立つということの意味を考えるようになりました。それは「あの人がいたからこれができた！」というような、その方に実感がないことでも、おいしくご飯を食べられた、ゆっくり眠れた、面白い話を聞けた、青空が見れた……などの人生の一瞬一瞬に関われることがありがたいことだなぁと感じています。

現実はあれども理想も忘れず、これからもどの方法やケアがいいのか手探りを続けていきたいと思います。（2009年3月　第8号・P39－41）

社会福祉士国家資格取得に思うこと

社会福祉法人愛泉福祉会　にこにこはうす　**中野　裕一**
2003（平成15）年3月卒業

はじめに――資格がなくても仕事にやりがい

大学を卒業して5年間。正直「社会福祉士」の国家資格が必要だと思ったことはありませんでした。誰もが受験するからには、試験勉強もしなくてはなりませんし、就職等の理由があり、それなりの「動機」が必要になってくるはずです。しかし、就職すら後輩の伝手を頼って決めた私には、現役時代にその「動機」となるべき十分なきっかけはなかったように感じます。私は今回2回目の国家試験で合格しましたが、1回目は現役の時に受験しました。今はどのようになっているのか分かりませんが、現役時は社会福祉学科の学生全員が受験しなくてはならないような雰囲気があり、その雰囲気に巻き込まれ、仕方なく受験したような気がします。

受験はしたものの、当時、就職も決まっていた私は、まったくやる気もなく、試験勉強もしていなかったので、午前中のみを受験し、試験会場で会った先輩方と午後から飲みに行きました。その後、就職、結婚、長女の誕生等、「動機」としては十分に足りうるきっかけは何度もあったはずですが、それでも、受験には至りませんでした。また、資格と呼べる資格は何一つ持っていないものの、卒業後、就職した児童デイサービスの仕事も5年目を迎え、日々子どもと向き合い、成長を見守ることのできるこの仕事にやりがいを感じていました。

国家試験再受験の動機

そんなある日、ゼミ担当の崎原先生よりお電話をいただきました。その内容は、「シンポジウムの中で学生を対象に自分の学生時代のこと、今の仕事について話をしてほしい」ということでした。「資格も持たず、学生時代を飲み、遊んでいてばかりだった自分が学生の方々に話せることなどあるのだろうか?」とも思いましたが、そこは、留年の危機から救っていただいた恩師崎原先生のお願いということもあり、すぐに承諾しました。

そして迎えたシンポジウム当日、私以外に3名の方々がシンポジストとして参加していらっしゃいましたが、その方々とシンポジウム開始前にお話しする機会をいただきました。お話をする中でみなさんが学生時代より資格取得に励み、就職後もご自身のスキルアップの為に日々精進されていることが分かり、「場違いな所に来てしまった」という気持ちと「これから何を話したら良いだろう」という気持ちでいっぱいになり、シンポジウムを前にして早くもパニックになっていました。

しかし、この時初めて自分の中に「自信のない自分」がいることを実感できたのです。仕事上、様々な専門職と会議を持つ機会があるのですが、その時に感じていた自分に対しての違和感。決して自分の仕事のあり方に自信がないわけではないのですが、それを裏付けてくれて、自分の背中を押してくれるようなものが足りないような気がしていたのです。シンポジウムでは、学生の方々のお役にたてる話はできなかったかもしれませんが、ここに参加して、私自身が社会福祉士受験に対しての意欲を駆り立てられるような十分な「動機」をいただくことができました。

もう一度受験したいと妻に相談

その日の帰宅後、妻に社会福祉士受験を決めたことと、某通信教育を受けたいことを相談すると、同じく社会福祉学科を卒業し、現役時代に社会福祉士の資格だけではなく様々な資格を取得していた妻からは「現役時代に何で勉強しなかったの？何のために社会福祉学科に入ったの？通信教育費も無駄になるだけだ！」と冷たい一言。確かに妻の言っていることが100％正しく、大学は同じ学費を払いながら、教員免許や保育士まで取得する人がいる一方で、社会福祉学科を卒業しながらみんなに平等に与えられている社会福祉士国家試験受験資格まで無駄にしている自分がいる。

なにもこんな矛盾に、この時、初めて気づいたわけではなく、大分前から気づいていたのでしょうが「まあでも大学は楽しかったし、色んな経験もできたし！」と何の努力もしてこなかった自分から逃げるように開き直っていました。妻からの、その一言は今までにも何度も言われ続けてきたことであり、その度に聞き流していましたが、この時の私は、それを素直に聞き入れ、嫌味にしか聞こえていなかった小言も激励の声にさえ感じました。

受験勉強は、通勤時の車の中だけ

妻に懇願し、10万円近い通信教育費を捻出すると、早速、通信教育を申し込みました。3日後、段ボール一箱にみっしり入った教材が送られてきました。それを見た瞬間「これは無理だ！」と思いました。仕事も子育てもしながらこれらをすべてこなしていくことは絶対不可能だと……。

そこで私が目を付けたのはテキストと一緒に送られてきたCD教材でした。通勤に往復2時間近くかかる私にとってこのCDは格好の教材でした。結局、受験当日まで一切テキストを開くことなく、CDのみで受験勉強をしました。社会福祉士の合格体験記を見ても「1年間毎日5時間以上勉強しました」等の事が書かれていたりしますが、社会人が勉強できる時間は限られています、そこに、家事や子育てが含まれてくると、自分の時間を1時間作ることすらも難しいでしょう。

某通信教育会社が調べたある統計によると社会福祉士の合格率は大学現役世代から現役を離れていくにつれ、右肩下がりに合格率も下がっていくそうです。その見解として、法制度が変わりやすい社会福祉の分野は、今まで勉強したことをやり直さなくてはいけないハンディが既卒者には付きまとうこと、そして、勉強する時間が無いということが理由らしいです。大学時代勉強しなかった私にとって前者はまったくハンディにはなりませんでしたが、後者は大きな問題でした。

「勉強時間は朝晩の通勤時の車の中だけ」と割り切り、「CDを聴いて、それを声に出す」ということに徹しました。しかもCDからは自分の仕事に関連する「児童福祉」と「障害者福祉」を除き、徹底的に効率を重視しました。社会人の方の中には「自分の専門職だけは完ぺきにしたい」という方もいますが、私にはそのプライドを誇示するだけの余裕はありませんでしたし、自分の専門分野は仕事にしているだけに自然に解けるものだと思っていました。しかも、出題の60％の正答があれば合格なわけで、完ぺきに勉強する必要等一切ありません。社会福祉士受験に関してだけ言えば「広く浅く」は鉄則であるような気がします（就職してから、社会福祉士としての知識は大いに役立つので勉強することに越したことはありません）。私の友人の中にも「過去問3年分やれば絶対に合格できる」と断言する者もいます。

受験当日の手ごたえ

現役時代以来、2回目の受験。会場入り口前で懐かしい集団を発見しました。その中の2人は1回目の受験時に一緒に午後から飲みにいった先輩方でした。聞くところによるとあれからも毎年試験を受けに来ているらしく、(学年は自分の二つ上なので……)計算すると今回で8回目の受験。「こうはなりたくないな」と自分に言い聞かせ、十分に気持ちを奮い立たせた状態で試験に臨むことができました。1回目の受験時とは違い、物思いにふけるような時間は一切ない状況で、午前は時間が足りず、高校入試以来味わったことのない、焦りと、満足感を得ることができました。午後からは事例問題が中心でしたが、ここは社会人の強みでしょうか、案外すらすらと解け、見直しを3回程した後、試験時間は残っていましたが試験室を後にしました。試験の手ごたえとしては、「午前できなかった分を午後で取り返したかな」という感じでした。

合格発表までの日々

社会福祉士国家試験は試験日から合格発表までの間が本当に長いですよね。試験後、インターネットのサイト上には大学、専門学校、通信教育会社等から、模範解答や合格予想点が載るのですが、これがまた、それぞれまちまちで、設問によっては、解答が三つに割れたりしていました。専門家が解いて解答が分かれるというのは明らかに問題に問題があるのだと思うのですが……。このようなこともあり、試験翌日に発表された模範解答(公式のものではない)では、96点あった点数もその次の日に出た模範解答によれば87点しかなく、安心できない状況が2カ月以上も続きました。その間毎日、新たな模範解答やサイトを見ては、一喜一憂する日々。妻には「試験勉強より(サイトをみるのに)時間割いてるじゃん!」と言われ、「確かにこんな時間があるなら試験勉強する時間もあったはず」と妙に納得しながらもパソコンと向き合う自分がいました。

合格発表

合格発表当日も朝から仕事でしたが、やはり合格発表の緊張というものはいつの時代も変わらず、息が詰まる思いでした。合格発表の30分前からは職場のパソコンを社会福祉士振興・試験センターのホームページに接続し（もちろん上司に許可をいただきました）その時に備えました。時間が来て、試験会場と受験番号か何かを打ち込んだ後、画面上の一番上に自分の受験番号があらわれました。「受験番号を指でなぞりながらあった!」というのが理想の展開でしょうが、やっぱり嬉しかったです。公式の模範解答とも答え合わせをしたところ最終的には94点でした。(予測通り午後の事例問題で点数を稼いでいました。ちなみに自信のあった児童福祉論は2点でした。まったく勉強しないのも危ないようです)

この日を境に2カ月にも及ぶ憂鬱な日々ともやっと解

放されました。そして、私が社会福祉士に登録されたのは、娘の1歳の誕生日でした。娘にはたくさんの力をもらいました。心から感謝しています。何より、家族の支えが大きかったです。

学校訪問で、別件で相談を受ける

社会福祉士取得後に名刺を作りました。今までも必要だったのですが、やっぱり自分に自信が持てなかったのでしょうか、作ったことがありませんでした。丁度その頃は仕事で学校を訪問する時期で、今までは受け取るだけでしたが、初めて名刺交換をすることができました。社会福祉士の認知度も学校現場では上がり始めていて、その日、学校長から、訪問の目的とは別件で相談を受けました。「資格は人と人とをつなげることもできるんだ」とこの時、社会福祉士を取得した意義を感じ取ることができました。「資格は信頼だったり信用だったりするんだろうな」と。もし、自分が社会福祉士でなければ校長先生も大分年下の私に相談することは無かったでしょうから。

おわりに

社会人になって試験勉強をするのはとても大変なことです。現役時代に取り組むことがベストだとは思いますが、それよりも、大学は楽しいことがいっぱいで、そこまでモチベーションをあげることが難しいのも良く分かります。社会に出て必要に迫られ、大変な苦労をされて取得していく方が周囲にはたくさんいます。現役時代に資格取得をされていたほうが選択肢は確実に増えていきます。福祉の職場環境は厳しいからこそ、その選択肢を増やす努力を、これを読まれた皆さんが現役時代の今、していただければ幸いです。

最後に、社会福祉士国家試験受験のきっかけを与えてくださった崎原先生に心から感謝申し上げます。ありがとうございました。（2010年3月　第9号・P52－54）

テス！　数え切れない苦しいことの中で見つける楽しみ！

特別養護老人ホーム　清渓園　**橋元　龍司**
2009（平成21）年3月卒業

はじめに

今回、『ゆうかり』に書くように誘いを受けて正直自分なんかでよいのだろうかと思いました。しかし、自分が学生現役の頃に先輩方が書いた合格体験記を読んで、とても励まされたので、今度は私が少しでも後輩の皆さんの役に立てればと思い、書くことにしました。

私は、平成21年4月から鹿児島市にある特別養護老人ホーム清渓園で介護士として働いています。大学生活4年間を振り返りながら、合格までの道のりを書いていこうと思います。

現在の私

社会人2年目がスタートし、現在私は特別養護老人ホームからデイサービスに部署が移り日々奮闘しています。デイサービスは特別養護老人ホームとはまた違った楽しさがあり、利用者は、軽度から重度、認知症がある方様々です。利用者とたくさん話をしたり、レクリエーションやアクティビティを通しコミュニケーションをとっています。日々の利用者の変化やデイサービスの変化があり、職員の方からもご指導していただいています。

日々利用者と生活をする上で、楽しいこともあれば、「もう!!」と腹を立ててしまうこともあります。そんな感情的になった時には一呼吸置き、「何か原因があるはずだ」「この人にはうまく伝えられない思いや背景があるはずだ」と感情的になる自分に対し一息入れて考えてみます。このように様々な観点から物事を冷静に考えることが出来るようになったのは、大学で勉強したことや現場で経験したからだと思っています。ここに来られている方たちは人生の大先輩であり、皆さん様々な理由で来られています。

医学的に認知症があったとしても、感情面は残ります。

その中で利用者の人生の貴重な一部に関わることが出来てとても感謝しています。1日の中で起こったことは忘れたとしても「今日はなんだか良い1日だったな～」と利用者の気持ちのなかで残ってもらえれば幸いだと思っています。利用者の人生の一瞬、一瞬に関わることが喜びとなり、ありがたいことだな～と感じています。

これからも利用者とコミュニケーションを図り、良い援助方法を手探りで見つけていきたいと思っています。

きっかけ

そのような私がなぜ国際大学社会福祉学科に入ったかというと、実際のところなんとなくです。親父がしている自営の建設会社は、俺にはあんな大変な仕事は出来ないし、母親は病院で看護師をしています。進学するか、就職するか悩んでいたところ、母親から「これからは、医療福祉の時代だからそっち関係に進んでみたら？」と言われました。とりあえずパンフレットを色々と漁ると、国際大学に社会福祉学科があり、実家から歩いて5分と近いからいいか、そんな感じで入学しました。

大学生活を振り返って……

とにかく遊びました!!　同時に今までの学校生活とは違い、大学はなんでも自己責任なんだと思いました。単位を取れなかったら卒業できないし、でも遊びたいし……。しかし、月日が経つにつれ楽しいことばかりで入学当時のプレッシャーはいつの間にか忘れていました。

だんだん友達とも仲良くなり、会うのが楽しみで講義が入っている日は毎日通いました。学校が終わればバイトに行き、その後は呑みに行きそんな繰り返しだったことを覚えています。夏は毎年キャンプ、冬はスキーをしに旅行へ行きバイト代はほとんど遊びのためにあるようなものでした。

私は、小学校の時から唯一必死に取り組めるものが野球だったので、休日は趣味として友達に付き合ってもらい野球をよくしたのも覚えています。

テスト前になれば、頭に単位という2文字がよみがえり、こりゃ逃げられないな……。現実に引き戻されて、とにかく単位だけは取ろうと思いテスト前は必死に勉強をしました。3年次には社会福祉現場実習もあり様々なことを学び、そんなこんなで、なんとか受験資格と卒業に必要な単位を無事に取ることが出来ました。

4年になり就職活動と受験勉強に向けて……

とうとうこの年を迎えることになりました。就活の時期でもあり多忙でした。実際、4年生を迎えたものの一般企業に進むか、専門職に進むか大分悩みました。最終的な判断は、せっかく社会福祉学科に入ったのだから福祉関係に就職しようと決め、知人の紹介で今の職場を面接することになり、無事に内定をもらうことができました。

今度は国家試験という大きな山が立ちはだかっていました。昔から大の勉強嫌いで、成績も悪く野球しかしてこなかった私にとって大きな試練でした。高校受験も失敗しているし、またあの悪夢がよみがえってきて、国家試験なんて本当に受かるのだろうかと不安でいっぱいでした。

受験勉強を始めてみると

4年生にもなると周りかちらほらと「勉強してる？進んでる？」などと聞こえてくるようになりました。人によっては3年生の内から社会福祉対策講座を4年生に混じって受けている人もいて、かなりのストレスになっていました。人それぞれ勉強を始める時期は違いますが、私は9月の後半から始めることにして夏休みはひたすら遊びました。人は人、どうせ勉強で今までみたいに遊ぶことが出来なくなるんだし、持続力が無い私にとってこれがベストなんだと信じ開き直りました。

勉強を始めてみると、とにかく地獄でした。元々勉強嫌いで、頭は悪い、要領の悪さは天下一品、したがって勉強の仕方が分からなくてスタートできませんでした。先生方に勉強の仕方を聞いたり、友達はどんな仕方をしているのか聞いて回り、みんながスムーズに進んでいるのをみて羨ましく思い、それがまたストレスとなって、「やばい、胃が痛い、俺はどうしたらいいんだろう」とそんなことばかり考えていました。しかし、そんな状況も日が経つにつれて胃が痛いのも忘れるようになりました。

最終的にたどり着いた勉強の仕方が、とにかく過去問5年分を3回、模擬試験2回分を何回もひたすら読むことでした。まず1回目は、一通り問題文と解説を軽く流す程度でどんな問題が出題されているのか見当をつけるために、流し読みをしました。2回目では、問題文と解説の意味をよく考えながら、問題文の間違っているところを自分なりに解説を見ながら正しい文章に直し、正しい文章はそのまま覚えるというものでした。5年分でも3回目にもなると自然と、「この問題見た覚えがあるな～」といった感じになり、2回目とほぼ同様に意味を理解しながら、自分が正しく直した文章と、元々正しい文章をひたすら意味を理解し覚えることでした。模擬試験も同様です。

一見無謀なやり方に見えますが、読解力の無い私にとってベストなやり方だと信じてました。高校や大学の定期試験はほぼ限られた範囲から出題されますが、国家試験は重箱の隅をつつくような問題や基本的なことまで幅広く出題されるので暗記だけでは通用しないと思い、広く浅くを心掛け問題文と解説を理解し、間違っているところはなんで間違っているのかも考え、意味を理解するようにしました。問題の基本をまずしっかり押さえ、そこから、こんなひねくった問題が出題されるのではないかと予想を立てながら問題と向き合っていました。人によっては基本さえ押さえとけば大丈夫でしょという人もいましたが、私は少しでも気持ちに余裕がほしかったので、出そうにない問題まで想定しました。

1日中机に座り続けるのは想像以上につらく、でも野球をしている頃の100メートル坂道ダッシュよりはまだいいだろうと、あの時の方のよっぽど辛かったと自分に言い聞かせながら、野球時代の苦しみが糧となり自分を奮いたたせていました。

夏休み明けの第1回目の学内模擬試験をそんなこんなで迎え結果は69点でした。社養協の模擬試験は69点でした。正直かなりへこんでその日は何も勉強する気になれませんでした。「今まで勉強してきた意味あんの？　どんだけ勉強しろって言うの？」とまで考え、何度も諦めそうになりました。しかし、ここで諦めたら今までしてきたのが無駄になる、一度決めたことは最後までやり抜き通す、それだけの思いで取り組みました。2回目の中央法規の模擬擬試験結果は84点で基準には届かなかったものの、何とか合格圏内にまでもっていくことができました。まったく余裕が無かったですが、毎年大晦日は霧島の神社に初詣に行っているので、息抜きがてらにお参りに行きました。とにかく合格することだけを願いました。

国家試験

自分が出来ることはすべてやったので、改めて神社に合格祈願に行ったり、お墓参りにも行きました。試験日は雪が降っていて、「明日は早めに出ないとな～、本当に受かるかな……」とか色々考えていると全く眠れませんでした。

試験当日を迎え用紙が来るまでの間、今まで辛かったこと、友達と励ましあったこと、先生方から色々とアドバイスをもらったことが走馬灯のようによみがえってきました。とにかく試験が終わるまで気は絶対に抜けない、最後までやりきる、それだけを考え望みましたが用紙が届き、いざスタート！のはずでしたが、今までの出題様式では、○×の4択問題のため、消去法で解けたのに、今回の出題では正しいのを選べとか、誤っているのを選べというやり方に変わり消去法が通用しませんでした。また勉強したような問題がほとんどなく、初めてみるような問題ばかりで悪戦苦闘しました。とにかく試験中苦笑いしたのを覚えています。

午前が終わり、周りで「あの問題簡単だったねー、あそこ難しかったねー」などと聞こえてきても、私には分からな過ぎて、何がなんだか分かりませんでした。速攻でご飯を食べ、参考書とにらめっこ。忘れていたこともたくさんあり、読んだことで逆に不安を煽る形になり、逆効果……。そんな気持ちを引きずったまま、残すは午後のみなので気持ちを切り替えて、とにかく楽しく解こう。午後では自分が勉強したような問題がたくさん出ていて援助技術の事例も割と易しかったので、午前で泣かされた分、手ごたえを感じました。

午後が終わった瞬間、結果うんぬんより開放感で満ち溢れ、とにかく呑みに行きました。翌日友達から「自己採点した……」と連絡がきましたが、勉強を始めた時から自己採点はしないと決めていたのでしませんでした。内心ドキドキでしたが。

合格発表

いざ合格発表当日、パソコンの前で時間が来るまでウロウロしていました。試験に全く手ごたえがなかったが、もしかしたら受かっているんじゃないか、そんな期待を込めて待っていました。時間がきてパソコンを開いたはいいものの、なかなか見れませんでした。腹をくくりいざボタンをクリック……。なーーーーーーい……。何度探しても自分の番号はどこにもありませんでした。悔しくて涙が出るものだと思っていましたが、全然出ませんでした。なんとなく試験を受けた時に覚悟をしていたので。

実際のところ一時かなりへこみましたが、自分の中で諦めるということは全く考えず、気持ちはすでに来年へと向かっていました。「たかが1回落ちたぐらいで、世の中何回も落ちてる人いるんだし、あれだけ勉強頑張ったんだから、またできるさ〜」と胸に秘めて。お世話になった方々には不合格の報告をしました。励まされ、いろんな慰めの言葉をもらいました。こんなにいろんな人に応援してもらっていたんだから、来年こそはお世話になった人たちに合格の報告をしてやると‼

社会人スタート

4月の入社式の日には、上司に不合格の報告をし、「また仕事に慣れた7月ぐらいから頑張ればいいがね」と言われました。その時はそのまま素直に受け止めて、また仕事に慣れてから頑張ろうと思いました。

実際仕事に慣れるまでが大変で、利用者が多くて覚えるのが大変、現場では医療用語が毎日行きかっているし、自分は大学でいったい何を勉強してきたんだか、あまりにも無知すぎて毎日が戦いでした。そんなこんなで、文化祭が始まり、夏祭りと行事で追われ、勉強のことを考える余裕すらありませんでした。

少し慣れると夜勤も始まり、「そうか、夜勤の休憩時間を使って少しずつ始めていこう」と思いつきました。残念ながら、私の職場には仮眠時間は無く、勉強する時間はとれませんでした。落ち着いた時間を見計らっては参考書を読んだりと、色々工夫しましたが、ある先輩からは、「今は、仕事中なんだからやめなさい」と注意され、あっさりその日以来止めることにし、家でしかしないことに決めました。

でも実際、家でやってみると全然集中できずイライラが続き気持ちがもやもやしていました。やっぱり自分には大学が合っているのかなと思い、休みの日は朝から通い、仕事がある日は、家に帰って、速攻で大学に通う毎日が続きました。試験がだんだんと近づくにつれて、図書館には受験生らしき学生が多くなり、去年の自分を思い返していました。去年みたいには勉強できる時間がとれなく、限られていて、「去年受かってたらここにはいなかったのにな〜」と雑念ばかりわいてきて集中できませんでした。

仕事が終わってから机に向かうというのはとても苦痛でした。それでも自分が持続することができたのは周りの人たちの応援があったからでした。去年とは違い、新カリキュラムということで自分なりに試行錯誤しながら取り組みました。カリキュラムが変わったものの、新しくなったばかりだったので、とにかく去年と同様に過去問5年分を3回、模擬試験2回分を何回もひたすら読むことでした。まず1回目は一通り問題文と解説を軽く流す程度でどんな問題が出題されているのか見当をつけるために、流し読みをしました。2回目では、問題文と解説の意味をよく考えながら、問題文の間違っているところを自分なりに解説を見ながら正しい文章に直し、正しい文章はそのまま覚えるというものでした。3回目では2回目とほぼ同様に意味を理解しながら、自分が正しく直した文章と、元々正しい文章をひたすら意味を理解し覚えることでした。

新しく加わった分野は先生方から教わったり、問題集をもらったりしました。勉強を進めていくうちに、去年過去問で通った記憶がある、先生からもらった問題集では、新カリキュラムでも過去問で出ていた問題が新カリキュラムに別な形で入っているのかということが度々ありました。去年飽きるぐらいに読んでいたことは決して無駄にはなっていなかったのです。

そんなこんなを繰り返すうちに社養協模擬試験がやってきました。去年と比べて勉強量も少なく、正直開き直っていた面もありましたが、82点と点数が取れていて驚きでした。一応合格圏内には届いていてほっとしました。12月の中央法規の模擬試験では88点で点数は届いていなかったものの、自分なりには安定していると思い、今までやってきたことは無駄ではなかったんだとこの時初めて実感しました。それからも今まで通り、過去問2年間分の模擬問題集を限られた時間のなかでひたすら読み返しました。

2009年も終わる大晦日の日は仕事が終わった後、友達と呑み会を開催していました。今年もやれるだけのことはやったんだから最後の日ぐらいはゆっくりしようとひたすら呑みまくりました。去年は不安で、「どうしよう、どうしよう」とばかり考えていたのに今年はなぜか、死ぬわけじゃないんだし、どうせ落ちたらまた来年また受ければいいしと一度落ちている分、変な余裕がありました。

年も明け、2010年のスタートは夜勤でした。世間はみんな休んでいるのに、職業柄仕方のないことなんですが、「これが社会人ってやつなんだな～」と実感していました。夜勤明けの日は1日ゆっくりして、3日から気持ちを引き締めて取り組みました。正直この時期に入ってくると、落ち着かなくなり参考書等を読んでいても頭に入ってきません。自分だけかも分かりませんが、人間の心理としてこれが普通なんだと言い聞かせ、見ないよりかは見た方がいいのだと思い、本を眺めているだけでした。職場の協力もあり試験までの3日前から休みをいただきました。試験前日は先生方に今までのお礼に回ったり、得意の願掛けに神社やお墓参りに行き、後はなるようにしかならないと気持ちを落ち着かせていました。

2回目の国家試験

今年は試験会場が違い、自宅から近い情報高校になっていました。会場に着くとどっかで見たことがある連中がいました。去年一緒に頑張った仲間がたくさんいて、受かっていそうな人たちがいて驚きました。やっぱり国家試験は何があるか分からないな～と実感し、軽く同窓会になっていました。部屋に入り去年味わった雰囲気が戻ってきました。周りの人間がなぜか気になり、「みんないろんな参考書読んでいるな～」とか訳の分からないことまで考えていて集中できませんでした。

ここまできたら後は神頼み!! 問題用紙、マークシートが届き待つこと数分……。去年とはまた違った気持ちでした。今年は社会人しながらの受験で時間はあまり取れませんでしたが、やっぱり周りの支えがあってなんとかこの日を迎えることができました。試験が始まり、去年の苦笑いも忘れ、2年分の辛かったことや、去年の悔しさをぶつけてやろうとなんの根拠も無いのに、自信とやる気で突っ走っていました。午前も午後も時間一杯使い無事に終えることができました。やっぱり2回目を経験してみても、あの終わった後の爽快感は忘れません。

「さて今年の結果はどうかね～」。そんな感じで自己採点をすることもなく合格発表日を待っていました。

2回目の合格発表

合格発表日は休みをいただき、朝早くから起きてそわそわしていました。発表までの時間、自分の番号を何度も読み返しとうとう時間がやってきて、パソコンを開き、自分の番号を探しました。奇跡じゃないのかと驚きました。そうです、番号があったのです。何度読み返してみても信じられなくて、親に確かめてもらってやっとこれが現実なんだと思いました。1年目、不合格だった時は不思議と涙すらでませんでしたが、今年は、喜びと2年分の辛かった思いが混じり、涙が止まりませんでした。合格後はすぐにお世話になった先生方に報告に行ったり、応援してくれた友達や職場の上司にも電話で報告をしました。何よりも、大学の高い授業料を払ってくれた親に対し最低限のお返しができたことが嬉しかったです。

おわりに

後輩の皆さん、国家試験は確かに自分にとってとても試練だと思います。苦しい日々が続くかもしれません。でも自分で決めたことは最後まで諦めず貫き通してください。なんらかの形で必ず自分に返ってきます。国家試験の勉強はとても単調で飽きると思います。取得を目指す理由は人それぞれだと思いますが、せっかく社会福祉学科に入ったのですから、その証、つまり集大成として資格取得を目指して頑張ってください。受験勉強を通して、周囲への感謝の気持ち、温かさ、人を思いやる気持ち、絶対に自分に負けないという気持ち等数々の思いを経験し、受験する以前の私に比べて気持ちが強くなったと思います。

2年間を振り返ってみると数え切れない程苦しいことがありました。その中で楽しいことを見つけるのも一つの息抜きになっていました。

人生の内のたった数カ月です。大学生活の集大成として、思い出として頑張ってください。皆さんが頑張っていると思うと、私も負けずにはいられません。出来の悪い私が2年越しではありますが、合格できたのは最後まで諦めたくないという気持ちがあったからだと思っています。

お互いに頑張りましょう‼（2011年3月　第10号・P51－55）

54歳でも合格するという話

鹿児島大学大学院教育学研究科教育学コース1年
2006(平成18)年3月卒業　**大林　和子**

社会福祉士国家試験に合格しました!

54歳で社会福祉士の国家試験に合格しました。国際大学からの受験生では、史上2番目の「高齢者」なんだそうです。ほめていただけてうれしいのですが、ちょっと複雑な気分も……。

試験勉強はいつから始める?

早いほうがいいのでしょうね、やっぱり。でも、4年生の10月から初めて、合格した先輩がいましたから、いつからでもいいのだと思います。でも、「でも」をもう一度。

1年生、2年生では、国家試験のことは考えない。3年生になろうとするとき、どのコースを選択するか悩んで、ほっとする間もなく実習。卒論のテーマを決めなければならない、他学部の友人達は就職活動を始めているという3年生後期。受けておいたほうがいいかなと、国家試験受験講座を受講するも、まだまだ先の話とうかがいすごす。4年生になって、教職をとる人は教育実習、精神保健コースは6週間の実習、介護コースは長期休みの度に実習です。卒論の締め切りは迫る、就職は決まらない、ウワー、どうしよう、国家試験ダー、というパターンにはまらないよう、どうぞ、早くから準備してください。ちなみに私は1年生から過去問題集を買いました。履修した科目の過去問はそのつど解きました。過去問から期末試験に出題される先生もおられるので、チェックして損はないです。○○先生、ばらしてすみません。

さあ、受験勉強、その前に!

絶対に合格する、という気持ちを持つことです。

国家試験は入試や就職試験と異なって、60%の正答があれば合格するのです。１００％正解しろとか、80％正答でなければならないというのではありません。60％正答すれば、全員合格です。最初から合格率30％に恐れをなさないで!!　合格率の「ウソ」に負けないで!!　精神保健コースで社会福祉士と精神保健福祉士をダブル受験する友人達は、毎年９割以上の合格を果たしているではないですか。彼らは合格しなければ、内定が取り消されることがあるので心意気が違っています。見習わないといけないと思いました。

国家試験は、1月の最終日曜日です。第18回国家試験当日は天気もまあまあでしたが、２年前の第16回試験当日は大雪で、受験会場にたどりつけず受験をあきらめた人もあったと聞きました。天気予報の長期予報はチェックです。

インフルエンザの流行する時期でもあります。医療機関では、10月頃から予防接種の案内をしています。受けておくことをすすめます。虫歯の治療や、眼鏡の調整もすませておきたいです。食事はきちんと摂って、健康第一です。

勉強の方法は?

受験講座は受講したほうがいいと思います。できるなら３年生から受講することをお勧めします。受験講座では「過去問は5年分」「ワークブックで重要項目を再確認」「六法にもどれ」など、先生方が必勝法をコーチくださるのですが、4年生後期ではもう時間がありません。寒くて、寝不足で、疲れていると、その励ましが逆効果になって受験前からあきらめモードに入る人もあります。３年生で受講し、近年の試験問題傾向や、１・２年生で履修した以後、変わった法律や制度について理解を深めておくことはその後の勉強の指針になります。

4年生の先輩たちの勉強の仕方を見ておくのも参考になります。（心理学の講義で、人は見るだけでも学ぶことができると習いましたが、あれは誰の説でしたか、国家試験にでますよ）

そこで、私の勉強法ですが、過去問中心でした。過去問を繰り返しやり、解説を読み返し、関連する事項をテキストや六法で確認しました。ともかく、過去問でした。過去問を80％を解けるようになり、試験でさらにその80％を解くことができるようにとすると、80％×80％＝64％の問題が解ける、よって、合格点に達するという単純な計算を信じました。信じて、それを貫きました。「ワークブック」は3年生で買いましたが、内容が概略すぎて、役に立った気はしませんでした。でも、社会学や心理学、医学概論などの基礎科目は、一通りの知識を整理するにはいいかもしれません。六法は最新のものを準備しました。出版社によって、法が変わった部分に傍線を引いてある六法もありますから、その方がいいかもしれません。

過去問だけをやったと言いましたが、1年生からその年の問題集をやったので、4年分です。多くをやればいいというのでもないようです。あまり古いと法制度が変わってしまっていて、かえって混乱します。3年分やればだいたいの傾向もわかります。ですが、17回試験、18回試験と連続して、それまでの傾向とかなり変わっていたので、5年分位やるのがいいかもしれません。それでも1科目たった50問です。

試験1回分ずつをやっていくやり方もありますが、私は1科目ずつ4回分をかたづけていきました。最初の1回だけは解説までていねいに読み、わからない部分を調べなおしながらやるので時間がかかりますが、一通り通ったら、毎日1科目40問ずつを、繰り返し解きました。13科目で2週間、2回通すのに1カ月ならば、そう負担にならずにできます。最初に紹介した先輩は、この方法で3年間分の過去問を6回通してやって、他は授業で使ったテキストや六法しか使わずに、合格しました。

模擬問題集は使いませんでしたが、ゼミの先生が福祉新聞に掲載された模擬問題のコピーを準備くださった分をやりました。

模擬テストは受けました。時間配分や、試験会場の雰囲気を体験するのに役立ちます。国家試験の時間は1問1分半、科目によっては問題文の長いもの（社会福祉援助技術事例問題）もあります。1科目でも無得点があれば、60％得点しても不合格になりますから、時間配分は大切です。また、午前80分、午後110分は長いです。だれずに、最後までモチベーションを維持し続ける気力もいります。模擬テストはそれを実体験するよい機会です。

めざせ、全員合格！

私は、普段ひとりでボツボツとやりながら、週1回は図書館のグループ学習室を借りて5人での勉強会もやりました。大学が自習室を準備してくれていますし、友達と確認しあいながら勉強は、励みになります。

私たちは国家試験を受けることを含めて、社会福祉学科を選んで入学してきました。福祉現場で働くかどうかに関わらず、私たちが社会福祉を学んだことの証として、国家試験に挑戦しましょう。前にも述べたとおり、国家試験は全員合格ができる試験です。54歳でも合格しました。

来年の合格記は、ぜひ、あなたが書いてください。（2007年3月　第6号・P37－38）

精神保健福祉士・社会福祉士　W合格　「取ったど～！」

社団法人鹿児島精神衛生協会大隅病院
浜崎　真理恵
2008（平成20）年3月卒業

はじめに

誘っていただいた時、まず、鹿児島国際大学の社会福祉学会誌『ゆうかり』に私のような者の文章を載せて良いのだろうか……と思いました。しかし少しでも後輩の皆さんの役に立てればと思い、書くことにしました。

私は、平成20年4月から鹿屋市にある大隅病院で精神保健福祉士として働いています。大学4年間を振り返りながら、合格までの道のりを書いていこうと思います。

きっかけ

なぜ私が精神保健福祉士になろうと思ったのか？　それは両親が精神科病院で看護師として働いていたことがきっかけでした。医療の現場で働きたいという気持ちは小学生の時から持っていました。看護師にも憧れましたが、幼い頃から両親の忙しい姿を見て、寂しい思いをした私は、「わざわざ忙しいと分かっている職業には就きたくない」と考えていました。もう一つはカウンセラーや相談員という職業に興味があったからです。「精神科病院で働きたい」という気持ちが、なぜかずっと心にありました。

高校3年生の進路を決める時期に、県内の大学を探していた私は、国際大学のパンフレットに目を通しました。福祉にも大変興味があったので社会福祉学科のページを読み、そこに『精神保健福祉士』という文字を見つけました。その瞬間「これだ‼」と運命を感じたことが決定打だったと思います。

大学生活の大部分は……

国際大のバドミントン部が県内でもトップということを知っていたので、小学3年生からバドミントンを続けていた私は、なんの迷いもなく入部しました。

大学に入っても毎日バドミントン漬け。休みの日は試合、プライベートもバド部の仲間と過ごしました。授業についても頼もしい先輩方にたくさんのことを教えていただき、順調（?）に単位も取ることができました。1、2年次に主務、3年次に副主将という仕事も任せていただきました。バドミントンも大好きですが、バドミントン部の仲間も大好きでした。今更ながら、バドミントンがなかったら生きて来れなかったと思っています。

ついに4年生……

その前に、3年生の3月、春休み。医療福祉コースに入るためのレポートに追われました。勉強嫌いな私が、入りたい一心でレポートに時間を費やしました。頑張った甲斐もあって、無事、医療福祉コースに合格することができました。

ここからが試練でした。バドミントンが大学生活の大半を占めていた私にとって授業・実習・実習報告会・国家試験の勉強……という現実を目の当たりにした瞬間、「もうだめだ……」と4年生の4月の時点で感じていました。仲のよい友達もいないし、このままカリキュラムをこなしていけるのか不安でいっぱいでした。

6月からの病院実習。精神科病院で働きたいという気持ちが現実的になってきました。入院中の患者さんや授産施設、生活訓練施設、デイナイトケアの利用者さんに大変可愛がっていただくと同時に、この人たちに私はどういう支援をしていけるのだろうと考えていました。

実習と平行して行ったのが就職活動でした。大隅病院の求人は6月にはでていました。是非鹿屋で働きたいという私の気持ちと、求人のタイミングが合致しました。ここでもまた運命的なものを感じました。すぐに大隅病院に電話をし、面接に行き、その後は論文提出や2次面接等あり11月に内定を頂きました。

内定をもらったものの……

もちろん病院採用の絶対条件は「精神保健福祉士国家試験合格」です。分かってはいるものの、とてもプレッシャーでした。大学の普段の定期テストの成績も全然良くなく、やる気だけで医療福祉コースに入れたと思っていたので、私が国家試験に合格できるのだろうかと不安だらけでした。

しかし、勉強嫌いでバドミントンしかしてこなかった私には、「自分の決めたことは簡単に諦めない」というのが頭の中にあり、「絶対負けない」という自信に繋がったと思っています。

受験勉強

地獄でした。勉強が嫌いな上に勉強の仕方が分からない、要領は悪い……。今までの自分を悔やみました。すぐに結果に出ないので、辛いし不安でいっぱいでした。しかし、仲間の声掛けもあり週に1～2回のグループワークをしていました。これが私の合格には欠かせないものだったと今でも思っています。勉強ができないなりに、できる人から方法を聞いたり、真似をさせてもらいました。自分なりの勉強方法が見つかるまでは相当苦戦しました。あとは、先生から教えていただいたプランニングです。

例えば、

○月○日

7：00・起床

9：00・大学図書館

　2時間　公的扶助論

　1時間　精神保健福祉論

12：00・昼食、休憩

13：00・大学図書館

　2時間　精神医学

　15分休憩

　2時間　グループワーク

　15分休憩

　2時間　社会保障論

　15分休憩

　1時間　精神保健福祉論

21：00・勉強終了

22：00・帰宅

　・ご飯、お風呂、明日の準備など

24：00・就寝

という大まかなプランを立てました。プランニングをしても必ずしもその通りにはいきません。むしろ、いかない方が多いです。それでもいいのです。〝やったこと〟を記入し、過去問を解いた時には「10問中○問正解」と記録しました。書くことにより具体的に何をすべきかを思い浮かべやすくなり、出来なかったことや、こんなことをした方がよい等、次に繋げやすくなったことは事実です。出来たことに対しては自信が付いたし、出来なかったことに対しては、どうしたらうまくできるだろう、どうしたら出来るようになるだろう等考えるチャンスや練習にもなりました。

あとは、自分自身が『勉強せざるを得ない環境を作る』ことを心がけました。周りの人たちと同じように時間を使うのでは、出来の良くない私は合格できないと思っていたので、【とにかく必ず毎日大学の図書館へ行き、勉強をする】という目標を立て、車で40〜50分かけて大学に行き、勉強しました。日曜日は学生ホールで勉強。大学祭やセンター試験などで大学が使用出来ない時は帰省し、自分の部屋へ閉じこもりひたすら勉強していました。２００７年から２００８年になったことにも気付かず、過去問を解いていました。カウントダウンくらいはする予定だったのですが、時計を見たら0：01だったのです……。

12月の模擬試験で63点だった時には不安でしょうがありませんでした。泣きながら「こんなに勉強してるのに、まだ勉強しろって言うの？　こんな勉強意味あるの？」とまで考えました。何度も諦めようとしました。しかし、絶対諦めない、諦めたら負けだという気持ちがありました。また、毎年医療福祉コースの合格率は高かったので、「先輩たちも頑張ったのだから、私も頑張ればできる」と思っていました。

国家試験

自分のできることはやったので、受験で福岡に行く前に、いくつかの鹿児島の神社にお参りしました。お墓参りにも行きました。その甲斐あってか、コンディションは万全で試験に臨むことができました。試験用紙が配られてそれを開くまでの間のことでした。辛かったこと、仲間と勉強したこと、模擬試験で悔しい思いをしたこと、みんなからの励ましの言葉など、今までのことが走馬灯のように思い出されました。

１日目は、終了後会場で泣きました。難しかったんです。もうダメだと思い、思わず母に「ごめん」と電話をしました。すると「泣いたって仕方ないがね、済んだことは。明日もあるんでしょ。そっちに集中せんね」と一喝されました。改めて母の優しさを感じました。ホテルに戻り気持ちを切り替え復習をしました。２日目も無事終わるととりあえず終わったという安堵感がありました。

次の日、自己採点をしました。手の震えが止まりませんでした。一応合格圏内だったものの、あの緊張感は二度と味わいたくないと思います。

合格

大学のパソコンで合格速報を見よう、そしてそのまま先生方のところへ行き報告をしようというプランを前々から練っていました。

当日、大学へ車で向かいました。13時からの合格発表ですから13時半前に着くくらいの予定で運転していました。あと5分という時、携帯電話が鳴り、車を停め見てみると内定をいただいている病院の事務長からでした。「合格していましたね」という言葉を聞き、喜びと同時に「まだ自分で見ていない」という複雑な気持ちになりました。「本当かな」と自分で番号を見ない限り信じることができませんでした。でも「合格」と事務長から聞いた時に、思いっきり大きな声で喜んだことは覚えています。このような形で合格を知るとは思ってもいませんでした。

現在の私

大隅病院のデイケアで働いています。〝愛し愛されるPSW〟を目指して日々仕事をしています。毎日利用者さんの変化やデイケアの変化があり、職員からも丁寧にご指導していただいています。精神保健福祉士として働くためには、まず〝その人を知る〟ということからだということを学ばせてもらっています。そのためにはやはり〝浜崎真理恵〟として関わることが大切ということが分かってきました。

私のモットーは【素直さ・謙虚さ・感謝の気持ち・笑顔】です。【素直さ・謙虚さ】は高校のバドミントン部の顧問の先生にいつも言われていた言葉です。【感謝の気持ち】は忘れてはならないことだと、受験勉強を通じて改めて感じさせられました。職場でも「ありがとうございます」の気持ちをきちんと言葉にすることを心がけています。

【笑顔】は勤務するようになり、「どうやったら慣れない所でいろんな人とコミュニケーションをとれるようになるかな」と考え、試行錯誤し辿り着いた結果でした。笑顔を心がけていると、嫌なことでもなぜか素直に受け止めることができますし、周りの人もたくさん声をかけてくださります。

泣く日も多々あります。自分なりにプランを立て、スーパービジョンもしていただいています。とても充実した日々を送っています。精神保健福祉士として働けることに感謝しています。

おわりに

後輩のみなさん、国家試験は確かに試練かもしれません。苦しい日が続くかも知れません。でも自分で決めた道を簡単に諦めないでください。絶対に何らかの形で自分のためになるからです。努力は報われますし、それ以上に私は、仲間の大切さ、自分に負けないという強い気持ち、周囲への感謝の気持ち、他人を思いやる気持ちなど数え切れないほど学ぶことができ、精神面で成長したと思います。振り返ると苦戦苦労しましたが、それ以上にたくさん得るものがありました。

私はこれからも精一杯、一生懸命頑張ります。皆さんと一緒に頑張っていきたい。後輩の皆さんが頑張っていると思うと、負けないように頑張らなければという励みになります。

ここまで読んでいただきありがとうございました。私の文章が、少しでも皆さんの力になればと思います。先生方にも相当心配されていた私がW合格できたので、「やればできる」ということが現実味を帯びてくるのではないかと思います。

一緒に頑張りましょう!!（2009年3月　第8号・P36－38）

白いキャンパス

医療法人尚和会　南九州さくら病院　安留　綾乃
2012（平成24）年3月卒業

プロローグ

その頃の私は、それなりにキャンパスライフというものを楽しんでいた。具体的に何が良い思い出としてそこにあるのか、自分でも正直なところハッキリとは分からない。何かのサークルに入っていた訳でも無し、だからといって特に没頭できる趣味があった訳でもない。友達がたくさんいて遊びまくった！　オールナイトしまくったというわけでもない。振り返って結果的に、「楽しかった」と言う感想が出る感じ。まぁ、そんなものだろう。終しまい。としたいところだが、そのようなことをするとこの原稿の依頼主に何か言われそうなので、一つあげてみようと思う。大学生活の中でも特に後半は「楽し」くもあったが「充実」したものでもあった。そして同時に「辛く」もあった。一見矛盾しているそれらは、「人との出会い」を契機に、「自分と向き合う」機会をくれ、淡々と過ぎていくだけだったキャンパスライフに色を添えた。

真空のゆらぎ

先に断っておくが、私はとても人見知りで、ハッキリ言って友達も少ない。おそらく、小学校時代の同級生で私のことを覚えている人は少ないだろう。そんな私が、出会った数少ない貴重な友人や、先生は現在に至っても、自分の中でとても大切な存在だ。「自分と向き合う」機会は様々なところに散らばっているものだが、普段は何となく見過ごしてしまったり、見ないふりをしてみたり。おそらくそれは、自分の中の変なプライドや、ある意味での怖さと言うものが邪魔をしていたのかもしれない。そして、その怖いものに対して立ち向かう機会と、勇気をくれたのがある友達と先生であった。

零十1

それは、卒論を通しての出来事だった。卒論はハッキリ言ってキツい。国家試験の勉強に突っ走りたい気持ちと葛藤しながら、取り組むことになる。だからこそ私はその題材に、自分の将来役立ちそうなものを選んだ。また、たまたま同じ題材に興味を持った友人が居た為、共同で取り組んだ。ある意味この二つのポイントは、モチベーションを維持することにとても有効であった。しかし、後者は先生の歴代教え子の中で、未だ共同で卒論に取り組んだ者がいないとの事だったため、じゃぁ、やってやろうじゃないかという、軽い気持ちだった。

結果的に言えば、前にあげた二つのポイントに励まされ、2人は無事卒論を書き上げた。しかし「自分と向き合う」というテーマは、すべてクリアできたとは言えない。ここでは具体的に述べないが、それくらい難しくて、勇気のいる作業だった。しかし、友達や先生からもらった「私」という客観的視点は、今でも大切な宝物だ。そして、それと向き合ったことで、自分が今どう感じ喜怒哀楽の感情が生まれたのか、自分自身へ問いかけ考えることの大切さを知った。

転機

と、まぁ、こんな風に苦労しながらもある意味順調に、キャンパスライフを送っていたが、そのあとに待っていた大きな山は前の苦労の非にもならないほど、大変だった。それは、卒論と平行してなんとか行っていた国家試験勉強なのだが。私は一人でもくもくとするタイプだった為、グループワークをしている友人たちを見ると焦りや不安を抱くことが多かった。そうこうしているうちに、国家試験終了。二つ受けたうち、一つを落とした結果となった。

優柔不断

さて、ここからが本題だが辛うじて受かった資格を利用して、なんとか就職した私はある悩みに直面した。それは、落とした国家試験を再度受けるかどうか。だが、自分は現実的だった。何かの先生が言っていたが、卒業後再受験の合格率は現役生よりも格段に下がる、と。それだけは避けたかった。少しでも、可能性は高い方が良い。私は、単純だった。

孤独な戦い

そんなきっかけで、再度挑戦を挑むことにしたが、現実はそう甘くはなかった。仕事は一から覚えることが多く、上司にアドバイスをもらい、失敗しながらもなんとかこなす。慣れない業務と人間関係に疲労困憊しながら、夜は勉強と言う生活。唯一救いだったのは、実家暮らしだったことだったが、プレッシャーでもあった。毎日のように、「あの時受かっとけば」「勉強はちゃんとしてるの？」と言われる。言われて当然のことだが、精神的にキツいものがあった。ただ、家族がこう言いたくなるのも分かる。自分はこのとき、家族がいる前で勉強をしていなかった。だから、家族がこう言うのも仕方のないことだった。

そんな勉強法は以下の通り。
家では基本、家族が起きている時間帯に、勉強しない。時間を決めてやる。
スキマ時間にやる。
遊ぶときはテストのことなんか忘れて、思いきり遊ぶ。

一言で言えば、ｏｎとｏｆｆの切り替えをしっかりするといったところだろうか。勉強するときはする、遊ぶときは遊ぶ。思った以上に、受験勉強の時期は自分の心に余裕が無くなりがちで、不安と焦りにかられるものだ。その為、その切り替えがうまくできなくなる。元々、自分は焦りなどが無くても、切り替えは苦手だが。

急がば回れ

そんなこともあって、10月頃までは焦りだけが先走り、長時間ガッツリ勉強をしようとし空回りしていた。思うようにはかどらず、計画倒れ。疲れがたまり、体調を崩すことが多かった。しかし、そんな中でも要点のまとめられた教材を何時なんどきも持ち歩き、気が向いたスキマ時間に見る事だけは、なんとか継続していた。11月、焦っている自分に気づいた。ただ、焦っているだけ。投げ出してしまおうかとも思った。そんなとき、ふとある先生のことを思い出した。その先生はある授業の中で、働きながら、5年越しで国試に合格したことを授業で話していた。私は、思った。先生でさえ、5回目で受かったのだと。そう考えたら、心が少し軽くなった気がした。

形勢逆転

その後は、焦りがありながらも先生の経験に励まされ、無理のないスキマ時間＋早朝の短時間を中心とした勉強法に切り替えた。具体的には前述の教材と過去5年間の過去問、そして携帯の過去問アプリ.（無料）を利用した。法改正等の為、解答が変わっている問いもあり確認作業は丁寧に行った。また、出題形式や問題数も変わり時間配分に注意が必要だったため、教科毎に配分できる時間を確認。私はとにかく睡眠欲求が半端ないので、平日は科目別に時間を図り解く方法を、休日は本番を意識した過去問1回分を解く方法をとった。が、最低5時間はかならず寝た。

決闘の日

こうして、まとまった時間が確保できなくても、スキマ時間を最大限にいかし取り組んだ。ちなみに、模擬試験は一切受けなかった。

そして本番。寒かった。広い教室にストーブが二つ程。そんなんじゃ暖まらない、と内心思った。そして、何この雰囲気。スタートと同時に鉛筆を持つ。いやー焦った。いくつか前回と異なった問題形式のものがあった（こんなん知らんし）。とりあえず、それに注意しながらギリギリ時間内終了。2、3問程しか見直しする時間はなかった。しかし、やることはした。落ちても悔いはなし。そんな気持ちだった。

エピローグ

結局のところ、何が言いたかったのかと言うと、日々過ごしている何気ない日常の中に未来に続くヒントが隠されているのではないか、と言うこと。今分からなくても、5年後10年後その経てきた時間の大切さに気付けたならば、恐らくその先も人生を楽しめるのではないか。私は「人との出会い」から、自分の知らない世界を知り、それを通して辛くもあったが自分と向き合い、自分の弱さも知り、同時に強さも知り、それを自信に変え、無事逃げること無く国試に臨み、合格できた。だからあなたは、あなたなりに今を大切に生きてほしい。

あなたが今、頑張っていることはなんですか？（2014年3月　第13号・P52－54）

やるっきゃない——私の福祉への道——

特別養護老人ホーム　以和貴苑　堀田　真紀
2011（平成23）年3月卒業

はじめに——将来の夢は、老人ホームで働く

合格体験記と言う事で何を書いたらいいのか分からなかったので、まず私が福祉を目指したきっかけから書こうと思います。それは、小学校の職場体験で地元の老人ホームに行ったことだと思います。私は高齢者が多い田舎に住んでおり、高齢者は当たり前の存在でした。同時に祖父母がとても好きでした。老人ホームの光景を見て、私も高齢者施設で働きたい、祖父母が老いた時、面倒をみたいと思いました。

その頃は介護士という言葉を知るわけもなく、将来の夢は何ですか？と聞かれた時「老人ホームで働く」と言っていました。周りの友人は看護士さんやスポーツ選手とか言っている中、今思い出してもじいちゃん、ばあちゃんが本当に好きだったんだなと思うと同時に、自分の置かれた環境にとても感謝しています。

大学に進学した理由

その夢はずっと変わらず、高校で福祉を学び、無事国家試験に合格して介護福祉士の資格を取得し、夢が現実に近づきました。高校3年の時、進学か就職かと聞かれ、初めは夢である老人ホームに就職しようと思っていました。しかし、担任の先生に国際大学の社会福祉学科を教えてもらいました。福祉をもう少し学ぶのもいいのかなと思いましたが、センター入試も受けたことがない私が大学の授業についていけるなんて想像もつかない。まして、社会福祉士の国家試験合格率は3割ほどなのに、私なんかが行って、勉強についていけるのだろうかなど、頭に浮かぶのは不安ばかりでした。しかし、両親に「興味があるんだったら行ってみれば」と言われ、とりあえず頑張ってみようと思い、大学への進学を決めました。

大学生活3年間を振り返って

大学入学当初、私は他の人以上に勉強しないといけない、頑張らなきゃ、と思っていましたが、その決意はいつの間にか隅っこにしまっていました。しかし大学生活はとても充実したものでした。親に甘えてばかりではだめだと思い、アルバイトをはじめました。せっかくだから役に立つアルバイトをしたいと思い、近くにある特別養護老人ホームで働きました。朝6時から働き、すぐに大学、そして夕方もアルバイトという日がほとんど。老人ホームと掛け持ちでイオンでも働いていた時期もあり、バイト三昧の毎日。その上、サークルや学友会も加わると、自ずと自分の時間は少なくなっていました。

そんな多忙な毎日でしたが、とても充実していました。たくさん働いて、たくさん遊んで、たくさんの人に出会い、多くのものを得ました。もちろん授業は欠かさず行っていましたが、テストが近くなるといつも焦っていました。大学3年までの勉強は定期試験で単位をとる為の勉強だったと思います。

あっという間に4年生――両立という壁

4年生になり、私は医療福祉コースに進みました。社会福祉士を基礎として精神保健福祉士が必要になるので受ける国家試験が二つ。精神保健福祉士の国家試験合格率は8割ほど。不安とプレッシャーでいっぱいでした。4年生はたくさん勉強しないといけない。

さすがにアルバイトと学友会を辞めるべきか悩みました。本当は辞めて勉強に専念すべきだろうが、特に学友会は途中で引退したら迷惑かけるし、4年になれば、部長職が待っている。もし国家試験に落ちたら、きっと後悔するし、ましてやせっかく大学に進学させてくれた親に一番申し訳ない。両立という選択肢は無謀だと自分で分かっていました。他人以上に努力しないと合格なんて出来ない。悩んだまま学友会は代替わりの時期になっていました。私は結局そのまま学友会に残っていました。不安でいっぱいでしたが、迷っているのであったらやってみようと思いました。学術文化会福祉系企画部長として務めることになりました。

4年生は今思い出しても本当に大変でした。学友会に入っていなかったらと、正直めげた時期もあり、学友会の先輩や同期に何度も弱音を吐いたと思います。しかし、投げ出すことはしませんでした。弱音を吐きつつ、頑張らなきゃと自分に言い聞かせていました。頑張っていると認めてくれる、励ましてくれる学友会や医療福祉コースの皆がいたから、頑張れたと思います。また、生活費を稼ぐ必要もあるからアルバイトは続けていました。老人ホームで高齢者と関わりながら、今まで目指してきたんだから大丈夫と原点に戻り、人と関わる中で自分を振り返り、仕事だけど息抜きになっていたと思います。

国家試験まであと少し

11月下旬の大学祭が無事終わり、ようやく学友会の仕事は落ち着きました。アルバイトは生活費を稼ぐ必要があるので続けていましたが、それからは、国家試験の勉強に必死で励みました。その頃、自分の時間がある事がとても嬉しかったです。「大丈夫」と自分にいい聞かせ勉強に励み、しかし、今まで充分に勉強出来ていなかったので怖くてたまりませんでした。時に学文室（学術文化会部室）で勉強して皆に頑張れと励ましてもらったり、少し休憩がてら皆と話してリフレッシュ。

もっと早く勉強出来てたらと思うこともありましたが、学友会に入った事を後悔はしませんでした。確かに時間はなく、心に余裕のない毎日でしたが、学友会で得たこともたくさんあります。たくさんの仲間に出会い、たくさんの経験、そして充実した毎日が送れたのは学友会があったからだと思います。その頃の私は、もちろん自分の為にでもありましたが、学友会に入ったことを後悔したくないと言う思いもあり勉強していました。

私の勉強法として

勉強法ということになると、話は少し遡ります。4年までは、課題やテスト勉強はしっかりしましたが、それ以外はアルバイトや学友会に明け暮れていました。4年の夏休み、さすがに勉強をしないといけないと思い、社会福祉士と精神保健福祉士両方の中央法規の過去問題とワークブックを買いました。しかし、精神保健福祉士の実習や課題をやる中での勉強は進まず、最初は、ワークブックをただ読んでいるだけでした。

あっという間に夏休みも終わり、後期前半は、学友会の仕事、精神の実習事後課題に追われました。10月、11月と月日だけがあっという間に流れ、大学祭が終わった11月下旬から①ワークブックを1分野読む、②その分野の過去問題の問題を読み、次に解説を読むを繰り返し、解けるかもと思ったら過去問題を実際に解いてみました。初めから1問ずつ解いていきたかったのですが、私にはそんな余裕がありませんでした。難しいところや分からないところも、とにかく読んで、意味が分からなくてもノートにとりあえず書きました。すると、この用語は見たことがある、同じような文章があったようななど、後からそういうことかと、分かるようになりました。たまには難しそうな問題も解きましたが、やはり分かるわけがなく、分かりそうな所だけ解きました。また、今日は何ページ書く、何ページやるなど目標を決めると集中力が無くなりそうになった時頑張れました。国家試験は幅広く出題されるのですが、正しい内容を選べばよいので、問題を見たときにこれ見たことあるでよいのです。ワークブックに載っているような事柄を一つ一つ確実に覚えていく事が大切だと私は思いました。

自分に負けないぞと猛勉強しましたが、模擬テストの点数は80点の壁がなかなか越えられず、とても悔しい思いをしました。しかし、本番に点数を取れたらいいんだと勉強方法は特に変えませんでした。集中力が続かない時は場所を変えたり、自分に負けそうな時は、図書館に行き、みんなが勉強している姿や、「これなんだっけ」などの話し声を聞きながら、「やばい。みんなに追いつかなきゃ」と心で思いながら勉強しました。実は、最後の模擬試験まで80の壁を越えられませんでした。自信がない状態で本番を迎えましたが、なぜか出来ると信じていました。

無事、国家試験が終わり

試験が終わりほっとしましたが、合否が分かるまで不安でした。合格発表の日、合否をみる為に気付いたら図書館のパソコンの前に1時間前から座っていました。自己採点はしていましたが、正直とても怖かったです。結果は社会福祉士と精神保健福祉士どちらとも合格していました。2度確かめてようやく合格したんだと確信し、すぐに親に報告。とても嬉しかったです。

自分で選んだ大学生活を後悔する時期もありましたが、たくさんの仲間がいたから私は頑張れたと思いますし、合格できたと思います。多忙で苦しい毎日でありましたが、今は学友会もアルバイトもサークルもやってきて本当に良かったと思っています。国試が終わり、私が学んだ事は、やれば出来る。とりあえず頑張ってみるということです。無理だと思い、諦めるのではなく、無理でもいいからとりあえず「かたち」からやってみることが大切だと思います。勉強方法ややる気のスイッチなど人それぞれですが、自分のやり方がきっとあるはずです。頑張ってください。

おわりに

ここまで書きながら自分を振り返り、このような機会をもらったことを感謝しています。現在、社会人となり、ようやく仕事にも慣れてきましたが毎日が大変です。しかし、楽しく仕事をさせてもらっています。学生のみなさんへ。大学生活は一度しかありません。また、たくさん遊べて、そして、勉強できる時間をつくれるのも今だけだと思います。充実した学生生活になることを願っています。そして、一人でも多くの人の夢が叶いますように。ありがとうございました。（2012年3月　第11号・P81－83）

頑張ったから今がある

介護老人保健施設ライフハーバーいちき
前下　敏秀
2009（平成21）年3月卒業

はじめに

私は去年の春に、入学当初から目標としていた介護福祉士と社会福祉士のダブル資格を取得することが出来ました。振り返ってみれば大学の4年間はあっという間に過ぎてしまった気がします。つらいことや、きついことがたくさんありましたが、今の私があるのはこの大学生活を悔いなく過ごせたからだと思っています。大学生活の4年間は私の人生のかけがえのない誇りです。

今回は主に、その4年間の集大成とも言える国家試験受験前後の私の1年間について皆さんにお伝えしたいと思います。

恐るべし実習時間数！

私は、介護福祉コースに所属していました。介護福祉コースは、介護福祉士と社会福祉士のダブル資格取得を目指すコースです。他の社会福祉学科の学生よりも実習が多く、4年間で介護実習11週間（計3回）と社会福祉実習4週間（1回）、合わせて15週間（計4回）、気がつけば4年間のうちの4カ月間実習をしていたことになります。

さらに、最後の介護実習が4年生の夏期休暇中にあり、社会福祉士の受験勉強を始める時期が遅くなってしまうと、気ばかりが焦りました。実際、介護実習の期間中は実習記録や介護過程立案の疲れからか全くといっていいほど勉強が手につかず、他の学生が勉強をしている姿を見ては焦りの繰り返しでした。しかしながら、いざ実習が終わってみると、実習が終わった開放感からか受験勉強もせず、「どうにかなるだろう……」という安易な気持ちで日々を過ごしていました。

いいかげん、やばい!!

私が受験に対して危機感を持ち始めたのは遅く、10月上旬であったと思います。二つの大きなきっかけがありました。一つは、介護福祉コースの友だちから、〝寝る間を惜しんで勉強していた〟ということばを耳にしたことです。自分と同じく実習もこなしながらも、しっかり受験に向けて勉強をしていたのか……。このことで、実習を言い訳にして、受験勉強から逃げていた自分がすごく情けなくなりました。同じ境遇にある友だちの存在はとても刺激になってくると強く感じました。その友だちのおかげで奮起し、なんとか受験に間に合わせることができ、今はすごく感謝しています。

もう一つのきっかけは、信頼している先生からの喝(!)です。普段はあまり勉強のことを強くは言わない先生だったのですが、無言で離れていきました。最初はどうしてなのか良く分かりませんでしたが、後から講義の最後に受験の取り組みに対しての注意があり、おまけに私は1人研究室に呼び出されて一喝され、やっとその理由が理解できました(というか、あまりの怖さに目が覚めました)。これらのことがなければ今の私はなかった、つまり〝合格〟の2文字を手に入れられなかったと思います。

いざ! 勝負!

自分の考えが甘かったということに気づき、受験勉強に没頭する日々が始まりました。しかし、前述したとおり、他の学生より勉強を始める時期が遅れてしまったため、多くの問題集に手をつける時間がありませんでした。そのため、私の勉強の方法はいたってシンプルでした。

まず、過去問題3年分をひたすら解き続けました。解くといってもただ解くのではなく、1回解いて解説を読み、自分の間違った点はどこなのか、どうして間違ったのかを確認し、覚えるのではなく理解することを意識して取り組みました。この方法を2回繰り返し、それが終われば過去問題の改変問題集の苦手分野を同様の方法で解きました。

それ以外は、介護福祉コースの先生方から戴いた資料や参考書を1冊、片道1時間30分かかる通学時間を利用して読みました。電車の中では女子高生に目を向けるのをグッと抑え、ひたすら参考書ばかりを繰り返し読みました。以上が10月から始めた私の本格的な勉強法です。

多くの問題集を解くというのも一つの勉強法だと思います。その方法は人それぞれでしょうが、やはり一番大事なのは過去問題であると私は思います。同じ問題が出ることはほとんどないのですが、実際に受験を経験した者から言わせてもらうと、過去問題から答えが連想しやすい出題は多かったような気がします。あくまでもこれは私の考えなので、勉強のスピード、方法は自分にあった方法を見つけて勉強し、是非とも〝合格〟を勝ち取ってください。

また、先ほど実習が多かったと述べましたが、確かに実習は、きつかったし辛かった反面、その実習のおかげで、実習での経験と問題を照らし合わせることで状況判断がしやすく、事例問題をはじめ、老人福祉論、障害者福祉論、介護概論などの問題を解く上で、理解がしやすかったのも事実でした。

もう一つの山！

ここまで、社会福祉士の受験のことを述べてきましたが、介護福祉コースにはもう一つ大きな山があります。それは、〝介護福祉士卒業時共通試験〟というものです。私たちの時は、介護福祉コースのカリキュラムを終了すれば自動的に介護福祉士を取得できる養成システムであったため、国家試験を受験しない代わりに〝卒業時共通試験〟というものがありました。この試験は、社会福祉士の国家試験が終わった後の2月中旬に行われました。国家試験が終わった後にまたすぐ試験があるというのは大変だと感じると思いますが、実際にはそれほど大変ではありませんでした。

なぜなら、社会福祉士の試験科目と重なる科目がいくつかあり、社会福祉士の国家試験勉強で身についた習慣と知識がそのまま活かされるからです。また、社会福祉士とは重ならない介護福祉士の専門科目も多くあるのですが、学校で学んだ知識が長い実習のおかげで技術とともに統合されて、自分の中で吸収されてきていることを日々実感できていたため、卒業時共通試験の勉強はそれほど負担にはなりませんでした。その結果、介護福祉コース4年生全員が卒業時共通試験の合格ラインをクリアし卒業することができました。

人生初の経験♥♥

もちろん、国家試験も人生初の経験ではありましたが、私は大学生活の中で勉強ばかりしていたわけではありません。大いに大学生活を楽しみました。友達や介護福祉コースでの飲み会への参加回数は数知れません。また、介護福祉コース4年生では、毎年春休みと夏休みにキャンプにも行きました。国試前のクリスマスの日には、大学に残って勉強していたがばかりに、寒い夜にケーキを買いに行かされ、最初にして最後（？）かもしれない5人の女の子（先生も女の子？）に囲まれハーレムなクリスマス・ナイトを過ごし、幸せ（？）な思いをすることもできました。また、むさくるしく暑い何か切ない男だけの卒業旅行にも行ってきました。しばらくは遊ばなくても大丈夫というくらい遊びました。そのおかげで、就職して、社会人となった今でも大学の友達とは強いつながりがあります。

おわりに

大学は、社会人として社会生活を始める前の最終段階です。社会人になれば学生生活のように何でも自由というわけにはいきません。今のうちにおおいに楽しんで、多くの友だちを作ってください。たくさん恋愛もしてください（国試前は禁！（笑））。振られてナンボ！　人間的に成長できます。社会人になってからストレスを感じたとき、支えになるのは学生時代の思い出、そして学生生活を共に過ごした友達です。そのことを、日々感じています。大学生活の初めのうちから自分の目標を持ち、遊ぶときには何も考えずにひたすら遊ぶ、勉強するときには集中して取り組む。遊びと勉強の区切りをしっかりとつけ、悔いの残らない学生生活を送ってください。（2010年3月　第9号・P50－51）

4章

社会に出てからも、遊び心を忘れずに……

もっとみんなかわいく、かっこよくできたらいいのにな
――シャンプーガールの詩

社会福祉法人太陽会知的障がい者施設しょうぶ学園　支援員（非常勤）
冨貴田　知子
2004（平成16）年3月卒業

はじめに――Fちゃんとの出会い

私だけでしょうか……？　障がいのある人達の多くがボウズか、女性でもスポーツ刈りや家庭内で母親に切られたみたいな髪型をしている事に疑問を感じていたのは……？

その事に気付いたのは、小学生の頃親しくしていた二つ年下のFちゃんとの出会いがきっかけです。ダウン症のFちゃんは、仲良し学級でよく見かけました。私はそのFちゃんがかわいくて、かわいくて仕方がなかったので、休み時間の度に仲良し学級へ足を運びました。すると、そこにいるみんなの髪型が気になり出し、障がいがある方々の髪型に疑問をもつ様になってきました。

なかには美容室や理容室に行かれるので綺麗なスタイルをされている方もいらっしゃいますが、多くの方はご家族によって散髪をされているのではないか……と思われるスタイルをされているという現実がそこにはありました。

そんな現実を知り、幼心に「もったいないな……。もっとみんなかわいく、かっこよくできたらいいのにな……」と思ったのが、今の私に繋がるきっかけです。

ざっくりとしたビジョンでダブルスクール

大学に進学する時、福祉系の大学を探し、地元である国際大学に福祉科があることを知り、推薦で入学が決まった頃、美容師であった母の勧めで美容学校の通信科にも同時に入学しました。その頃は美容師の資格もあれば、きっと就職先の福祉施設で役に立つだろう！というようなザックリとしたビジョンしかありませんでした。そして、大学生活が始まると、点字のボランティアサー

クルとフォークソング部の二つのサークルに所属し、ボランティアをしながら、趣味で女3人でのバンド活動も始まり、居酒屋でバイトをして、手にしたお給料の大半は大好きなお酒と洋服に消えていきました。そんな学生生活は友達にも恵まれ本当に楽しく、プライベートが充実していた分、大学自体がとても楽しくて、自由に遊んで学ばせてもらえたのは、本当に親のお陰だと今改めて感謝しています。美容学校は毎月数科目分のレポートを提出し続け、大学の前期の試験の頃スクーリングといって毎日美容学校に通い、実技と学科の授業を受けなければなりませんでした。なので、大学の試験は必修の科目以外は真面目に出席していた科目でも泣く泣く試験を受けず、美容学校を優先したこともありました。なぜかというと、美容学校は美容室に勤めていなくては通信教育を受けられないシステムになっていましたので、母の勤めていた美容室で私も働いているという事にして入学していたので、口が裂けても大学の試験があるんだなんて言えなかったのです。

心が折れたところから

そんな生活を続けて大学3年の5月、いよいよ美容師の国家試験が迫ってきました。その頃、バンドもライブをしたり曲を作ったりする事にはまっており、正直美容の方はそっちのけになっていました。実際に試験対策のスクーリングが始まった頃、私は落ちこぼれグループに入れられ、基礎から教わらないとならないレベルだったのです。練習する暇は作ろうと思えば、いくらでもあったはずなのに、楽しい事ばかりを優先させて、美容の実技に関して自分が全く手を付けずにいたのが原因なのに、落ちこぼれグループにいる自分が格好悪くて恥ずかしくて、そして周りとのレベルの差を目の当たりにして、完全に心が折れたのです。カットも何もかも全くタイム内に終わらず、きっと私は2カ月後の国家試験までに周りと肩を並べられるレベルまでなれない……。そう思い、美容学校のある先生に「私は絶対に受からないから国家試験は来年受けます」と告げました。すると、その先生は「受かるかもしれないんだからダメ元でいいから受けなさい！」と、返ってきました。

その思いもよらなかった言葉を聞いて、私は色んな思いと涙をこらえきれず泣きました。大事な事から逃げ、出来なくて当たり前の現実を自分が招いたくせに、そんな私にまた一から教えてくれる先生方の優しさと期待、そして何より私の夢を応援してくれている父と母の期待も簡単に裏切ろうとした自分が、とても情けなかったのです。その事に気付いてからは、もう迷うことなく、毎日必死に練習しました。人形を何体切ったことでしょう。指も何回切ったことか……。タイムオーバーになる度、発狂し泣き、それでも切り続けました。国家試験を目前にした頃には、もう落ちこぼれグループから抜け出し、誰よりも早く終わるようになっていたのです。その2カ月前には想像も出来なかった現実を目にした瞬間、諦めなくて良かった、逃げなくて良かった、頑張って良かった！と、心から思い、もう自信を持って国家試験に挑みました。結果は見事合格しました！　あの時、先生があの言葉を返してくれたからこそ、私は変わる事ができ、手にすることができた合格だったので、先生には心から感謝しています。

石の上にも3年というけど……

それから大学を卒業し、身体障害者の通所の授産施設に就職しましたが、社会人1年生の私は社会の大変さや理想と現実のギャップを知り、またもや心が折れそうになっていました。何度も辞めたいと親に相談しても、仕事は3年続けないとどの仕事でもその会社の神髄は見えないから頑張れと言われ続け、2年が過ぎた頃、1カ月で11キロも体重が減ったのです。手足が震え、他人と向かい合って座る事が出来ない対人恐怖症になり、動悸が激しく、元々低血圧だった私が常に200を越えるようになりました。そんな見る見る変わっていく私を見かねた同僚からの勧めで病院へ行くと、聞いたこともないバセドー病だと診断されました。原因はストレスだと言われ、ようやく両親からももう辞めてもいいんじゃないかと言ってもらえて、やっと辞める決心がついたのです。そんな矢先にたまたま手に取った求人誌に美容学校の同期の人がなんと大きな美容室の店長として載っていたのです。それを見た瞬間、焦りを感じ、同時にやっぱり今こうなったのも次に進むべきだという事なんだろうと思い、退職しました。

シャンプーガールからスタイリストへ

しばらくはゆっくりしながら治療に専念し、一応薬を飲まなくてもいいような状態まで回復してから就活を開始し、ハローワークで見つけた美容室にとんとん拍子で就職が決まりました。しかし、そんな矢先にまたもや体に異変が出始めたのです。

寒い所から温かい所へ、その逆でも移動すると露出している所を中心にミミズ腫れの蕁麻疹が出て、異常な痒みをもたらすという症状が表れ始め、皮膚科へ行くと自律神経失調症だと診断されました。これもまたストレスが原因だと言われました。薬は処方して頂きましたが、それはただの痒み止めであり、治す方法はストレスのない環境を自分で作るしかないと言われました。そんな事を言われても自宅療養をしていた私にかかるストレスとは何なのかさっぱりわからず、なのにまた新たな環境で働き始めて大丈夫なのか、またバセドーが再発するのではないか……と、とても不安でした。が、せっかく次のステップへ進めるチャンスなのに、ここで足踏みをしている場合じゃないと思い、美容室の方々にも事情を説明し、初めは服薬しながらのスタートとなりました。

その美容室はとてもオシャレで小さなサロンで、私を入れて3人しかいない、アットホームでお客様もいい方ばかりで、とても居心地の良い空間だったので気付けば約6年もお世話になっていました。朝も早く、帰りも日付が変わっていた事もあり、休みも少ない上に貴重な休みが講習会で潰れる事も多く、とてもハードな毎日ではありましたが、友達も増え、よく飲みにも行き、色んな事を学べて充実した日々を送ることができました。そんな生活がスタートして3カ月程過ぎた頃には、もう蕁麻疹は殆ど出なくなっていました。体力的にはハードでしたが、再発を恐れる心配を余所にストレスフリーで心がどんどん癒されていったのを、自分でもひしひしと感じていました。全ては上司に恵まれたからだと思います。何も出来なかった私にシャンプーガールからスタイリストになるまで温かく育てて下さって、本当に感謝しています。

福祉美容師‼　移動理容室で奮戦中

しかし、私の夢は、ここでスタイリストになる事ではありませんでしたので、歳も歳なので次に進まなくてはいけないと思い、退職してすぐに東京にいる兄家族の家に約1カ月居候し、東京の山野美容専門学校へ通い、福祉美容師という資格を取得してきました。寝たきりの方のカットや洗髪の方法や、車椅子の方の着付けの方法等を教わりました。この資格は国家資格ではないので、鹿児島でも講習さえ受ければ取れる資格ではあったのですが、元々兄の所へ遊びに行く事が決まっていた日の次の日が丁度山野美容専門学校で講習がある事を知り、これも運命だと思ったのと、山野美容専門学校の福祉美容師は関東を中心に全国的にも有名で営業していく上でNPO法人も立ち上げており信頼を得られると思い、入校を決めました。講師の方々もプロフェショナルで経験も豊富で、受講生も同じモチベーションの美容師が全国から集まって来ている場だったので、とても刺激的で貴重な1カ月となりました。

そして帰ってきてから、移動理容室に出会いました。知り合いが働いている理容室がトラックを改造してそのトラックの中でカットからカラーもパーマもできる移動理容室をしていました。まさに私が思い描いていた夢の形でした。私も基本的に毎月2カ所の施設訪問に参加させて頂いています。限られた時間内に平均30名程の利用者を3人でさばかないといけないので、スピードがとても重要ではありますが、利用者の方々と話したり、冗談を言い合ったりする空間がとても心地よく、つい時間を忘れてしまいがちです。しかし、髪を切るというごく当たり前の事でも、施設の中でずっと暮らしている方々にとっては月に1回の楽しみの一つとしてもらえている事がすごく伝わるので、美容室に勤めていた頃と同じく、喜んでもらえると私たちも嬉しいですし、また来月もこの笑顔を見るために頑張るぞ！　と思えます。むしろ、私の方が待ち遠しく思っているかもしれません。

やっぱり障がいがあってもオシャレをしたい気持ちは誰でもあるのだと信じていた事が自分の手によって証明できた事に今、歓びを感じています。それもこれもこういう場を作って下さっている理容室の方々のお陰なので、またまた感謝の気持ちでいっぱいです。

おわりに――常に楽しむことだけを考えて

今は知的障がい者の施設で非常勤として働いているのですが、今後は施設の利用者はもちろん、園外からも障がい児を抱える保護者の方にも親子で利用して頂けるような場所を設けたり、施設が提供したりするサービスの一つに訪問美容を取り入れていけたら、きっと喜んでくれる方が大勢いるのではないかと、密かに野望を抱いております。

現在32歳の私。婚期も逃し、夢ばかりを追い掛けてきましたが、強い信念を持ち、常に楽しむ事だけを考えてきたので、常に今が一番楽しいと胸を張って言ってきました。人にも恵まれ、環境にも恵まれていたからこそだと思うので、本当に私一人では成し得ることは出来なかったであろう現在の自分がいると思っています。

いくつもの失敗もしてきましたが、それでも諦めなくて良かったです！（２０１4年3月　第13号・P60－62）

『師』を持とう

NPO法人福祉相談センターにじ・代表　上村　修
1986（昭和61）年3月卒業

はじめに

夜半、蛍光灯のもと黙々と仕事に励むK課長の背中。黒板を使ってダイナミックに仕事を指示するK課長。豪快に笑い、激しく叱るK課長の姿。もう20年以上も前のことなのに、今でも脳裏から離れない。私は、鹿児島経済大学社会福祉学科の1期生。昭和61（1986）年3月卒業だ。その頃は、社会福祉士や介護福祉士といった目指す資格がなく、それでも『人とかかわる仕事がしたい』という者たちが集まり、何かを作りあげたいと意欲に燃えていた。しかし、私は、その波に乗れず、いつも彼らの動きを遠巻きに見ていた。そのため、学生時代目立った活動はしていない。そんな自分に転機が訪れたのは、就職してからだった。

自称「公私とも仕事に打ち込むフレッシュ人間」として

卒業後の就職先は、大分県別府市にある社会福祉法人の太陽の家。そこでは、『ノーマライゼーション』の精神のもと、『No charity, but a chance！（保護より働く機会を）』を理念に掲げ、ソニー、ホンダ、三菱商事といった株式会社と社会福祉法人太陽の家が共同出資して新しい形の福祉工場が稼働していた。鹿児島から出てきた私は、そこで働く障害者の姿に目を見張った。日夜の努力により一般企業と同等の品質を常に生涯・管理していたのだ。『ここの工場長は障害者。年収1千万円超えてるよ、税金を納めることに誇りを感じているんだよ』と紹介された。それまで私は、「障害者は守るもの」と考えていた。だが、そこには、働き、集い、一緒に酒を酌み交わす障害を持った人たちが当たり前のように存在していた。

私の配属先は、厚生部生活相談課。工場で働く人の生活する寮を管理し、生活全般の相談や事務手続きを行っていくという業務であった。昼間は皆仕事に出ているので、寮内は閑散としている。必然的に相談業務は、夜行うことになる。独身で、彼女がいなかった私は、夜の仕事も苦ではなかった。夕方、仕事が終わると、スポーツ好きの寮生が体育館へ集まった。車いすバスケットや車いすテニス、車いすマラソン、バトミントン、水泳、ソフトボールなどの障害者スポーツが盛んで、就労後の夜や休日を利用して、皆思い思いに体を動かしていた。私は自費で、車いすバスケット用の車いすを購入（その頃中古で5万円程度）し、チームに混じってプレーを楽しんだ。彼らの気持ちを理解するには、一緒に行動していくことが大事だと思ったのだ。仕事にも慣れ、施設や体育館の中に入り浸っている自分は、『公私とも仕事に打ち込むフレッシュな人間』に見え、誇らしく思うこともあった（今思うと、本当に恥ずかしい限りである）。

お前はソーシャルワーカーだぞ！と言われて

そんなある日、車いすバスケットでびっしょり汗をかき、着替えようと事務所の中へ入ると、K課長が暗がりの中、蛍光灯をひとつ点け、黙々と仕事をしていた。私は、『まじめ過ぎる怖い仕事人間』というイメージで、K課長のことをあまりよく思っていなかった。そんなK課長が『お前、車いすバスケットはおもしろいか？』と聞いてきた。すかさず『はい、楽しいです。ボールを持ったまま、車いすをこげるようになりました』と胸を張って答えると、「今からちょっとお前の寮を回って来てみろ」と言われた。何を言い出すのかと思いつつ、上司の指示には逆らえないと、汗をぬぐって、そのまま寮へ向かった。

21時過ぎの夜の寮。明日へ向けて皆がそれぞれくつろいでいる。会うたびに「おやすみなさい」と声をかけると「あら、こんなに夜に寮に来るなんて珍しい」「おやすみ、ああ、今日の仕事は疲れたよ」「最近夜眠れなくて……」等々の返事が返ってくる。明らかに昼間とは違う顔や姿に少し違和感を覚えながら、事務所で戻った。K課長「どうだったか？」「はい、昼間とはまた違う光景でした」K課長「お前は今、動ける連中とスポーツで汗を流すことで、彼らに近づいたと勘違いしてないか？　お前の仕事はスポーツ指導者か？　スポーツ指導者か？　スポーツをしたくても出来ない、そんな彼らと向き合って話をしたことがあるか？　お前はソーシャルワーカーだぞ」「いいか、上村！　他人（ひと）は専門バカになるなと言うけど、俺は違うと思う。お前は、今の仕事をバカと言われるほど勉強したことあるか？　専門バカにすらなれない奴は、給料泥棒や！」ガツンときた。さっき回った寮の人たちの顔が浮かんだ。「わかりました」頭を垂れるしかなかった。

「K課長だったらどうするだろう」と考えながら仕事を進める自分

そのことがあってから、K課長は何かと私に声をかけてくれた。「井の中の蛙ではだめだ。どんどん外へ出ろ！」と言い、ソーシャルワーカー同士の勉強会等、色々な研修会へも出させてもらった。また、お互い居住地が近いということもあり、仕事を終えて、私のアパートで2人飲むこともあった。そんなとき、私を挑発して帰るのだ。「お前は、俺が帰ったらすぐ寝るだろう？　俺は、本を読んでから寝るんだ。俺とお前の差は、またこれで開くぞ。じゃあな」一事が万事をこんな具合。私は「この野郎っ」と心の中で叫ぶことがあったが、言われることはもっともなことばかり。返す言葉が見つからない。そのため、叱られても、挑発されてもめげずにK課長の指示に素直に従った。そんなある日のこと、困難事例が終結し、心地よくも疲れた体で帰宅すると、入り口のドアのノブにビニール袋が下がっている。中をのぞくと、冷えた缶ビールと一緒に「ご苦労さん、飲んでゆっくり休め、K」というメッセージが入っていた。感激したのは言うまでもない。「この人についていこう」段々そう思えるようになり、やがてそれが確信へと変わっていった。

K課長の本職は、理学療法士。その頃は、大分県の理学療法士会会長を務めていた。一方彼は、現場のあるソーシャルワークを重視し、あえて専門外である相談援助の勉強をしたく、仏教大学の通信教育を受けていた。「これからは、医療と福祉の連携や。お前達も医療について勉強せぇよ」難解な障害や疾病の構造について、黒板を使いながら仕事の合間に教えてくれた。仕事中は、的確に指示し、話す言葉一つ一つが身に沁みた。「ソーシャルワーカーは弁護士と同じ。判断は俺がするから、お前は徹底してその人を守り抜け」「お前の平等論は、八方美人。いいか、困った人がいたら他の人はどうでもいい。その人に誠心誠意かかわりなさい。それを万遍なくやることが平等なんや」等々……。あげると枚挙にいとまがない。私はこれを「K語録」と呼んで、脳裏に刻み込んでいる。後にも先にも私をこのようにストレートに叱り、指導してくれる上司はK課長だけだった。退職し、帰郷した今でも「K課長だったらどうするだろう」と考えながら仕事を進める自分がいた。

おわりに――NPO法人を設立して

平成17年、私は、NPO法人を設立した。そのとき41歳だった私は、今後働ける期間を20年と見積もり、独立するなら今だと考えた。周りには「無謀だ」と反対されたが、おかげさまで事務所をたたむことなく、4年目を迎えている。活動の場や共感の輪がどんどん広がっている。まだまだ振り返る時期ではないのだが、この寄稿を機になぜNPO法人による活動を続けているのかを考えてみた。

現在、私が所属するNPOでは、①利用者が中心（利用者本位）のケアプランを目的とした「単独の居宅介護支援事業所（独立型ケアマネジャー）」②一人ひとりの尊厳を守る「権利擁護事業」③介護保険制度等の社会保障制度のすき間を埋める「ボランティア養成・派遣事業」の3本柱で活動している。昨今、地域のつながりは、希薄になったといわれている。地方に暮らす私でさえ、そう感じる。私は、この崩れかけた地域のつながりを再生し、21世紀型の新しい地域社会を作ろうと、NPO法人を設立した。介護保険だけの事業なら、収入だけが目的（これも大事な部分）になり社会福祉法人で構わない。しかし、これから先を考えると、地域福祉に主眼を置いた、住民協働の活動が大きく変わる。戦後生まれの人たちが70歳を超え、高齢者の中心となっていくからだ。併せて、明治・大正・昭和初期の時代を知る人が急激に減少していく時代でもある。大きな大きな転換期になることは間違いない。

21世紀型の新しい地域社会とは、まず、戦前生まれの人達が大切にされる社会であるべきだ。つまりは、戦前生まれの人たちの足跡をしっかり残し、引き継いでいく活動が求められているのではないか。同時に、お互いの価値観を尊重し、その時代に合った地域社会を構築していくことも必要だ。私は、住んでる地域に浸かり、地域の行事に参加し、地域住民の一人として、そういう社会を実現したいと考えている。社会構造が変わってから始めるのでは手遅れだ。今から、地域の人たちと一緒にコミュニティソーシャルワークを意識した活動を展開していきたいのだ。

なぜ、NPO法人を設立したのか？　やはり「お前はソーシャルワーカーだぞ！」20年以上前に言われたこの言葉が、頭から離れない。K課長に「立派なソーシャルワーカーになったなあ」とほめられたくて、「ソーシャルワーカー道」を究めたいのかもしれない。そんな「人生の師」に若いとき出会えた自分は、本当に幸せものだと思う。若い学生の皆さんもぜひ、「人生の師」に出会えますように。「この人はスゴイッ！」そう思ったら逃げずに食らいついていくこと。大変だけど、上達への第一歩だ。一緒に10年後の転換期に合致する「ソーシャルワーカーの道」を究めようではないか。（２００９年3月　第8号・P49－51）

日々『試行錯誤』

社会福祉法人鹿屋市社会福祉協議会・事務局次長兼総務課長
１９８６（昭和61）年3月卒業　清水 直樹

はじめに

昭和62年、社協に入職し早いもので22年が経過した。当時非常勤職員を含めわずか5人の職員で運営していた小さな団体も年を追うごとに様々な事業を取り込み、平成18年に実施した4市町社協の合併を経て、現在１５０人を超える職員を擁する大所帯へと変貌した。

当時を振り返ると隔世の感があるが、これまで取り組んできた地域の組織化活動やボランティア活動、総合相談事業など様々な事業を企画実施する上で常に感じてきたことは、社協の活動には一定の形は存在しないということであり、福祉事務所のように福祉六法等に基づき全国一律の制度で業務を進めるといったものとは一線を画し、その活動にはそれぞれの社協が独立した事業実施主体として、地域の実情に合った独自性・創造性を発揮することが常に求められているということである。

現在は、本所総務課において財務、人事、労務管理等の業務を中心に担当しているが、このことは社協の運営全般にも言えることであり、社協活動を推進する上でのやり甲斐でもあると同時に半面、難しさでもあると言える。

認知度の低い「社会福祉協議会」

社協に入職し、業務を少しずつ覚えていく中で、ほどなく感じたことは福祉関係者にはよく知られた団体であるにもかかわらず住民からの認知度が極端に低いということであった。広報誌は定期的に発行してはいるが、住民に業務内容はほとんど知られておらず、行政の一部署と勘違いされる方もおられた。「社会保険事務所」や「福祉事務所」と間違われることも多々あった。特に県内はとんどの社協が「○○老人福祉センター」や「○○総合福祉センター」など公共的な建物の中に事務所があり、場合によっては役所の一角に事務所を有するところまである。また、「社会福祉協議会」というお固いイメージの名称と行政ＯＢが職務を担っていることが多く当時プロパー職員が極端に少ないということも行政機関と勘違いされる一つの要因であったように思われる。ご多分に漏れず当社協も当時社会福祉会館内に事務所を置き、職員のほとんどが行政のＯＢ職員だったことを考え合わせるとやむを得ないことだったのかも知れない。

このような中、在宅福祉サービス等の事業を担当する傍ら未熟なコミュニティワーカーとして地域福祉活動を推進することとなるが、活動を行うにつれ見直しを迫られる大きな壁にぶつかっていくこととなった。

地域に話し合いのテーブルを……

当社協では、昭和60年度から市内94町内会（のちに95町内会）の区域を単位として町内会福祉推進協議会という組織を立ち上げてきた。いわゆる地域の組織化活動であるが、町内会長を核として民生児童委員をはじめ町内会、高齢者クラブ、子供会、婦人団体等の役員、福祉施設職員、ボランティアなどそれぞれの地域の実情に応じ役員を選出し規約等を整備していただくとともに助成を行い組織としての形を整えていった。

私が入職した昭和62年当時すでに12町内会の区域で協議会設立を終えていたが、この協議会を設立するにあたっては、まず社協の組織や活動について理解していただくことから始めることとなり、一つの協議会を立ち上げるためにはかなりの労力を要した。設立までの流れとしては、まず町内会長にこの組織の目的を理解していただくことから始まる。「地域で発生する問題や地域での福祉活動推進等について様々な方々の参加を得て話し合うテーブル作りです」と説明するが、「町内会組織があるじゃないか」、「福祉のことは民生委員にしてもらえばいいのではないか」となかなか理解していただけないことも多かった。

ご理解をいただいた後は、町内会へ持ち帰っていただき協議会設立の了承を得、その後モデル等を示し規約や事業計画、役員選任等の案を作成し、設立総会に諮るといった具合であるが、設立総会には、必ず出席し活動目的を説明するとともに活動メニューや活動事例などの紹介を行った。役員の集まりやすい夜間に開催されることがほとんどであり、総会後は懇談会となることも多く、酒の席で参加者にお酌をしながら丁寧に説明を重ね理解を求めていった。

設立はしたものの……

このような活動により平成15年度までに88町内会で設立を終えた。国庫補助事業を利用しモデル協議会を設定したことにより様々な事業にも取り組んでいただいた。一時活動は活発化し、地域でのふれあい祭りはほとんどの協議会で実施された。そのほか独居高齢者宅の訪問活動、ふれあい型給食サービス、住民総出の清掃活動、ある協議会では地域のバス停に待合所を建てるところまで現れた。しかし、設立数が増すにつれ個別の協議会へのかかわりが薄れていったことも事実であり、年を追うごとにこのように活発に活動する協議会は徐々に減少し、町内会に吸収され活動実態がなくなる協議会も数多く発生することとなった。

また、平成6年に全国社会福祉協議会地域福祉委員会においてまとめられた『「事業型社協」推進の指針』に基づき、これまで行政が直接実施していた福祉サービスを社協へ委託するといった流れが加速していったが、当社協でもホームヘルパー派遣事業や訪問入浴サービス事業、訪問給食事業などを受託し、限られた職員体制の中でこれらの事業を実施するため四苦八苦することとなり、残念ながら社協本来の活動である地域の組織化活動は、おろそかになる結果ともなっていった。

活動の問題点と再構築

このようにこれまで取り組んできた地域組織化活動は、設立に長い年月を要したことや活動のマンネリ化などにより新たな体制や活動を模索しつつ活動が停滞する状態となった。

活動を行うにあたっては、外部要因はともかくマンネリ化や組織の衰退は、本市だけに限らず、どのような立派な活動を推進している市町村にも発生する。これを克服し継続した活動として発展させるためには、組織や活動の問題点を常に詳細に洗い出すとともに、活動目的の明確化や活動成果の共有化、人材の育成、活動資金の確保、社会資源の有機的連携や住民の理解など一つひとつクリアしていかなければならない。また、定期的な側面的アプローチも必要となる。

当社協の地域組織化活動においては、町内会区域を単位として設立を進めていったが、町内会長を核として狭い区域をベースにしているため、まとまりがあり設立がしやすいといったメリットがある半面、「活動が町内会長の力量に左右される」、「町内会活動と重複する部分があり、住民に町内会活動との区別がつかない」、「数が多いために活動に対するサポートが行き届かない」、「明確な活動目的が見いだせない」などの組織としての根本的な問題も発生していた。

このような中、平成15年度以降市町社協の合併協議が開始されることとなり、その後新たな協議会の設立は行っていない。

現在、合併に伴い社協組織も3課制を導入し事業の推進体制もある程度整ってきた中で、これまでの地域組織化における様々な問題点を踏まえ、衰退していった根本原因と今後の対策を検討しつつ合併後の新市域に相応しいそれぞれの地域特性を十分に生かした組織を再構築するにはどのような枠組みや組織形態で、また組織化手法を用い行っていけばよいのかなど再検討を進めているところである。

今後は、これらを踏まえ活動の見直しと新たな組織の再構築に向け強力かつ迅速に取り組みを行っていく予定にしている。

より良い活動を求めて

このようにこれまで取り組んできた地域組織化活動については、現在残念ながら足踏み状態となり見直しが必要な一つの事例として紹介させていただいたが、当社協では、その他地域での高齢者サロン事業や総合相談事業、高齢者・障害者・低所得者の支援事業、子育て支援事業、介護保険事業など50以上の事業に取り組んでいる。また、日本赤十字社業務や共同募金事業の推進、民生委員児童委員協議会や高齢者クラブなど外部団体の事務局業務も行っており、行政等からの受託事業も12件を数え、受託金額は総額1億2千万円にも上っている。いわゆる典型的な「事業型社協」である。

これらの事業の中には、現状を紹介した上記活動同様見直しや改善が必要な事業も数多く存在している。事業を改廃するためには、それ相応の労力と財政的裏付けなどが必要となり、ともすると従来の事業を踏襲することに力点がおかれ、事業の有効性や効率性、費用対効果など検証することが疎かにされる傾向がある。

しかし、住民の福祉向上という民間社会福祉団体の原点に立ち返るならば、これらの労を惜しむことなく常に最善の活動を追求することが求められている。

おわりに

折しも国においては、各省庁の事業仕分けが実施され、それぞれの事業の有効性や費用対効果等について検証しつつある。市町村行政においてもこれまでの事業を見直すとともに財政再建に取り組んでおり、法人運営や事業推進において補助金の占める割合の高い当会にとっては、今後事業のみならず組織体制や運営を含め全てにおいて見直しを検討せざるを得ない時期が到来するものと思われる。

このような国や市町村行政の流れもさることながら地域において、地域福祉・在宅福祉を担う中核団体としての基本に立ち返り、住民ニーズを常に拾い上げ、効率的かつ効果的な事業を推進するためには既存事業の枠にとらわれることなく、地域の実情に合ったより良い事業や活動を目指し日々「試行錯誤」を続けていく積極的な姿勢が求められている。私自身もこのことを常に念頭に置き今後も職務に邁進して行きたいと考えている。（２０１０年３月　第９号・Ｐ63－65）

Homeless Hopeless Loneliness

NPO法人かごしまホームレス生活者支えあう会　ボランティア相談員　**藤原 奈美**
1997（平成9）年3月卒業

はじめに

2004年ごろの鹿児島市では駅やフェリーターミナル、あちらこちらの場所に「野宿生活」を余儀なくされている方々が数多く存在していた。とある日の大雪をきっかけに、市民の自発的ホームレス支援が始まる。その後も個人レベルあるいは教会関係者による活動が続いていた。そんな中、元ホームレス生活者自身が「地域生活者支援センター櫻島館」を立ち上げ、週2回のおにぎり配りを自分たちの手で始めた。手探りでの活動の中、任意団体「鹿児島野宿生活者支えあう会」を5名で設立、法律・福祉の専門家による相談活動、生活保護申請支援が始まった。そして、2007年8月「NPO法人かごしまホームレス生活者支えあう会」（以後、支えあう会）が設立され、現在まで活動を継続している。

2012年5月、私はこの団体の相談員として活動を始めた。それまでの精神保健福祉業界で培った知識や技術だけではまったく相談支援にならないということ、社会福祉とは？ 社会保障とは？ということを今もなお考え続けている日々である。

支えあう会の主な活動

まずは支えあう会の活動を紹介したい。①おにぎり配り（炊き出し）、②夜回り、③相談対応、④シェルター運営、⑤その他（料理会・健康相談会・イベント参加・広報活動など）を行なっている。

①おにぎり配りは火・木・日の週3回、おにぎり作り等は元路上生活をしていた卒業生、地域市民、学生、司法書士等の参加で成り立っている。多くの方々から「何かお手伝い出来れば」とお声掛けいただき、実際におに

ぎりを作ってきていただいたり、お米の寄付を頂いたり（活動開始してからお米を購入したことがない！　皆様の善意に感謝）、その他NPO法人フードバンクかごしま、グリーンコープかごしま生活協同組合といった様々な団体の皆様からご提供頂く食品等で人的にも物質的にも活動を続けてられている。

②夜回りは、毎月第2金曜日の22時から、鹿児島市内を巡回している。毎回10～20名程度の方にご協力いただき、3～5グループに分かれ、広範囲の夜回りを実施出来ている。そこで出会った方々におにぎり等の物資提供をし、随時相談・助言を行なっている。初めてお会いする方に声をかけるというのは緊張の瞬間……。怒られるのでは？　路上ではないのでは？　でも困っているのでは？等と逡巡しつつも、声をかけていく。

余談ではあるが「どうやって声をかけるのですか？」とよく尋ねられる。私たちは何か特別な技術を持っているのではなく、ただ「こんばんは」と声をかけることから始めていき、きっかけをつかんで会話している。相手の様子に合わせて話すという流れであるので、それは通常のコミュニケーションの延長ともいえるかもしれない。

③夜回りで出会った方やおにぎり配りに参加された方々への相談支援は、就労、住まい、家族関係、地元を離れての苦労、長期にわたる路上生活の大変さ、生活保護申請、病気やケガ、多岐にわたり、すぐに解決できないことも多い。情報提供だけで終わってしまうこともある。多種多様な職種で様々なアプローチをすることで解決に結びついているケースも少なくはないし、大変意味のあるものだと感じている。ご本人らも「何かあればお願いしたい」という意向を持っており、支援の内容・支援者の情報を口コミで広げていっている場合もある。

④緊急一時避難場所としてのシェルターを運営しているが、年間50～60名程度の方々が利用している。睡眠と食事、安全な居場所を確保した上で、身体と心を癒し、これからの生活を整えるきっかけになっている。また、新たな支援機関や支援者とのつながりを持つきっかけにもなっている。

紹介した活動はごく一部であるため、少しでも興味や関心を持たれたら、ぜひ現場に来て見て感じていただきたい。だが、こういった活動に対してすぐに何かできなくても、関心を寄せるだけでもかまわないと私は考えている。

ホームレス状態にある方々……

駅構内やアーケード街、人気のない公園など、かろうじて屋根がある場所で身を隠し寝泊まりをしている方、あるいはネットカフェや24時間営業のファミレス等で夜を過ごす方、トラックや自家用車での車上生活、そういった方々を総称して「ホームレス」と呼んでいる。私たちが出会う方々の出身地、鹿児島へ来る前の居場所は様々である。全国各地を転々としながら鹿児島へたどり着いた方も多い。「最後ぐらいは暖かいところで過ごしたいと思ってここまできた」「死に場所を求めてここまでたどり着いた」とお話しされる方々もいる。想像の範囲を超えた背景を持っておられる方も多数いらっしゃる。

私は、初めて参加するおにぎり配りの際、自分なりにいろいろなイメージを持って参加した。ところが場所につくなり「あれっ?」という感想を持った。「汚い」「臭い」「とっつきにく」といったイメージにあるホームレス生活者とまったく異なる存在の彼らに驚いた。どこにでもいてどこでも見かけるようなおっちゃんたちがいた。「新人さん? よろしくね!」といった声かけも頂き、なぜここまで私たちに気遣いをいただけるのか……と恐縮する瞬間もあった。もちろん、対人関係に緊張している、様々なことに怒りを持っている、人間不信がある、そういった理由から「話しかけてほしくない」そんな態度の方もおられる。何日もお風呂に入れず不潔にしている方もいた……。私のなかの「偏見」を感じた瞬間だった。彼らと私たちの何が同じで何が違うのか……? 彼らは不本意な生活をしていることには間違いない。希望を失っていることも間違いない。にも関わらず……と考えるようになった。私にとって、生きる意味など考える機会を与えてくれる方々であることの大きさを感じるようになった。そして、生きる知恵を授けてくれる存在にもなった。

私たちは何ができるのか

そんな彼らと週3回の炊き出しで話すようになり、あるいは事務所にかけこみで相談に来られる方々と話すうち、私は何ができるのか、支えあう会の存在はどんな意味を持つのか、悶々と考え続けることになった。通り一遍の支援だけでよいのか? 活動を続けるための資金は? 行政機関との連携は? 他の県ではどのような活動をしているのか? 支えあう会の会員ではなくとも支援をいただける・支援をしたいと考えている方々とどのように連携していけばよいのか? そもそもこれ以上の路上生活を続けないでよい社会になるためには?といった考えがループし始めた。理事や会員など支えあう会に関わる人、この活動を知ったすべての人たちが考えるものでもあった。「ホームレスは社会の問題である」と言われることはこういったことも含まれるのだろう。

そして、「気持ち」はもちろん大事だが、それだけでは活動を続けられず、さまざまな人のチカラ・知恵を借りていかなければならず、それが連携のひとつであること、人を支える支援には人が必要であると強く強く感じている。

学生のチカラ～新たな取り組みの始まり

そんななか、学校の授業で支えあう会活動の内容を聞き、興味を持ち、実際に活動参加してくださる学生が増えてきた。この学生さんたちと一緒に何かできないか？　そんな流れから、26年度の新しい取り組みとして、学生と共に活動を考え行動する「学生ボランティア」活動を開始した。

「学生ボランティア」は、鹿児島国際大の学生が中心となって活動が始まった。今では学校の枠を超え「路上のみなさんに何かお手伝い出来れば」という気持ち一つで他校の学生も集まっている。毎週木曜日にはおにぎり（1回で30～40個）を作って現場に運び、参加する方々と話をし、周辺の清掃なども含めた片付けまでを担当してくださってる。夜回りにも同様に参加してくださっている。そういった活動を続けるうち、学生グループから新しい提案をいただく、といった協力を頂いている。

メンバーは社会福祉を学んでいる学生さんばかりではないところが特徴的だと個人的には感じている。「授業で話を聞いた」「知人から活動を聞き……」「なぜホームレス状態の方がいるのか？と気になって」と動機は様々だか、「誰かのために」「何かのために」「社会のために」という純粋な気持ちが動いているということだろう。

そして、ソーシャルグッドプラットホームである「gooddo（グッドゥ）[註]」に団体登録をした。こちらは定期的に食料提供支援をしてくださる「食品ロスの削減を目指す」ＮＰＯ法人フードバンクかごしまの活動を参考にさせていただいている。

ＳＮＳによる活動は、実際に活動には参加出来ずとも、どんなに遠くにいても支援することが出来るものである。開始してまだ間もないが、たくさんのご支援を頂いている。

日本全国どこにでも存在するホームレス状態にある方々の毎日に想いを馳せていただく、想像していただく、こういったことも社会の問題であることをご理解いただくひとつになるのではないかと考えている。

これからのこと

こういった活動を続けていると、「どうしてホームレスを続けているの？　生活保護を受ければいいんじゃないの？」「好きでホームレスしているんでしょ？」「病気や障害があるから？」など様々な質問を受ける。さらには

「活動は大変じゃないの？」「危ないこともあるんじゃないの？」「お金は大丈夫なの？」と私たちの生活までも心配してくださる方々もいて、いろいろな意味で興味をもっていただけてありがたい限りである。

大学で社会福祉を学んでいたころには想像もつかなかった世界に足を踏み入れた感もあるが、「私が誰かのために何かできることは？」という気持ちで活動を続けている。

ホームレス生活者を支える活動が不必要になる社会がくるのだろうか？という気持ちもあるが、まだ今はその時ではなく、必要な人に支援が届いていない現実もある。

支えあう会は「ホームレス生活者を支える会」であるが、それ以外の方々との関わりもゼロではない。様々な人や地域など、広い意味での「支えあう活動」であるとも感じる。まだまだ地道に活動を続けていき、新しい地域づくりや社会資源づくりをしていかなければならないだろう。その一部を担う相談員として、日々こつこつと、学び成長しながら活動に携わっていきたい。（２０１５年3月　第14号・Ｐ33－35）

〈注〉goodo（グッドゥ）とは、自分の応援したい社会貢献団体を、誰でも、今すぐ、簡単に無料で支援（寄付）することが出来るものである。（goodo　ＨＰより）

ＨＰ（gooddo.jp）から「団体を探す」→「かごしまホームレス生活者支えあう会」→「応援する」「シェアする」などの方法でご支援いただけます。その他、様々な社会貢献団体が登録されています。ぜひご覧下さい。

ＮＰＯ法人かごしまホームレス生活者支えあう会ＨＰ：
http://www5.synapse.ne.jp/supporter/synapse-auto-page/

現場はきついし、つらいけど、本当に楽しい。

学校法人南学園鹿児島医療福祉専門学校介護福祉学科・学科長
2001（平成13）年3月卒業　久留須 直也

はじめに――「福祉」に興味・関心があったわけではない

現在、私は専門学校において、介護福祉士の養成に携わっている。しかし、大学を卒業したばかりの2001年は、教員ではなく、鹿児島市内の中心部にある救急病院の医療ソーシャルワーカー（以下、MSW）として勤務していた。

大学卒業後は福祉に関する仕事ばかりしているが、そもそも、私が「福祉」に興味・関心があったかというと、決してそういう訳ではなかった。そのような私が、なぜ「福祉」に関する仕事に就いて、現在も続けることができているのかを振り返ってみた。

医療ソーシャルワークとの出会い

先ほども記したように、以前より「福祉」に興味・関心があったかというと、決してそういう訳ではなかった。私は元々、中学校理科の教諭になりたいという夢があった。しかし、センター入試で思うように点数が取れず、志望している大学は不合格。浪人はしないと決めていたため、1校のみ合格していた鹿児島経済大学（現・鹿児島国際大学）社会学部社会福祉学科へ進学を決めた。

入学後、鹿児島経済大学では、中学校理科の教諭免許を取ることができないということもあり、夢をあっさり諦めた。その後の大学生活は散々たるもので、サークルにも所属せず、アルバイトに明け暮れた毎日であった様な気がする。そのような生活の中、1年が過ぎ、2年が過ぎようとしていたところ、ゼミを選ぶことになる。せっかく大学にいるのだから、ゼミぐらいは入っておこうという気持ちはあった。ただ、面識のある先生方がおらず、1年の時に担任をしてくださっていた先生のゼミに所属することとなった。そのゼミは「医療ソーシャルワーク」に関するゼミであり、これが私と医療ソーシャルワークの出会いである。

国家資格を持たなければならない理由

ゼミで医療ソーシャルワークの話を聞いたり、学ぶ中で、徐々に医療の現場で働いてみようという気持ちが芽生えてきた。そのような中、4年生になり、就職を考える時期になった。私は複数の医療機関を受験したが、不採用の連続であった。そのような状況ではあったが、唯一、鹿児島市内の医療機関より内々定をもらい、内定をもらう為に実習をすることとなった。実習自体は無難に乗り越えることができたと思う。しかし、その実習の中で、理学療法士に「君はMSWとして就職したいんだよね、もちろん社会福祉士の資格を取るんだよね」と言われた。

その当時、社会福祉士の合格率は25%前後と、非常に難しく、アルバイトに明け暮れていた私の知識では到底合格できないという事、また、現在のMSWは社会福祉士を取得していると、診療報酬上、各種加算が取れるため、医療機関での採用の際、社会福祉士の資格取得を求められていることが多いが、その当時は社会福祉士の資格が診療報酬に反映されることもなく、社会福祉士を取得していないMSWも数多くいるという現状から、「社会福祉士の受験はしますが、合格は難しいと思います。機会があれば取ります」という返答をした。すると「医療機関で働くのであれば、資格をとらなければ『ただの人』だよ」と言われた。今思えば、生意気な学生に対し、指導してくださったのだと思う。その当時は、「ただの人」という言葉に根拠のない強い怒りを覚えた。しかし、「確かに、医療機関で働いている人たちは医師も看護師も薬剤師もその他の専門職と言われている人は皆、国家資格を持っている。この人たちと対等に仕事をするには国家資格を持たなければならない」と気付かされたことも事実である。この言葉は私を大きく変えた言葉であることは間違いない。

結局、その医療機関から内定をもらったのだが、諸処の事情で内定を辞退し、国家試験の受験勉強に明け暮れる日々が続いた。国家試験受験後、自己採点で基準をクリアしていたため、社会福祉士を取得することができた。しかし、国家試験後も就職が決まらず、アルバイト生活を続けようと決めたところで、たまたまMSWの求人を見つけ、受験し内定をもらうことができた。それが、私が最初に就職した医療機関である。卒業式終了後の3月末のことであった。

当院初のMSWとしての5年間

早速、就職内定の翌日から出勤することになった。初出勤し、事務長より雇用契約や様々な説明を受けた後、事務長に「本日、先輩のMSWは出勤されていますか」と尋ねると、「先輩はいないよ。君が当院初のMSWだよ」と言われ、衝撃を受けた覚えがある。鹿児島市の中心部にある200床近くの救急病院において、初めてのMSW（社会福祉士）の採用。つまり、ソーシャルワーク部門を作り上げていく必要があった。学生時代、アルバイトに明け暮れ、サークルにも所属していなかったため、先輩もおらず、国家試験のための勉強はしたが、現場で役に立つ知識はほとんどない状態で、ソーシャルワーク部門を作り上げる。大学時代、もっと真剣に勉強しておけばよかったと本当に後悔した瞬間であった。

しかし、就職した以上、私にできることはしなくてはならないと考え、まず、医師を含めた院内の全スタッフに対し、私の顔写真や業務内容などを記載したチラシを作製、配布した。そもそも、ソーシャルワーカー自体あまり知られていない中で、どのようなことをするのかを院内スタッフに知ってもらわなければ、ソーシャルワーク部門の立ち上げができないと考えたからである。それと同時に毎朝、各階のナースステーションを巡回し、何かMSWが対応するケースがないか、看護師等に情報収集をしていった。そのようなことを行うなかで、徐々に院内スタッフがMSWを理解してくれるようになり、ケース件数も急激に増加した。ケース対応をする際、制度的なことは行政などの窓口に直接出向き、教えてもらったり、困難ケースなどは近隣の医療機関の先輩MSWに助言をもらう中で、知らず知らずのうちにネットワーキングを行っていた。ソーシャルワーカーはネットワーキングが非常に重要であり、利用者の援助を行うことやソーシャルワーカー自身を守るための方法にもなる。ソーシャルワーカーは考えるだけでは、仕事はできず、足を使って仕事をするものであることもMSWの時に学んだことである。

4年目になると、仕事をしながら、日々のケースでの疑問を明らかにするために鹿児島国際大学大学院福祉社会学研究科へ進学した。大学院では、研究はもちろんであるが、先生方とのつながり、同じ大学院生とのつながりも築くことができた。これもネットワーキングと言えると思う。

ケースでの疑問、専門学校教員になった理由

ここで、大学院に通うきっかけとなった日々のケース

上の疑問を振り返りたい。

私が勤務していた医療機関は先述したように鹿児島市の中心部にある救急病院であった。そのため、毎日多くの救急車が入り、救急患者の受け入れを行っていた。救急搬送されてくる患者の中には、ホームレスの患者も含まれており、その度にMSWが介入していた。その当時、鹿児島にはホームレスを支援する組織・団体などの社会資源が無かったため、本人の同意のもと、生活保護の申請を行い、生活保護決定後、クライエントと一緒に家を探すということを行っていた。しかし、MSWが行うホームレス支援とは生活保護の申請を中心とするしかないのか、他に方法がないのか、常に疑問を持つようになっていた。

同時に毎日、多くのケースに対応するために、業務を行っていたが、数をこなすことに必死になりすぎて、援助の質や各ケースの援助を展開するための根拠が見えなくなっていた。「誰のために援助を行うのか」というMSWとして一番重要な視点を見失っていた。

このような状況もあり、MSWが行うホームレス支援に対する疑問と援助を展開するための根拠を明らかにするために大学院に進学することとなった。

大学院に進学して約9カ月後の2006年1月、「介護福祉士を養成する専門学校の教員にならないか」と誘いの連絡を受けた。大学入学前に教員になりたいという夢を抱いていた私にとって、非常にうれしい誘いであった半面、MSWとしてのやりがいを感じることができるようになっていた頃でもあり、また、ケースでの疑問を明らかにするために大学院にも通っていた私にとって、この誘いは大きな迷いでもあった。大学院の先生方や職場の上司に相談をしたが、なかなか決断をすることができなかった。ただ、大学時代のゼミの先生に「教員もしてみたいが、MSWとして働くことにやりがいを感じ、楽しい。どうしていいのか、迷っている」と相談をした際「MSWにやりがいを感じ、楽しいと感じているのであれば、教員になって、それを論文としてまとめてみるのもいいのではないか」と助言をもらった（現在でも、MSWのやりがいについて論文としてまとめることはできていないが……）。

併せて、大学院に進学したきっかけの一つである「誰のために援助を行うのかを明らかにする」ということはMSWだけでなく、介護福祉士を含めたすべての対人援助職に共通する部分が多くあるのではないか、また、これは学生に伝えていくことが必要であり、私の役割なのではないかと考え、MSWの実務経験5年で専門学校の教員の道へと進むことを決心した。

『現場は楽しくてやりがいがある』という意味

専門学校の教員になり、早速、1年生の担任となった。その当時27歳であった私にとって、社会人入学の学生など、私より年上の学生も在学し、クラス運営や様々な指導など悩んだこともあった。しかし、他の教員や学生にも助けられながら、どうにか卒業まで運営できたと思う。また、専門学校の教員になるきっかけでもあった「誰のために援助を行うのか」ということについても、充分ではないが、学生に伝えることはできたのではないかと思う。ただ、同時に日々の業務に追われていたこともあり、MSWの時と比べ、やりがいや楽しさを感じる余裕がなく、MSWに戻りたいという考えがあったのも事実であった。そんなとき、卒業生が就職後、学校に遊びに来て、「現場はきついし、つらいこともたくさんあるけど、本当に楽しい。先生がよく言っていた『現場は楽しくてやりがいがある』という意味が分かった。福祉施設に就職してよかった」と話してくれた。私が学生に対し、「誰のために援助を行うのか」ということを伝えるとき、現場での事例を取りあげて話をし、併せて「現場は楽しくてやりがいがある」とよく言っていた。卒業生はこの言葉を覚えていたようである。この経験から、学生を育てることの意味や、教員としてのやりがいを改めて見出すことができたと思う。微力ではあるが、これからも学生に現場の楽しさややりがいを伝えていきたいと思う。

おわりに

今回、寄稿することで、私が福祉に関わることとなったきっかけや、その後の経験を振り返る良い機会となった。振り返ってみて、やはり、大学時代にもっと勉強をし、サークルにも所属するべきだったと後悔した。その反面、後悔は、現場に出てソーシャルワーク業務を展開する中で初めて気が付くことではないかとも思う。

「学生は学業優先」という考え方は当然だと思う。しかし、学生の間にアルバイトや遊びを中心に、様々な経験をすることも大切なことだと思う。例えば、アルバイトであれば、上司や先輩との関係が生まれ、言葉使いや配慮など様々なことを学ぶことができ、遊ぶことも友達と連絡をとり、計画を立てることを無意識のうちに養うことができる。もちろん、これらのことはサークルでも学ぶことができるからだ。私自身、アルバイトで仕事に取り組む姿勢や心構え、スタッフ間の連携や責任感の醸成を養う経験があったからこそ、今、専門学校で働くことができている。

学生時代に行っている何げないこと一つ取っても、現場に出た後に役立つスキルとなる。ここで一番重要なことは、個々の経験がスキルにつながることを認識できているかどうかだと思う。学生にとっては難しいことかもしれないが、一つ一つの経験や体験には意味があることを意識しながら、充実した学生生活が送れるように彼らと共に学んでいきたい。（２０１５年3月　第14号・Ｐ36－38）

あなたの知らない、車いすマラソンの世界

株式会社大分銀行　坂元　智香
2005（平成17）年3月卒業

はじめに

私は縁あって在学中から、社会福祉入門（在学当時は社会福祉援助技術現場実習指導だったでしょうか）で、講師として学生さんの前でお話をさせていただく機会をいただいております。大学卒業後、鹿児島県内の福祉施設に就職し、２００９年秋に大分に引越し、畑違いな金融機関に転職。２０１２年に結婚、今は3つ年下の夫と、平々凡々な生活を送っております。夫婦共々、世間では「マイノリティ」と呼ばれる立場の障害者で、夫は先天性の二分脊椎症に伴う下肢機能障害、私は青春真っ只中の事故による脊髄損傷で下肢機能全廃。2人とも車いす必須の、一応（？）重度障害者ではありますが、それなりに人生を謳歌しています。今回は、私たち夫婦が取り組んでいる車いすマラソンについて紹介したいと思います。

車いすマラソンはいつから普及したのか？

車いすマラソンを語るにあたり、日本と海外で、必ず名前が挙がる方がいます。日本の障害者スポーツの父と呼ばれる、大分県出身の中村裕（ゆたか）博士と、世界の障害者スポーツの父と呼ばれる、イギリスのルードヴィッヒ・グッドマン博士です。１９４８年、イギリスのストーク・マンデビル病院において、ロンドンオリンピックに合わせて脊髄損傷者のスポーツ大会が行われました。これが、後のパラリンピックの起源ともなる大会で、この大会をきっかけに、１９６０年に国際ストーク・マンデビル競技大会がローマオリンピックの後に同じ場所で開催され、この大会が第1回パラリンピックとされています。

当時、日本では障害者は「恥ずかしいもの」、「隠すべ

きもの」とされ、障害を負って入院した後、退院後は自宅に閉じ込もったままというのが一般的であり、障害者は社会とは隔離された生活を送ることを余儀なくされていました。しかし、イギリスのストーク・マンデビル病院では、傷痍軍人（主に脊髄損傷の患者さん）に対し、スポーツを利用したリハビリテーションを考案し、社会復帰を目指した結果、患者さんが地域に戻って働き、同時に地域の中でスポーツを続けることを可能にしました。日本から留学していた中村博士は、この姿に感銘を受け、是非日本でも同じような取り組みをしたいと、障害者の医学リハビリテーションと職業リハビリテーションを実践し、更に職業的自立を支援する「社会福祉法人　太陽の家」を設立しました。また、中村博士のはたらきかけにより、１９６４（昭和39）年、東京オリンピック開催後、東京パラリンピックが開催されました。当時、選手村はバリアフリー設計ではなかったため、オリンピックの選手が去ったあと、２日間で突貫工事を行い、スロープを設置したり、陸上自衛隊の協力の下、選手の送迎や介助を行ったとされています。

それから17年後、１９８１（昭和56）年、大分県では国連が提唱した「国際障害者年」の記念事業として、「大分国際車いすマラソン大会」が行われました。当時、車いすバスケットボールや卓球は普及していましたが、車いすマラソンはあまり知られておらず、国内での大会はありませんでした。交通規制や障害者の体調を考慮し、反対する声が多い中、「スポーツは障害者の残存機能を活性化させ、社会復帰が促進される。車いすマラソンは国内ではどこもやっていないし、大分で是非、国内外から車いすの選手を集めて大会をやりましょう。スポーツは多くの人に感動を呼びますよ」と、中村博士が訴え続けた結果、まずはハーフマラソンから、と大会が実現しました。今のように、競技用の車いすは普及しておらず、日常用の車いすをそのまま持ち込む選手も多かったといいます。その後、１９８３（昭和58）年からフルマラソンが登場、イギリスに本部を置く身体障害者スポーツの国際的組織である国際ストーク・マンデビル車いす競技連盟の公認大会になり、本格的な国際車いすマラソン大会へと発展していったのです。

車いすマラソン、その競技性

車いすマラソンは、健常者と同様、フルマラソンとハーフマラソンに分けられます。しかし、健常者の大会と大きく異なるのは、さまざまな機材を用いる点や、選手の障害の程度によって、「クラス分け」が行われ、該当するクラスにおいて順位が決まる点です。特別なレース用車いす（通称：レーサー）を使用し、ヘルメットを着用し、特殊なグローブを装着しています。また、ほとんどの選手は、あらかじめレーサーにつけている給水用のボトルから水分を摂取します。

現在、車いすマラソンの最高記録は男子T53・54（胸・腰椎損傷者および下肢切断者）で1時間20分14秒、女子T53・54で1時間38分7秒と、健常者の男子選手の2時間3分23秒と比べても、はるかに速いことが分かります。コースやレース時の気象条件にもよりますが、車いすマラソンの速さは平均時速30キロメートルを超え、下り坂では時速50キロメートルを超える場合もあります。

競技規則については、2013年に行われた第33回大分国際車いすマラソンの場合、2013　IPC　ATHLETICS競技規則（大会開催日に適用となる最新のIPC　ATHLETICS競技規則）、平成25年度日本身体障害者陸上競技連盟競技規則及び大会申合わせ事項により実施する、とあります。

特に特徴的なものとして、

・本大会では、種目（マラソン・ハーフマラソン）、クラス又は性別の異なる選手の背後を追走する行為（ドラフティング）を禁止する。

・競技者が走行中に転倒した場合は、競技役員及び警察官による介助のみ受けられる。ただし、競技者に有利になるような介助は受けてはならない。

・競技中における車いす修理の援助は、競技役員にかぎり許可する。

・競技者は競技中、下肢のいかなる部分も地面またはトラックに接触しないようにしなくてはならない。

・車いすは最低でも二つの大きな車輪と一つの小さな車輪から成るものとし、小さな車輪は、車いすの前方になければならない。

・車いすのフレームのいかなる部分も前輪の車軸を超えて前方に突き出ていてはならず、また二つの後輪の車軸を結んだ幅より広く突き出ていてはならない。車いす本体の地面からの高さは最高50センチとする。

・車いすのいかなる部分も後輪の最後部を結んだ垂直面から後方に突き出ていてはならない。

・後輪、前輪の直径は十分に空気を入れたタイヤを含んでそれぞれ70センチ、50センチを超えてはならない。

・機械的操縦装置は腕で操作するもののみ認められる。

・競技者は前輪を手動で左右に動かすことができなければならない。

・フェアリングの使用または空気力学的な能力を向上させるように特別に設計された車いすやそれに類似した装置の使用は禁止する。

車いすマラソンの動向と課題

パラリンピックの種目にもなるマラソンは、障害者スポーツの中でも花形競技といわれています。国際的動向としては、ボストン・ベルリン・ニューヨーク・パリの4大マラソンをはじめ、欧米の多くのマラソン大会では、「車いすの部」がその一部として設けられ、障害者への大会の参加をすすめています。また、大会でも、車いすアスリートへのスタート前のインタビューや、レース後の表彰など、健常者と障害者の取り扱いは同じであり、観客の盛り上がりも変わりません。

日本でも、車いすマラソンを単独で行う大会が全国各地で行われるほか、東京マラソンや大阪マラソンなどといった、大規模な健常者の大会に車いす部門が設けられるなどの取り組みが進んでいます。しかし、大会の窓口が開催地の自治体の福祉課であり、大会の雰囲気も、競技性中心というよりは、福祉やリハビリテーションの延長というものが多いのが現状です。その象徴として、東京マラソンは毎年テレビ中継が行われていますが、車いす部門はダイジェスト（ＶＴＲ）のみです。また、健常者の5分前にスタート後、健常者のトップ選手に追いつかれた場合、走行の妨げになるとして、その地点で収容されてしまうということもあります。

他にも、大きく異なる点として、賞金制度があります。欧米では賞金を設ける大会がほとんどですが、日本の大会ではまだわずかで、例えば東京マラソンでは、健常者の1位が８００万円、2位が４００万円、3位が２００万円と高額であるのに対し、車いすマラソンの部は1位が20万円、2位が10万円、3位が5万円と、金額に大きな差があるのも事実です。これも、障害者スポーツが競技性の高いスポーツであることがまだまだ認識されていないことが反映されているのではないかといわれています。欧米では、大会の賞金で生活をするプロ選手が数多く存在しますが、日本では、仕事を持ちながら競技に取り組む選手がほとんどです。その影響が、パラリンピックの結果に如実に現れるようになりました。ロンドンパラリンピックでの日本のメダル獲得数は、金5、銀5、銅6の計16個、その中でも陸上（マラソンの部）は、メダルの獲得が出来ませんでした。これには、競技継続に必要な資金、場所、時間の確保が難しいことが主な理由とされています。日本パラリンピアンズ協会が北京大会代表など１５２選手に実施したアンケートによれば、「スポーツをして苦労したこと」の1位に、82・9％が「費用がかかる」を挙げており、1年間の競技のために個人負担する平均額は１１０万円ともいわれています。

２０２０年に東京オリンピック・パラリンピックの開催が決定し、選手強化に向けて、国が少しずつ動き始めています。これまで、オリンピックの管轄は文部科学省、パラリンピックの管轄は厚生労働省と異なっていましたが、これらを文部科学省の外局としての「スポーツ庁」を設置することにより、強化を一元化していく方向であるとしています。オリンピック選手や世界大会に出場する選手が使用しているナショナルトレーニングセンターも、文部科学省管轄ということで、パラリンピックの代表選手などは使用が許可されていませんでした。しかし、今後は障害者専用のナショナルトレーニングセンターを建設する動きも出ています。まだまだ手放しでは喜ぶことは出来ませんが、日本の障害者スポーツも、少しずつではありますが、欧米の水準に近づきつつあるのかもしれません。

おわりに

車いすマラソンは、「障害者スポーツ」であり、「生涯スポーツ」の側面も持っています。その理由として、選手の年齢層がとても幅広く、第33回大分国際車いすマラソン大会に出場した最年少選手は14歳、最高齢選手は87歳となっており、競技性だけではなく、健康の維持・増進といった目標を持つ選手が多いことも挙げられます。毎年行われる大会には、多くのボランティアが運営に関わり、選手のサポートを行います。ボランティアとの交流を楽しみに、大会に出場する選手もたくさんいます。私自身、競技経験がまだ浅く、練習も足りず（?）、なかなか市民ランナーの域を脱することが出来ませんが、多くの選手と出会い、情報を交換することが刺激になっています。ちなみに、夫は15歳から競技を始め、競技歴も14年と中堅です。今後は、東京パラリンピックも視野に入れ、少しでも高いレベルで競技を続けることを目標にしているようです。

学生の皆さんも、勉強や遊びの傍ら、ちょっと「車いすマラソン」「障害者スポーツ」に興味を持ってくれたら幸いです。（２０１４年3月　第13号・P67－70）

あの日の前も、その後も——泥を見ないで人を見る

神戸市社会福祉協議会　長谷部　治
１９９６（平成８）年３月卒業

はじめに

１９９６年の大学卒業以来、転職経験無く、社会福祉協議会のプロパーとして働いてきた。最初の17年は神戸市長田区の社会福祉協議会で。以降、２０１１年の３月の育児休業、福島県災害ボランティアセンターへの５カ月間の派遣を経て、現在は２０１１年９月から神戸市社会福祉協議会で地域福祉部門の担当者として勤務している。

鹿児島国際大学（旧経済大学）在学中に参加した阪神・淡路大震災ボランティア活動をきっかけに「災害ボランティア」との関わりをはじめ、多くの失敗や挫折を経ながらも「学びの場」を広く職場の外にも持つことで、なんとか人生約３万日の中腹までたどり着いた私の「今ここで」を記してみたい。

現在の仕事と社会的役割として

私は現在、神戸市社会福祉協議会で福祉部地域福祉課主事として働きながら（生活のために給料をもらいながら）いくつかの社会的役割を担っている。

◇神戸常盤大学では看護学科で『ボランティア論』を担当する非常勤講師

◇特定非営利活動法人ＦＭわいわいでは理事。（７言語で放送する多文化共生を目指すコミュニティラジオ局を運営する法人）

◇災害ボランティア活動支援プロジェクト会議では臨時委員。（災害発生時に現地の災害ボランティアセンターを支援する団体。中央共同募金会が事務局）

◇神戸市教育委員会では学校防災アドバイザー

◇全国社会福祉協議会では社会的包摂に向けた福祉教育

のあり方研究会委員会

近年、任期が終了したものの中には、
◇特定非営利活動法人日本ボランティアコーディネーター協会の理事
◇日本福祉教育・ボランティア学習学会の特任理事
といった役職も担ってきた。

これらの役職は分野としては『ボランティア』『減災・防災』『福祉教育』の三つに集約される。しかし、この三つの分野は私にとって決して異なるものではなく、互いに重なり合いながら存在し、それぞれの専門領域を深めることに作用しあう存在である。

実生活では業務の傍らでこれらの役職を担うのは時間的にも体力的にも難しい面がある。時間管理の悪さからいくつもの失敗もしてきた。しかし、一方でこれらの役割が卒業後の学びの場として作用し、結果として本業である社会福祉協議会のプロパーとしての業務に大きくプラスとなっていると感じている。

これらの役職や立場を通じた学びが活かされる場を東日本大震災での対応を例に記してみたい。

東日本大震災での役割とその後

1　あの日の直後に先遣隊として

２００４年の新潟中越地震での災害ボランティア活動の実態調査を契機に、中央共同募金会を事務局として、災害系のＮＰＯや全国社会福祉協議会、日本経団連等をメンバーに『災害ボランティア活動支援プロジェクト会議 http://www.shien-p-saigai.org/』が設置されている。

私はその臨時委員を２００８年から務め、災害ボランティアセンターを運営する人材育成研修を担当している。あの日までに、社会福祉協議会のプロパーや災害系ＮＰＯの中には全国に研修を受講した「運営支援者」が全国におよそ３００名誕生していた。

東日本大震災が起きたあの日、私は次男が生後６カ月になったことを契機に妻と交代して育児休暇を半年間の予定で申請し卒業後初めての長期間の職場離脱に入っていた。

3月11日、第1報は次男を寝かしつけて自分も横でうとうとしていた時、妻からの「東北で大きい地震があったらしい。テレビ見て」と記されたメールだった。

あの日、私は全国の多くの人たち同様にテレビにくぎ付けになりながら同じ映像を何度も見ながら、流れるテロップを注意深く追っていた。

深夜、日付が変わるころ、事務局から「3月12日10：00に臨時委員会を東京で開催する」とメールが届き、最初の委員会への招集がかかった。育休中の身であり、かつ関東圏も大きな被害と混乱で交通網もマヒしており、出席はままならないと思っていた。しかし、翌日から妻は土日で休みだったこと、東海道新幹線の始発が動いたことも功を奏し、結果的には上京することができ、委員会に出席した。委員会では現場の状況を確認するため、先遣隊の派遣が決まり、私はそのまま宮城県仙台市へ向かう先遣隊として東北道を北上することになった。

12日深夜、仙台市に到着し、夜明けと同時に被災エリアの状況を目の当たりにし、被害状況に心を締め付けられるとともに、今回の被災者支援活動は今まで経験したものとは全く異なることを感じた。

宮城県社会福祉協議会を訪問し、主に「数日以内に災害ボランティアセンターの運営にあたり人材の派遣を全国規模でおこなう」「運営資金は赤い羽根募金の災害準備金を活用するので心配はいらない」の2点（人のこと、お金のこと）を担当者や幹部に伝え、各沿岸部の被災地で活動する社会福祉協議会への伝達の仕組みを調整した。電話も通じず、現地に行くにも往復のガソリンもない。そこで、宮城県社会福祉協議会と仙台市社会福祉協議会の車両を緊急車両として厚生労働省社会援護局に申請し、高速道路上での給油を可能にし、被災エリアと県中心部との移動手段を確保し現地への先遣を行った。

14日午後には東京に戻り「広がれボランティアの輪全国会議」が設定した臨時会合（200名ほど参加）で現地の報告を行い、

「津波エリアは壊滅的な被害を受けているが、平常エリアと被災エリアがかなり近接している。災害特別道路に緊急車両だけではなく、民間の輸送車両も通行許可することで稼働できる商店や企業も多く現地の食料品不足を改善できる」

「余震も多い中、現地はガソリンがなく、不用意な被災地入りは自粛すべき」

「けがをしている被災者よりも、孤立エリアに取り残されている被災者が多く、レスキュー隊や自衛隊の救助が72時間を超えても大きく成果を上げる可能性が高い」

といったことを報告した。その後、夕方には神戸の自宅に戻り育児に復帰。

2　福島県災害ボランティアセンターとして赴任

翌日からは近畿圏で行われる対策会議や情報交換の場に出席しつつ育児を担っていたが、結局、次男を保育所に入所させ4月1日付で復職し、同日付で災害ボランティア活動支援プロジェクト会議に出向辞令を受け、福島県担当として「福島県災害ボランティアセンター」に赴任した。出向辞令には「期間は当分の間」と記されており、1995年に阪神・淡路大震災を経験した神戸市社会福祉協議会は数週間で何かが成せるとは到底考えておらず、長期支援を当初から視野に入れた英断が成された。

福島県災害ボランティアセンターでは主に沿岸部の津波被害エリアで活動する災害ボランティアセンターの人的支援や福島第1原発での事故をきっかけに避難を余儀なくされた9町村での被災者支援活動を担当していくこととなった。

現地で起きていることの大半を県外では把握することが難しく、福島県内のボランティア活動の状況を全国や県内に情報発信していく必要があった。その状況を打開するため実施したWEBと紙ベースでの『はぁとふるふくしま　別冊』の発行では完成原稿を理事をつとめる特定非営利活動法人FMわぃわぃ宛てに送り、多言語に翻訳しWEB発行や音声データでの各メディアへの配布などを行い、被災エリアの外国語を母語とする住民たちへの情報提供を行った。後のログ解析では海外からも多くの方が閲覧しており諸外国の「フクシマ」への関心の高さがうかがえた。参考：http://www.pref-f-svc.org/archives/category/tsuushin

また、福島県災害ボランティアセンターが何をすべきかを内外に明確にするための計画として、

「福島県災害ボランティアセンター短期重点計画（4月29日～5月12日）」

「福島県災害ボランティアセンター活動計画中期ビジョン①（5月13日～6月30日）」

「福島県災害ボランティアセンター（活動計画中期ビジョン②（7月1日～9月30日）」

「応急仮設住宅支援計画」の四つの計画をまとめ、計画に基づく活動の遂行を支援した。

この計画は現地の社会福祉協議会の職員だけではなく、全国社会福祉協議会、関東や九州から派遣された社会福祉協議会職員、地元NPO法人等の知見を結集して制作された。

この制作の取りまとめにあたっては特定非営利活動法人日本ボランティアコーディネーター協会の理事として（2012年まで4年間が任期）担当した「日本ボランティアコーディネーター協会中期ビジョン策定事業」作業の経験が大きかった。異なる立場や参加者の幅広い情報や知識を短時間でまとめる作業は困難の連続だったが、あの中期ビジョン策定作業の経験が身を助けた。

5カ月間の派遣期間の間、社会福祉協議会の職員という立場だけでは成果をあげることはできなかったのではないかと感じる。社会的役割として幅広く費やしてきた時間が、結局自分をつくり育て上げてきた。これから福祉の道を目指す人たちには幅広く時間を使うことが自分を育てることを知っておいてほしいと思う。

３　現状の課題

東日本大震災以降、全国ではマニュアル策定の動きが活発だ。全国で整備されている災害ボランティアセンター運営マニュアルはどのような視点で書かれているだろうか。

「地震」や「水害」に偏りすぎていたりしないか、「津波災害」を水害や地震と混同していないか、「ボランティアセンターをうまく運営する」ことばかりに気をとられ「被災者主体」が抜けていないか。気になることは多い。また、結果としてマニュアルを固定的に作りすぎて想定外なことばかりが起こる被災地で対応力の低いものになっていないだろうか。

これらの懸念材料は東日本大震災以降より広がっているのではないかと感じている。

例えば、福島県災害ボランティアセンターが計画の基本姿勢として示した「被災者本位」「関係機関との協働」「安全と健康」「風評被害の払拭」といった視点。近年ＩＴ業界を中心に言われる「リーンスタートアップ（改善を繰り返しながら良いものを作り出す姿勢）」のような姿勢を浸透させていくことも大切なのではないか。

今後の展開―役職や立場を通じた学びの場として―

２０１４年２月に開催される日本ボランティアコーディネーター協会が主催する『全国ボランティアコーディネーター研究集会ｉｎ栃木』に現在アドバイザーとして関わっている。この集会では災害ボランティアセンターに関する分科会に社を挙げて「爆速」というスローガンのもと「リーンスタートアップ」に取り組むヤフージャパンの職員に報告をお願いしている。この理念と現在の災害ボランティアセンター運営の手法の融合が図られ、大きな改善と成長に寄与できることに取り組んでいきたい。

また、２００７年ごろから掲げる「泥を見ないで人を見る」といった姿勢の浸透も図りたい。もともとは災害ボランティアの復旧作業現場で泥ではなく被災者の状況を見る姿勢を説いた言葉で、技術論が進めば進むほど忘れられていくことに警鐘をならしたいと考えている。

この課題は他の福祉現場も同じではないだろうか。２０１６年に施行される生活困窮者自立支援法ではコミュニティソーシャルワークの技法が重要になってくるが、ここでも「泥を見ないで人を見る」といった姿勢を疎かにすると今ある制度にあてはまるかあてはまらないかだけを見てしまい、一人ひとりの生活や命を守っていくことはできない。（２０１４年３月　第13号・Ｐ71－74）

種子島で子どもたちと共に

鹿児島県立中種子養護学校
２００９（平成21）年３月卒業　古田　友也

はじめに――種子島と私

まずは自己紹介から。私は種子島出身です。種子島って知っていますか？　種子島は九州の大隅半島の南海に浮かぶ島で、人口は約４万人。種子島と言えば、鉄砲伝来やロケット基地の島として有名ですが、他にも安納芋やマンゴーといった作物やサーフィン、シーカヤックなどのマリンスポーツの盛んな島としても有名です。

さて、私の実家は農家です。子どもの頃からさとうきびやじゃがいもの収穫、時には牛の出産にも立ち会ってきました。このような風土と農家の子どもという環境の中で育った私は、収穫する喜びや生命の神秘や素晴らしさを体験できたことに感謝しており、私の生きる力・源というものはここにあったと感じています。そんな私の感じた生きる力というものを特別支援学校の子ども達に伝えたいと考え教員を目指してきました。大学の４年間、種子島を離れ、再び種子島に戻り、そして現在、中種子養護学校に期限付き教諭として勤めて３年が経とうとしています。

マンツーマン指導の落とし穴

中種子養護学校で１・２年目に担任した児童Ａくん（当時１年生）を連れて居住地校交流ということで彼の地元の小学校に行ったことがあります。事前の打ち合わせで、Ａくんの実態やねらいなどを伝え、小学校の子ども達と一緒にできる授業を計画してきました。個別の指導計画では「集団参加が（積極的に）スムーズにできる」を目標に取り組んできているＡくんですので、にぎやかな雰囲気に圧倒されないかな？　帰りたいって言わないかな？　自己紹介できるかな？と考えれば考えるほど担任の私は、不安でいっぱいでした。Aくんが活動に入れなかった時のためにAくんの好きなお絵かきセットも準備しました。

実際行ってみて、子ども達のAくんへの積極的なかかわりにとても驚きました。Aくんも次から次に話しかけられるので最初はどうしていいか分からない様子でいましたが、「鞄はこっちに直すんだよ」「着替えをするんだよ」という子ども達の言葉掛けでAくんはすんなり動くことができていました。図工の授業内容は、「海の世界を作ろう」というテーマで海の生き物を絵にしたり、紙粘土で立体に表したりして、大きな広幅用紙にみんなで海の世界を表現しようというものでした。Aくんは、発想力がとても優れていて、描画や制作はとても得意にしていましたので、Aくんが作る魚・うに・やどかり・たこに、みんなは「すごーい」と驚き、取り囲むようにAくんの制作の様子を見ていました。Aくんの作品をきっかけに作りはじめる子がいたり、真似て作る子もいたりするほどAくんの作品は素晴らしいものでした。体育では「体を動かして遊ぼう」というテーマで、ぞうきんリレーやしっぽとりゲーム、ドッジボールなどをして一緒に体を動かす楽しさを喜んだり、達成感を共有したりしました。みんなの動きを見ながらAくんも同じ動きをしたり、Aくんの様子を見ながらみんなが言葉掛けをしたりしていました。図工も体育も私が入って指導する隙はほとんどなく、「念のため」と持って行っていたお絵かきセットを出すことは一度もありませんでした。自分で見て動き、友達に支えられながら1日過ごすことができ、Aくんの交流でのねらいは十分に達成することができました。

この交流で、周りのちょっとした言葉掛けでAくんはこんなにも動けるのだとうれしく思う反面、私の今までの指導方法は適切だったのだろうかと考えさせられる部分が多くありました。着替え指導の時は、言葉掛けをせずにもう少し待てばよかった、ここは手順表があれば一人でできたのではないかなどと自分の余計な指導が次々に頭に浮かんできました。中種子養護学校は全校生徒が20名弱と少ないということもあり、子ども1人に教師が1人つける体制であるので、ついマンツーマンの指導になりがちでした。マンツーマン指導に偏りすぎたあまり、児童の持っている伸び、可能性を十分に引き出せていなかったように思います。マンツーマン指導の良さは、子どもとじっくり向き合って十分に児童の実態に合った指導ができることにあると思いますが、「集団参加」を目標にしている児童にとっては、マンツーマン指導だけでなく、グループ学習や交流など集団で子ども達同士によって動き、対応の仕方を身に付けていくという機会が必要であると思います。

Aくんの居住地校交流のように一緒に授業や会話をする機会を作ってあげることで、子ども達は意外と早く慣れ、お互いの様子を知り、認め合い、一緒に楽しく遊ぶことができます。また、教師に言われるよりも同世代の子に言われた方が納得したり、重みが違ったりもするものです。この交流後、自立活動や教科の授業はマンツーマン指導の良さを生かし、朝の会や生活単元学習は隣接学年と合同学習をするなど、指導体制を変え、また、自分自身も言葉掛けのタイミングを工夫したり、減らしたり、「認め、励まし、価値付ける」指導を心掛けたりするなど、指導観も変わったように思います。マンツーマン指導の落とし穴に気付かされた居住地校交流でした。

私が思う熊毛（種子島・屋久島）の現状

中種子養護学校には、屋久島の児童生徒が6名在籍しています。そのうち4名は小学部1年生から養護学校に隣接する学園に入園し、親元を離れて学校に通ってきています。屋久島には特別支援学校がないので親元を離れなければなりません。先ほど述べたAくんの同級生に屋久島出身のBちゃんがいました。Bちゃんはとても笑顔が素敵でムードメーカー的な存在です。そんな明るいBちゃんですが、電話で母親の声を聞いただけで涙を流し、「先生に注射された」「先生に叩かれた」と嘘を言って、母親に迎えに来てもらおうと必死に訴えかけます。また、2週間に1度の母親のお迎えの日には、母親の顔を見るとすぐに涙を浮かべ「ママ～」と駆け寄って行きます。そんな姿を見ると、とても心が痛みました。普段は明るく元気に頑張っているBちゃんですが、内心はぐっと我慢している部分があったのです。それを表に出さず、明るく振る舞うBちゃんは私なんかよりもずっとすごいと感じます。6歳の子が親元を離れて頑張っているという現状がここにあります。

また、ある日、特別支援教育コーディネーターの先生からこんな話を聞いたことがありました。中種子養護学校の近辺には、老人ホーム、知的障害者施設、社会福祉協議会などの施設があり、そこ一帯を地域の人は「福祉の里」と呼んでいます。国道から1本入った筋が「福祉の里」となっているのですが、地域の人の中には、「その1本入った筋には入りたくない」と毛嫌いする人がいます。その筋に入ったことで親戚や地域の人から白い目で見られるのではないかと思い込んでいるのです。地域における障害者の理解や特別支援教育の啓発がどれだけ大変か、どれだけ大切さかは、いろいろな講演会でもよく聞きますが、種子島でも地域理解が課題な部分があることが現状です。近年、国の調査で通常学級に特別な教育的ニーズのある児童・生徒が約6％の割合で在籍しているといわれており、理解と支援が不十分で、児童生徒も教師も、そして保護者も苦悩しているという現状が日本にはあります。種子島でも、中種子養護学校の特別支援教育におけるセンター機能としての役割は大きく、その中でも特別支援教育コーディネーターの先生は、各組織の中心となり、地域の学校へ巡回相談を行い、求めに応じて教材教具を貸し出したり、協力して個別の指導計画を作ったり、あるいは保護者や指導上悩んでいる教師の助言指導をするなど、特別支援教育の専門性を生かした支援が喜ばれています。地域の学校を卒業した発達障害の生徒だけでなく、中種子養護学校の卒業生の大半も高等部を卒業してから地域に帰ってくる人が多く、子どもたちの社会参加と自立を考えた時に、地域理解は欠かせないものとなっています。また、中種子養護学校には地域の強い要望で高等部ができましたが、今後は卒業後の受け皿づくりが課題となってくると思います。

おわりに――種子島へおじゃりもうせ

種子島から私が思うままに書いてみました。書きながら今までの教師生活を振り返ることができ、これから自分が教師として新たに考えていく課題などを明らかにすることができました。「教師っていいな」と思います。教師には、「一期一会」という言葉がぴったりです。かけがえのない出会いがたくさんあり、いろいろな考えを学び、本当にやりがいのある仕事です。ここ中種子養護学校にも尊敬できる先生がたくさんいて、毎日いろいろなことを吸収しています。そして、今、種子島という環境で仕事できる喜びをひしひしと感じています。ぜひ、みなさんも種子島へおじゃりもうせ（いらっしゃいませ）!!（2012年3月　第11号・P87－89）

『社会保障資料集』作成の思い出

鹿児島県国民健康保険団体連合会
2008（平成20）年3月卒業　野元 由貴

田畑ゼミを選んだ理由と社会保障制度

私たち、田畑ゼミナールは「社会保障制度―所得・医療・介護」をテーマに掲げ、社会保障の全体像を学び、その上で各制度の理解を深めることを目的にしている。

私が、田畑ゼミナールを選んだ理由は、社会保障制度は医療保障においても、年金制度においても、他の制度においても、どのような形であれ、人々が生活するうえで必ず関わってくるものであり、社会保障制度を学んでおけば、将来役に立つだろう、そんな単純な理由であった。しかし、いざ勉強をはじめてみると頭の上に？が何個も浮かんでいる、そんな状況であった。社会保障制度は本当に複雑であり、なかなか理解できない自分に対して悔しい思いをしたのを覚えている。

しかし、私の負けん気な性格が働き、社会保障制度を絶対理解してやる！　そんな闘志が湧きあがってきた。それからは、悪戦苦闘しながら一つ一つを確実に理解できるよう勉強していく日々が続いた。そんなことを繰り返すうちに、今までの苦手意識も少しずつ薄れていった。それに比例するかのように、いつの間にか社会保障制度を勉強するのが楽しくなっていた。

社会保障制度を身近に感じてもらうために

確かに社会保障制度は複雑で、社会福祉士国家試験科目のなかでも社会保障論が一番苦手だという人も多く、どう勉強したらいいのか分からないという声もよく聞いた。そこから抜け出せずに、社会保障論でつまずいている人を多く目にした。私だけでなく他のゼミ生も同じであった。私たちゼミ生も同じように、社会保障制度を悪戦苦闘しながら勉強してきた経験があったからこそ、一人でも多くの人に社会保障制度をもっと身近に感じてもらいたいという気持ちは強くなっていった。

そんななか、ゼミナールの担当の田畑洋一教授の提案もあり、ゼミ生で話し合った結果、鹿児島国際大学社会福祉学会による自主研究助成を利用させていただき、『社会保障資料集』を作成することにした。その目的は、多くの学生から敬遠されている社会保障制度を誰がみてもわかりやすいようにし、少しでも身近に感じてもらうことであった。

『社会保障資料集』作成楽屋裏噺

本資料集の作成では、教科書のように文章中心で構成するのではなく、教科書や参考書ではなかなか見ることのできない資料を出来るだけ多く掲載し、社会保障制度がより具体的に感じることができるものにすることに力点をおいた。

私たちの資料集作りは、ゼミ生それぞれの担当分野を決め、資料を集めるところからスタートした。図書館の書籍やインターネット、また、市役所、労働基準監督署などの関係機関に実際に足を運んでの資料集めであった。毎回ゼミナールでは他のゼミ生が集めてきた資料をチェックし、資料の整理をしていった。その作業は私たちにとって新しい事の発見だらけであった。今まで、教科書の文章を通してしか知らなかったことが、実際の申請書類等の見ることで、より具体的なものとなっていったからである。

例えば年金制度である。年金制度がどのような制度であるのか理解していても実際にどのように年金を請求するのかは知らなかった。しかし、収集した資料の中に年金の裁定請求書があり、その請求書を見てはじめて年金の請求の仕方を知った。このように、講義を聞いているだけでは知るはずのなかったことを、資料集作成を通して多く発見することができた。まさしく〝百聞は一見にしかず〟という感じであった。

『社会保障資料集』作成は、休日返上での作業を始め、相当の準備と期間を要した。3年次での資料収集に続き、4年次では収集した資料の選別・編集・加工を中心としていた。4年次では、その作業と同時に、卒業論文、また、社会福祉士国家試験の受験勉強もしなければならなかった。多くの事が重なり、正直、きつく感じることもあり、資料集作りを後悔した時期もあった。今一番したいことは、社会福祉士の受験勉強なのに……と思うことも多々あった。

今、学生時代を振り返って

今は、受験勉強だけに時間を使って卒業を迎えなくて良かったと思っている。実際、すべてを達成したときの達成感は素晴らしいものであった。一つでも欠けていたらどのような結果が待っていたのか不安である。大学時代に力を注いだことは何?と誰かに聞かれたとしても、みんなで力を合わせて『社会保障資料集』を作成したこと、また『卒業論文』を仕上げたこと、そして、『社会福祉士国家試験合格』は胸を張って言うことができる。

今、学生時代のことを振り返り、ふとこの『社会保障資料集』を見ることがある。確かに学生ゆえにまだまだ未熟で不十分な点があると思う。しかし、学生時代に力を注いだことを資料集という〝形〟にして残すことができ、本当にいい経験をしたと思う。卒業して社会人になった今だからこそ分かることがある。学生時代にしか出来ないことがあるということだ。学生生活の中では有り余っている時間がたくさんある。その時間を有意義に使うためにも、チャレンジ精神を持っていろんなことに挑戦していってもらいたい。その経験にきっと無駄なことはないと思うから……。

おわりに

私は現在、鹿児島県国民健康保険団体連合会で働いている。きっかけは卒業論文で『国民健康保険の課題と展望』について考察したことである。卒業論文を通して、国民健康保険制度に興味を持ち、その業務に携わっていきたいと思ったからである。日々の業務のなかで、「あっ、これは先生が講義で言っていたことだ!」「あの時見た図のことかなぁ」と学生時代に習ってきたことが出てくることが多々ある。そんな時、学生時代培ってきた知識を活かしながら仕事ができていることを誇りに思うし、同時に自分のやってきたことは無駄ではなかったと思う。

今の私があるのは、学生時代の様々な経験のおかげだと心から思っている。在学生のみなさんにはこれからまだまだたくさん時間がある。卒業する時、私は学生時代にこんな経験をしたんだ!と胸を張って言うことができる、そんな充実した学生生活をぜひ送ってもらいたいと願っている。（2009年3月　第8号・P42－43）

卒業して10年、転職を繰り返して思うこと

医療法人腎愛会上山病院・地域連携室　脇田　拓郎
2005（平成17）年3月卒業

はじめに――全然先のみえていない自分

私は平成13年社会福祉学科に入学しました。当時は、福祉に関して強い思い入れがあったわけではなく、進学の際も、鹿児島国際大学にたまたま社会福祉学科が設置してあったので、社会福祉学科を選んだ。という程度で、将来のことにしても明確な目標があったわけではなく、医療関連の仕事に就きたいなぁ〜程度の気持ちだったと思います。

入学時は全然先が見えていない私でしたが、今思えば、将来の目標を見つけていないことは、悪いことではなく、職業に対する視野が広がるという点では良かったのかもしれません。どんな仕事がしたいのか。どのように歳をとっていきたいのかを、大学4年間で様々な職業の中から、自分がしてみたい仕事を見つけられる時間があったことは、いい経験だったと思います。

学生時代

在学中、たくさんの友人ができ、サークルではボランティアサークルに所属していたため、小学校に行って手話を教えたり、6月に行われる遊音祭にむけて手話の発表会練習に励んだりしました。サークルは2年の時に入部しましたが、サークル活動が、学生生活でいい思い出です。クラスメイトとは、時間が合えば呑み会やボーリング。その後、朝まで遊び、その後大学へ……。今では考えられないような生活をしていました。寝る時間がないほど遊びましたが、ある意味「大学生らしい」学生生活を満喫したと思っています。授業をさぼるようなことはなかったですが、「勉強」が二の次になってしまったのも事実であります……。

就職と転職～営業職から手始めに

就職活動が近づき、自分がどんな仕事がしたいかと考えなおした時、当時私にも何かしらの野心があったんでしょう……「たくさんの人と関わる仕事がしたい！　なんか自分、勝負したいっ！　よし、営業だ‼」と直感で思い、福祉から離れ、サラリーマンとして働くことに決めました。

営業というのは、本当にやりがいがあって、やった分が自分に返ってくることもあり、とても充実していました し、様々な業種の方と知り合いになることが一番の楽しみでもありました。病院で働いている今でも、「どっかでお会いしたことありますよね？」と聞かれることがよくあり、私を忘れることなく、話しかけてきてくださる方々にいつも感謝し、営業という仕事をして本当によかったなと思います。

営業の成績は悪くなく、（自分で言うのもなんですが……）むしろ良かったほうだったのですが、サラリーマンを5年ほどしたある日、営業で通っていた福祉施設の施設長と少し話す機会があり、仕事や施設のことなど、雑談のような感じで話をしていたところ、ふいに施設長が、「福祉の大学出て、営業？　脇田さんもったいないね」とポツリと言われました。私はその言葉がずっとひっかかり、仕事についてもう一度考えてみようと思いました。大学で学んだことを活かしてみようか。もう5年も勉強してないが、大丈夫だろうか。半年ほど考え、自分の考えは、「今は、物を売ることで色々な人と関わってきたが、今度は人の役に立つために色々な人と関わっていきたい」と明確になり、営業という仕事を辞め、養護老人ホームの生活相談員として働くことにしました。

国試勉強と養護老人ホームでの勤務

養護老人ホームは、金銭問題や住居の問題など、体は元気であるが、社会生活ではなかなか難しい方々が入所されている施設で、まさに私がしたかった「人の役に立つ仕事」にマッチする職場でした。福祉を6年ほど離れており、法律も若干変わっている部分があった医療・介護保険制度や、ソーシャルワークを一から勉強しなおしました。この頃社会福祉士を取得しましたが……この時期が、学生生活よりも福祉について勉強した時期かもしれません……。ちゃんと勉強しとけばよかった……とも思いましたが、福祉の仕事をしながら福祉の勉強ができるということは、贅沢なことだなと感じていました。

試験勉強ですが、私は社会人として2回目で合格することができました。1回目は施設に入職したばかりで、試験を受けるつもりはなかったのですが、職場の方から、

「結果はさておき、試験会場の雰囲気を味わってみれば？」と言われ、1回目の試験を受けることにしましたが、案の定落ちました。試験の問題文の意味すらわからない状態で、やはり、6年のブランクを取り戻すには簡単ではないと思いました。ただ、この〝体験受験〟がよかったのだと思います。試験は1月ですので、落ちてみて何年間も正月に試験勉強なんてしたくないと思いました。極寒の試験会場も行きたくなかったですし、二度とこんなことは味わいたくないという思いから、試験勉強に取り組みました。

私は、短時間で勉強するタイプではないので、週5日くらい、1日1～2時間で、5月くらいから始めました。小さい子どもがいますので、なかなか時間が作れなかったです。勉強内容は、過去問と一問一答集のみでした。社会福祉士の試験問題にはちょっとした言葉の綾により正誤が分かれる選択肢が多いので、そこに気をつけ、試験を受け、合格することができました。もし、あの1回目の〝体験受験〟がなければ、何年も試験を受けていたのかもしれません……。

仕事と勉強をする中で、やはり福祉というのは奥が深いと改めて感じました。倫理的ジレンマと戦い、制度上の問題、参考書には出てこないケースなど、なかなか一筋縄ではいかないところにやりがいのある職種だと感じました。

いま、総合病院地域連携室で

福祉施設で3年ほど働いた頃、学生の頃に淡くいだいていた、医療への興味が強くなり、現在の病院へ転職しました。病院では、他医療機関・施設との入退院の連絡調整や医療福祉制度の説明を行ったりしています。同じ「相談員」として仕事していますが、やはり、福祉と医療は似ているようで違います。主に医療は、在宅に戻るために社会資源の活用方法を提供しますが、福祉（施設）は、在宅に戻ってからの社会資源の活用方法を提供します。提供範囲が若干違うので、仕事をする上でおもしろいところでもあり、前職での経験が生かされにくいところでもあります。しかし、前職の営業職で得た礼儀作法やニーズの引き出し方や、福祉職で得た、様々なケースからの解決事例は、現在の仕事に生かされていると思います。

難しいことも多いですが、その分やりがいがあり、とても楽しく仕事をしています。

おわりに――転職を繰り返して思うこと

私は転職を2回し、現在3つ目の仕事をしているわけですが、転職をして思うこと。転職は決して悪いことではないということです。私はむしろプラスだったと思います。転職に対して、いいイメージを持っていない方もいます。しかし、職を変えるということは、自分が今まで培っていたものを発揮できる、新たな道へ進む第一歩です。転職はかなりのエネルギーを使います。しかし、そのエネルギーを使った分、得るものも大きいと思います。一般企業→福祉施設→医療機関と、特に私の場合は職種が全て違いますので、こんな経験をした方は中々いないんじゃないかと思います。私は、前職がイヤで転職をしたわけではないので、一緒に仕事をした仲間に感謝していますし、10年ほどの間でたくさんの方に出会い、色々な経験や勉強をさせていただきました。

寄稿するにあたり、あらためて私は、この10年間濃い人生送ってるなぁと感じました。また、いろんな場面での決断に、温かく見守ってくれた、職場の方・家族・友人に感謝したいと思います。あらためて、このような、自分を再度見つめなおす機会をいただいて、ありがとうございました。（2015年3月　第14号・P31－32）

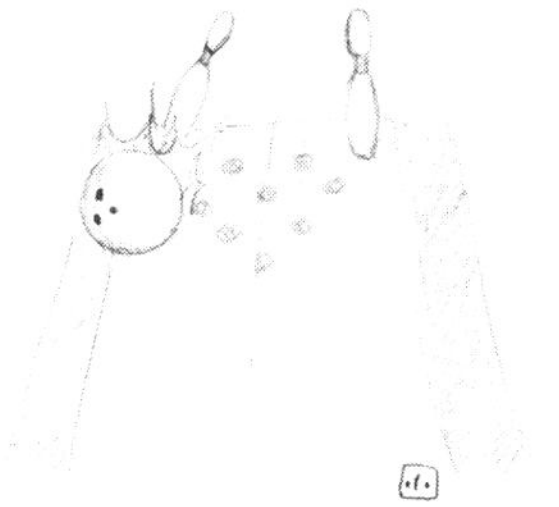

5章

『ゆうかり』巻頭言にみる
学内学会今昔

学会に寄せて

2002年3月31日『ゆうかり』創刊号・巻頭言

福祉社会学部長
田畑洋一

鹿児島国際大学福祉社会学部では2001年4月、現代社会学会、社会福祉学会および児童学会の3学会が設立された。それぞれの学会は、各学科に在籍する全学生および専任教員全員が会員になり、学術研究を推進し、会員相互の学問的交流を促進することを目的としている。

福祉社会学部の前身の社会学部の時代では、学部に基礎を置く社会学会が設置され、約20年間、学生参加の会報・機関紙の発行や研究会・講演会の開催を実施し、学会としての役割をそれなりに果たしてきた。

今回設立された各学会も、そうした活動を行い、会員の知的刺激を喚起し、自主的な研究活動を推進してもらいたい。特に学科の特徴を活かした活動を行い、その成果を機関紙などで発表して欲しいと思う。

学内社会福祉学会誌『ゆうかり』の創刊に寄せて

2002年3月31日　『ゆうかり』創刊号・巻頭言

社会福祉学科長　上川路 紀久男

21世紀がスタートした2001（平成13）年度が間もなく終わろうとしていますが、この1年は私どもの所属する学部にとってもまさに画期的でした。ご承知のように、大学創立50周年を機に1982年4月に増設された社会学部が新たな学部「福祉社会学部」として発足したのです。そして、従来の「産業社会学科」が「現代社会学科」に改組され、新たに「児童学科」が設置されたことにより、私どもの「社会福祉学科」を含め三学科体制の学部に拡充強化されました。更には、大学院福祉社会学研究科社会福祉学専攻修士課程も開設されました。これは、福祉社会という時代の要請に対応するためでもあります。

ところで、前社会学部発足時に付設された20年近く活動してきた学内社会学会も、新たに児童学科が加わったことで、これまで以上に研究・活動方向の開きの拡大が予想されました。そこで学部長からの提案に基づき、各学科の特徴を生かし、機能的・効果的に学会を運営するために、学科毎に分離独立した学生と教員で組織される学部内学会が発足しました。私ども社会福祉学科においては、会則を整備し、2001（平成13）年7月に「鹿児島国際大学社会福祉学会」を立ち上げました。そして、教員・学生による運営委員会のメンバーも総会で選任され、活動が開始されています。初代の運営委員長は、OB会を組織し、本学「社会福祉研究大会」（第5回大会が2月2日に開催され、盛会であった）の企画準備の中心的役割を果して来られた高橋信行先生が就任されました。これからも、意欲に溢れアイディア豊かな委員の皆さんと共に、社会福祉の学と実践の特色ある学会運営と活動を展開されることでしょう。

先日の「社会福祉研究大会」では、大学院福祉社会研究長の前田信雄先生が基調講演をされたこともあり、これまで以上に深みと広がりの増した大会になりました。

これからは、本社会福祉学会員に、大学院生と研究科所属の先生方が加わりますので、研究大会等は一層の厚みが期待されます。なお、今回の研究大会のシンポジウムのテーマも「医療・保健・福祉の連携」で、安達先生のコーディネートのもと、プライマリ・ケア医を目指す開業医、精神保健福祉士、ソーシャルワーカーの3名のシンポジストとフロアから、実践を踏まえた素晴らしい意見が展開されました。私としては、もっと多くの学生会員に聴講してもらいたかったという思いが残りました。

これから、医療・福祉等の実践分野では、人間のスピリチュアリティにまで配意した生活を含めた全人的対応が大切であり、分化から統合ならびに専門の壁を取り払った連携が大事です。このシンポジウムを視聴させていただき、社会福祉士（ソーシャルワーカー）は、利用者の全人的なケアのために、病院・福祉施設・家族・地域社会を繋ぐ中心的な役割を担う必要があると改めて思うことでした。学生の皆さん、授業や援助技術演習・実習、それにこのような身近に開かれるシンポジウム等に今後は積極的に参加し、相手の立場にも立てるように共感性を磨き、関連職種の方々の仕事内容や立場を深く理解した、繋ぎ（連携）の図れるワーカーに育ってください。創刊号発行の挨拶で終わるつもりが、先日、7号館で開催された「第5回社会福祉研究会」が頭を占めていたため、大会印象記になってしまいました。

話を皆さんが主役の学内社会福祉学会に戻しましょう。事業計画としては、上記のOB参加の「社会福祉学研究大会」の他、本誌「社会福祉学会『ゆうかり』」の発行、学部学生・大学院生の自主研究（自主研究発表）助成、福祉研修（講演会・情報技術講座等）、卒業性ネットワーク構築、卒業記念パーティ等を考えています。昨年度まで配布していた手帳については、学生の皆さんに必要度に関するアンケートを調査する予定です。なにしろ、学部学会が3学科に分離独立したことにより、年度予算額が大幅減となりましたので、運営委員会では学内社会学会として相応しい事業を計画し有効な予算配分に心掛けるつもりでいます。皆さんには総会に出席いただく他、学会運営に関し気づいたことや要望を、その都度、学生委員が福祉学科の教員に申し出てください。

とりとめない挨拶になってしまいましたが学内社会福祉学会発足の経緯等を述べさせてもらいました。本学会は卒業生・大学院生を含めた社会福祉学科の学生の皆さんと私ども教員のものですから、肩肘張らなくて気軽に参加・発表・執筆できる有益なものになるように皆で育てていきましょう。そして最後になりますが、本学会誌『ゆうかり』は、卒業生・在学生・教職員、それに地域の福祉に関わる方々を豊かに繋ぐものであって欲しいと思います。

社会福祉学会誌『ゆうかり』によせて

２００４年３月19日『ゆうかり』第３号・巻頭言

福祉社会学部長
田畑洋一

福祉社会学部の前身である社会学部が１９８２年４月に創設され、それを契機に社会学部に所属する学生と教員の全員を会員とする社会学会がスタートした。この学内学会は、学生と教員が対等な立場に立ちながら、会員相互の学問的交流、特に学生の主体的学習活動の進展を図るもので、その主な事業としては、会報『ゆうかり』と機関誌『ＹＡＭ』の発行、学会手帳の発行、研究会や講演会の開催､学生の自主的研究活動への助成、卒業パーティーの実施などの多岐にわたっていて、その役割は有用であった。

社会学部が創設されたことにより、本学は単科大学から総合大学への第一歩を踏み出すことになる。２０００年度には国際文化学部が増設され、本学はここに文字通り総合大学に発展し、校名も慣れ親しんだ鹿児島経済大学から鹿児島国際大学に名称変更された。２００１年度には、産業社会学科が現代社会学科に改組され、新たに児童学科にも設置されたことにより、学部が現代社会学科、社会福祉学科、児童学科の3学科体制になり、入学定員も合計で３９０名に増員された。これを機会に、学部名称も、社会学部から福祉社会学部に変更された。これにより、これまで学部に基礎を置いていた社会学会を発展的に解消し、学内学会は各学科を単位に、現代社会学会、社会福祉学会、児童学会に再編されることになった。

これら学内学会は、各学科長を会長とし、総会において選出された運営委員会を中心に活動している。２００２年11月には、学部創設20周年を記念して､「子どもの今と未来」をテーマとする3学会共催のシンポジウム（シンポジスト＝古川義和教授、天羽浩一講師、猪飼美恵子助教授、コーディネーター＝千々岩弘一教授）が開催され、活発な議論がかわされた。

各学会は、各学科の特徴を活かしながら、講演会やシンポジウムの開催のみならず、多彩な活動を行うことができる。たとえば、学生主体の研究大会、自主的な研究活動を促進するための研究助成、ボランティア活動、卒業パーティー、地域との交流を図るイベントの実施など、その活動範囲は学生全員の創意工夫で広がる。社会福祉学会は卒業生などによる社会福祉研究会との連携した活動も展開している。

　社会福祉学会に限らず、学会は会員の協力がなければ実りある活動はできない。特に会員である社会福祉学科学生の学会への主体的な関わりが求められている。だが、その点は未だ不十分であるし、学会への無関心学生も少なくない。学会活動を活発化し、その内容を豊かにするためには、なお一層の活動に向けての組織的連携の強化が必要である。こうして学会活動を今以上に強化・拡充するとなれば、会員自らを高めることができるし、他に対しては、その活動そのものが誇り得る実績となるばかりか、「開かれた大学」「地域に貢献する大学」という本学の理念にも合致する。そういう意味で、各学会が時代や社会の要請に応え、主体的にその事業や活動に取り組んで欲しいと思う。

　こうした社会福祉学会の活動の成果は、この会報『ゆうかり』に纏められている。この会報には、研究助成論文などを掲載しているほか、各演習の論文テーマを載せ、後輩たちの研究テーマの設定などに役立てている。今後は、学生自身の研究活動を紹介したり、また、編集担当の学生全員による取材、たとえば、ユニークな活動をしている個人、団体ならびに研究室などを訪問取材し、それらを紹介するなどして、これまで以上に『ゆうかり』の内容充実を図って欲しいと思う。いうまでもなく、学会活動を活性化すれば、その成果を共有できるし、そのことが地域社会における大学の役割を果たすことにもなる。この『ゆうかり』が、会員たちの知的交流を促し、社会福祉学会のさらなる飛躍・発展の糧になるように期待したい。

社会福祉学会の役割

２００５年３月18日 『ゆうかり』第４号・巻頭言

社会福祉学科長
高橋 信行

近年、社会福祉の分野のみならず、ボランティアやNPOの役割が重視されるようになってきている。それは、あるときは行政サービスの補完的な役割を担ったり、または行政サービスに新たな社会的サービスの必要性を喚起させる先駆的な役割を担ったり、ときには行政への批判的役割を担ったりする。

１９６０年代モートン・ウエイバーというボランティアは、テレビで飢餓のために苦しむ子供たちの様子をみて、その後小学校の子供に朝食を配るというボランティアをはじめた。それはやがて人々の注目をあびるが、単なる個人的取り組みというだけでなく、粘り強く行政から補助を引き出し、最終的には教育委員会がその仕事を担っていくようになる。つまりボランティアの手を離れ、行政サービスの中に組み込まれたのである。しかし、誰かがパレードの先頭に立たなければ成立しなかった事業であった。（金子郁容著『ボランティア―もうひとつの情報社会』PP11-20 １９９２ 岩波新書）

大学組織に対してもつ社会福祉学会の役割にも類似したものがあるかもしれない。何もかも行政任せにすることへの反省と自治体内での自主的な活動のあり方が、ガバナンス、パートナーシップと関連して語られるようにもなってきている。

学生と教員とが、会費を払いながら、大学行政組織からのサービス展開とは一味違う視点から、講演を行ったり、自主的な活動を行う意味は大きいように思う。なんでもかんでも、これは学会にやってもらいましょうというのは戒めなければならないが。

理想を言えば学生と教員とが話し合いながら事業計画を立て、先駆的な試みとして行われることがもっとあるといいと思う。それらは、いずれは大学が学生に対するサービスとして正式に採用しなければならないものであろうし、学生や教員が自主的ボランティア活動として行う方が意義があるものもあろう。そうした試行的な取り組みが、大学そのものをかえていくかもしれない。

　最近学会活動として行われている新入生を歓迎する昼食セレモニーは、大学全体にも注目されはじめている。

社会福祉学会に変革のきざし？

２００８年３月19日　『ゆうかり』第７号・巻頭言

社会福祉学会長　野田　隆峰

同世代の人口の半数が高等教育機関に進学する時代となった。その上、少子化や新設大学・学部の急増などが大きく影響して大学の全入時代が目前に迫っている。その結果、基礎学力の低下や学生自身の抱える青年期問題の多様化など、新たな教育的課題が生じてきている。それは、大学が今までのように単に専門知識を学ぶ場ではなくなってきているということである。知識教育にとどまらない、人間教育の場としての役割が益々重要になってきているのである。

このような大学教育の転換期という大きな流れの中で、社会福祉学会は今後どのような展開を迎えるのだろうか。すぐには明確なビジョンが得られないのかもしれないが、新たな役割について検討していく時期が来ているのではないだろうか。

さて、今年度の学会の活動を振り返ってみたい。今年度も前年度と同様のテーマでシンポジウムを開催した。

ＮＰＯ法人（環境教育・環境保全運動）、精神科デイケア、児童養護施設、老人保健施設デイケアなど、様々な現場で活躍しているＯＢ、ＯＧのシンポジスト達の含蓄に富む話には、極めて大切なメッセージが込められていた。参加した学生たちは、専門職に携わる職業人としての責任、意識の持ち方を肌で感じることができたのではないだろうか？　さらに今後の学生生活において、何を学ぶか、そしてまたいかに学ぶか？を考えるよい機会になったと思われる。

残念なことは、参加者が非常に少なかったということである。台風の影響で、開催が７月14日から10月27日に余儀なく変更されたことは一因であるかもしれないが、教員10名、学生20名程の参加者は、さびしい限りである。これはまた、学会活動の本質的問題でもあるが……。これまでのように、学生の主体性を期待するだけではなく、ＦＤや個人支援教育などの本学で進められている教育への取り組み同様に教員の積極的な支援や働きかけの必要性を検討すべき時期にきているであろう。

また1月12日には、わが国の精神保健福祉分野の第一人者でもある田中英樹先生（早稲田大学）をお招きして、「精神障害者のコミュニティソーシャルワーク～ストレングモデルの視点から～」をテーマに、講演会が開催された。この分野の最近のトピック的テーマであったこと、また国家試験直前ということもあり、会場の大会議室がいっぱいになるほど大盛況であった。

最後に、学会誌『ゆうかり』について少し触れておきたい。今年度の『ゆうかり』は昨年度よりページ数が増えている。これは本学会の活動における明るい兆しの一つと言えるだろう。

今年度号は、新たに平成19年度社会福祉援助技術実習・事後協議会によるシンポジウムの抄録を掲載した。実習は教育の総合体ともいえる。机上の学びが重要であることはいうまでもないが、実習を通して初めて真に理解される。時には自分がいかに理解していなかったかということを「わかる」こともあるだろう。「頭」でわかり、更に「身体」でわかるという、実践で必要不可欠なスキルに繋ぐ学びである。

実習に参加した学生たちの声に触れることで、学びの意味が実習前後で、彼ら自身どのように変わったかを知ることができる。これから実習を体験するものには非常に参考になるであろう。一方その道を通ってきたものには在りし日の自分を振り返り、学びの本質をあらためて再認識するきっかけとなるだろう。機関誌『ゆうかり』のこのページがそうなって欲しいものである。

今はまだ小さな変化ではあるが、これまで述べてきたような新たな動きが感じられることはうれしいことである。この小波（さざなみ）が波紋のように少しずつ広がっていくことを期待している。最後に、教員及び学生の運営委員の皆様方には心から感謝の意を表します。

学生の声が聞こえる『ゆうかり』

２００９年３月19日　『ゆうかり』第８号・巻頭言

社会福祉学会長
蔓毛　良助

平成20年度の社会福祉学会の機関誌『ゆうかり』の内容は多彩で、社会福祉学科の歴史と現状、そして何よりも学生の声が聞こえる内容となっていて興味深く読ませていただいた。まず、編集に尽力された学会の関係者に心から感謝を申し上げたい。その項目のひとつずつに私なりの見解を述べたいと思う。

（１）自主研究助成による研究報告は、演習Ⅰ・Ⅱで取り組んだ内容であり学科の演習Ⅰ・Ⅱのレベルの高さを示している。また、大学院博士課程（前期・後期）の大学院生の研究報告は、修士・博士論文の中間報告となっていて、本研究科のレベルの高さと充実ぶりを示しているとも言える。演習論文と修士論文の連携などを今後に期待したい。

（２）学会主催のシンポジウムでは、各界で活躍する卒業生たちが、仕事や学生時代の思い出を語ってくれた。それぞれの職場で人間関係を大切にしながら理論と実践の統合に尽力している事や学生時代のボランティア活動、朝まで語り尽くした友人の思い出などが語られた。今を生きる学生たちに、具体的な仕事のイメージを伝え、学生時代に何をしておくべきかをしっかり伝えていただいた事が、学生たちの参観記からもくみとる事ができる。こうしたシンポジウムから、学生たちが自己の将来の夢を描き、学生である今、その目標達成の為に何をなすべきかのヒントを得られたと思う。

（３）学会主催講演会では、浜田きよ子氏が、〝排泄ケアが暮らしを変える〟というテーマで、〝むつき（おむつ）〟を多種多様に実演しながら分かりやすく説明していただいた。排泄ケアの過程に心理学の成果が応用されており奥深く興味を持つことができた。参観した学生たちも日常生活や実習中に留意すべき事に気付いたようであった。

（４）精神保健福祉現場実習報告会・事後協議会では、

実習を通して学生が学んだ事、現場の指導の方々の感想と要望が出され、今後の実習教育の課題も明確になり充実した内容となっている。本学科では、この他、社会福祉士・介護福祉士・教職などの資格を出しているが、どのコースでも実習の事前指導→事前協議会→本実習→実習報告会→事後協議会→実習の事後指導→実習報告書の作成という過程を経ている。本学科では理論と実践の統合と少人数教育の中での学生の資質向上を目標としているが、この実習を通して学生たちが確実に成長している。この過程で、学内外の指導者、実習センタースタッフのご尽力も忘れてはいけない。ここに感謝の意を表したい。

（5）精神保健福祉士・社会福祉士国家試験合格体験記では、4年生の実習をこなしながら国家試験合格の為にラストスパートをかけ努力の末に達成したことが分かる。このことは、後輩たちが国試に向けてどのように勉強すべきかのヒントになったと思う。自習室で同志として励まし合いながら取り組んでいた姿が思い出される。合格の背景には学会の国試対策班の先生方のご尽力もあり、合格に貢献している事も事実であり、心から感謝申し上げたいと思う。

（6）先輩たちは、今・ここでは、グリークラブ（男声合唱団）で活躍し、今、本学の総務課に勤務している池田明広氏とボランティア活動・スポーツ・カラオケと自由自在に青春を謳歌し、今、福祉施設に勤務している霍田卓実氏がそれぞれに個性豊かにメッセージを送ってくれている。2人共、このキャンパスに青春をぶつけていた。

（7）エッセイでは、学生たちの思い出が素直に表現されている。全盲の南明志君は、点訳の支援を受けて220単位（教職も）取得した。特別支援教育に4年間情熱を燃やし続けた山本知佳さん、JR九州に就職する田守正尚君、それぞれに社会で大いに活躍してくれる事だろう。本学科の学生たちはエネルギッシュで潜在能力を持っている。そうした学生たちの声を聞けて実に愉快だった。

キャリア形成支援に厚み増す学会誌

2010年3月20日 『ゆうかり』第9号・巻頭言

社会福祉学会長
堀田 哲一郎

37、23、31、17、34、53、68、77、91。この数字は、この社会福祉学会誌『ゆうかり』が2001年度に創刊されてから今回の第9号までの末尾に打たれたページ番号です。わずか17ページしか組めなかった第4号の編集後記においては、そのことを「残念なこと」と述べられ、「2005年度は、多くの学生の皆さんが自主研究助成の募集に応募されて、助成金を使って研究されることを期待しております」とエールが贈られていました。

その次の第5号における研究報告の分量は、前号同様の4ページでした。分量を増やすことに寄与した項目は、大学院設立5周年記念大会報告で16ページと、その前号に比べた増ページ分をこの項目で賄っているといってよいほどの状態でした。第6号での研究報告の占めた分量は17ページで、かなり飛躍したといえます。第7号では、巻頭言において当時の学会長も、前年度よりページ数が増えたことについて「本学会における明るい兆しの一つ」と指摘され、その要素として「平成19年度社会福祉援助技術実習・事後協議会によるシンポジウムの抄録」を挙げられていました。この項目の占めた分量は、実際には6ページで、研究報告16ページ、学会シンポジウム報告11ページ、合格体験記8ページ、寄稿10ページというところも見逃せないところでしょう。第8号では、背文字がつくまでの厚みに達しました。今回の第9号は、研究報告18ページ、学会シンポジウム報告10ページ、合格体験記8ページ、エッセイ15ページ、卒業生による寄稿文が合わせて8ページとなっていました。分量のうえで前号より下回った項目もありますけれども、内容のうえでは、着実に積み重ねの跡が窺えます。

昨今、全学的に「キャリア形成支援」の掛け声が声高になっていますけれども、社会福祉学科の教員間では、「そんなこと、われわれはこれまでもやってきたではないか」と自信に満ちた反応が口々に返ってきたものでした。

それを如実に物語っているのは、前述のようなここ数年の学会誌の増量分の項目です。合格体験記や卒業生による寄稿文はいうに及ばず、例年の学会シンポジウムの内容、そして障害児教育実習の報告も、キャリア形成支援を志向したものですし、また大学院関連の項目や研究報告、アイランドキャンパス報告、学会講演会等は、研究志向のキャリア形成支援とみることもできます。在学生によるエッセイの内容について、荒っぽく大別すれば、入学前の学習過程や親族とのふれあいが学科志望動機につながっていることについて書いたもの、アルバイトや趣味活動における自分探しについて書いたものとに分かれるように思います。いずれも文章表現力の育成にかなり役立っているとみてよいでしょう。発端は、第6号の「寄稿へのお願い」に求めることに異論はないでしょう。これまで地道に寄稿文を集められた編集委員の方々や、それに応えて寄稿された方々の成果が、この学会誌の厚みとなって私たちの前に現れていることに深く感謝いたします。

第8号の編集後記において、端的に「社会福祉学会では社会福祉学科の今後の方向性を考えたとき、社会福祉学会誌『ゆうかり』という媒体を、学科の教育活動の一環として位置づける方向性を確認してきました。具体的には社会福祉の専門性や『仕事と人生』そしてリメディアル教育を視野に入れて、社会福祉学会が独自に取り組める方法と内容で編集しました」と書かれていました。第8号を手にした年度当初、私自身はまだ十分その趣旨を読み取ることができず、この1年間、そのような活用ができたとはいえません。新しい年度には、私も一教員として、その編集趣旨を汲み取りながら自ら活用に努めることを肝に銘じるとともに、他の先生方にも可能な限り、その趣旨の理解と実行をしていただけるように呼びかけて、巻頭言の結びといたします。

『ゆうかり』第11号発刊によせて

2012年3月17日『ゆうかり』第11号・巻頭言

社会福祉学会長
天羽浩一

卒業生のみなさんへ

2011年、3月11日午後2時46分、東北地方を襲った大地震、直後に発生した大津波そして福島原子力発電所で発生した大事故から1年が経ちました。まだこの災害（自然災害／人為災害）の全貌を把握することはできません。また被害の実態を受けとめられる状況にもありません。一方で昨年も自殺者が3万人を超えました。21世紀に入って以後毎年3万人を切ったことがありません。東日本大震災で亡くなった方々は2万人弱と推定されていますが、亡くなった人の数からいえば、毎年東日本大震災規模の被害が発生しているということになります。「かごしま路上生活者を支える会」の堀之内さんは「社会福祉特講Ⅲ」の講義の中で自殺を「小さな災害」と表現し、その小さな災害が折り重なり大きな災害となって現出していると語られていました。自殺は毎年発生している「大きな災害」であるというのです。

自殺は個人の心の問題に集約できるものではありません。このことはすでに19世紀の末、社会学者のデュルケームが「自殺論」で展開しているところです。ソーシャルワークの視点から観れば、自殺問題は社会の中で発生する人為災害と考えることが妥当でしょう。日本社会は抱えきれない大きな課題をいくつも背負いながら、明確な指標を持てずに迷走し続けています。

翻って、皆さんひとりひとりの個人状況はいかがでしょうか。すでに進路が決定し、福祉機関や企業での研修に入っているひと、まだ思うような進路先に出会えず求職中のひと、なお専門学校や大学院での学業を続けようというひと、それに何よりも国家試験に合格したひと、残念ながら届かなかったひと、希望に胸弾んでいるひと、不安が胸いっぱいのひと、悲喜こもごも、不安と希望が交錯しているというのが現状でしょう。

しかしどのような進路をとるにしろ「ソーシャルワー

クの精神」は皆さん方に生きる指針を用意してくれるものだと確信しています。「ソーシャルワーカーとしての人間力」を磨き続けていかれることを願っています。

『ゆうかり』11号について

本号で11号をむかえた『ゆうかり』をまず卒業生の皆様にお届けします。例年本誌は卒業式直前に刊行され、本誌をまず手に取るのは卒業生です。『ゆうかり』は社会福祉学会案内をとおして社会福祉学科をよく知ってもらう適切なパンフレットという領域から社会福祉学科年鑑の役割を持つようなボリュームへと質量ともにパワーアップしてきました。掲載原稿の内容は豊富化され、また本誌の執筆者も飛躍的に増加しており、社会福祉学科及び研究科の教員、学生が共に読み込んでいける親しみのある内容、それでいて本学会の目的である「学術研究を推進し、会員相互の学問的交流を促進する（社会福祉学会会則第2条）」という趣旨に沿った編集となってきました。

この間の『ゆうかり』パワーアップは社会福祉学会の運営委員を担われた学生・教員の皆さんの労によるところが多く、実りある収穫となったことに敬意を表したいと思います。

本誌の特集に社会福祉学科30周年記念講演とシンポジウムの記事が掲載されています。社会福祉学科の創設に中心的に関わってこられた山本賢治さん（現神戸山手大学学長）から創設にあたっての意義を踏まえた歴史的経緯、さらにその歴史を基盤に今後の社会福祉学科への期待が述べられました。本学科創設の意義は今もなお失われていません。また進みゆく超少子高齢社会を迎えるにあたって本学科の役割はさらに重要なものとなってくるでしょう。

最後に皆さんと一緒に卒業するはずであった熊谷晋さんの死を悼んで巻頭言の結びといたします。ご承知のように熊谷さんは２０１０年1月10日、交通事故により不慮の死に遭遇しました。3周忌となります。黙して冥福を祈りたいと思います。

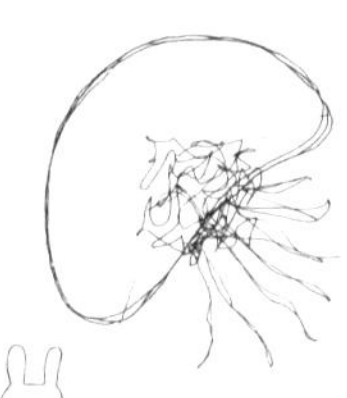

『ゆうかり』第12号発刊によせて

2013年3月18日 『ゆうかり』第12号・巻頭言

社会福祉学会長
中山 慎悟

『ゆうかり』を手にとられた方々へ

第12号の『ゆうかり』を読まれる方々には、様々な方がおられると思います。卒業生、在校生の皆さんばかりでなく、福祉や教育の現場に携わっておられる方、高校生の方々、またそのほかにも、様々な方がおられるでしょう。『ゆうかり』を手にとってくださり、ありがとうございます。

少し、卒業生や在校生の方々へ向けて、書かせてください。

本年3月に社会福祉学科を卒業する皆さん、卒業おめでとうございます。4年間には苦労や大変なこともあったと思います。新たな気持ちで、明日に向けて、進んでいってほしいです。

社会福祉士国家試験を受けた人は、もう、結果が出ているかと思います。合格の人たちは、おめでとう。なかには、受かる実力があるのに合格できなかった人もいると思います。今回はこれまでとは違う形式の問題もあったようです。合格した人はさらに勉強を深めていきましょう。不合格だった人は、合格まで再チャレンジあるのみです。

在校生の皆さん、まだまだ大学生活、することはたくさんありますよ。喜びよりも不安や悩みのほうが多いかもしれません。けれども、まわりの人と自分をあまり比べすぎずに、自分なりの生き方を考えてゆきましょう。

『ゆうかり』にある同級生や先輩方などの記事を読むことは、学生の皆さんにとって、何らかの手がかりになると思います。今回の『ゆうかり』の原稿の中にある、実習センター福元さんの言葉を借りるなら、〝大学のこと、人間関係のこと、家族のこと、就職のことに迷う〟この時期に、〝これからの自分の『選択』や、『決断』や、『覚悟』をしなければならない時のためのヒント〟が得られるかもしれません。

新入生の皆さんもおられますね。入学の時の、今の気持ちを忘れずにいましょう。というより、きっと忘れないでしょう。そして、折にふれて、今の気持ちを思い出してみるようにしていただければと思います。何か迷ったりした時、この今の時点までさかのぼってみて、「なぜ社会福祉学科に入ったのか」という、入学時の気持ちを思い出し、考える糸口にしてほしいと思います。

まだ自分の居場所を見いだせない新入生もいるかもしれません。でも皆さんは、これから新入生ゼミやサークルなどを通して友人を作ったり、いろいろな出会いに触れることでしょう。図書館も、大切な居場所の一つとなるかもしれません。1冊の本やＤＶＤとの出会いも、意味のある出会いです。体調を整えながら、1日ずつ過ごしてゆきましょう。

『ゆうかり』12号に寄せて

この『ゆうかり』には、執筆者の方々、そして編集委員の先生、学生の方々の努力とご配慮により、一つ一つの記事が興味深い物語を含むものとなっているように思います（執筆者、編集委員の方々、ありがとうございます）。

それぞれの記事を読むと、大学の4年間にも、たくさんの物語があることをあらためて感じることができると思います。そして、卒業後にも、さらに物語が続くのだ、ということも、実感することができるでしょう。たとえば、大学時代の実習で出会った方々に、卒業後にあらためて出会うこともあるのです。

記事を読んで、個人的にふと思い浮かべた言葉の一つは、〝捨てる神あれば拾う神あり〟です。記事を寄せている卒業生の方々よりも長い時間を生きている自分の生活を振り返ってみると、自業自得のためにうまくいかないことが多いのですが、それでもやはり、さまざまな〝拾う神〟に助けられてきたというのが実感です。

よけいなことを書いたかもしれませんが、お許しください。どうぞ今号の『ゆうかり』を楽しんでください！

『ゆうかり』第14号発刊に寄せて

2015年3月18日　『ゆうかり』第14号・巻頭言

社会福祉学会長
田中　安平

『ゆうかり』第14号を手にして

『ゆうかり』第14号を手にした皆さんは、ずっしりとくる学会誌の重さに驚かれたことと思います。100ページに満たないボリュームではありますが、内容の濃い原稿・レイアウトが重さの源になっております。

社会福祉学会誌である『ゆうかり』は、鹿児島国際大学社会福祉学科並びに大学院福祉社会学研究科に在籍する学生及び両科の専任教員を会員とする学会誌です。本年度も、2014年度社会福祉学会・自主研究助成による研究報告に始まり、学会主催によるシンポジュウムの内容や合格体験記・エッセイなど、多彩な内容が掲載されており読みごたえのある学会誌になっております。最後まで一読されますことをお勧めいたします。

編集後記の最後に、今年度の運営委員として、教員・学生の名前が記載されておりますが、委員の皆様の昼夜を惜しまない努力によって学会が運営され、また本誌が出来ましたことを、会員を代表いたしまして、心より感謝申し上げます。有難うございました。また編集子として、ここまで多大なご尽力を賜りましたSH先生に衷心より御礼申し上げます。

卒業する皆さんへ

縁あって社会福祉学科で学び社会福祉学科を卒業する皆さん、卒業おめでとうございます。

人によっては残念ながら国試の合格に至らず、また望んでいた会社への就職が適わず、晴れ晴れとした気持を持てないという人もいるかもしれません。しかし、社会に出るという事はそういうことです。1軍の選手として活躍をする人もいますが、1軍から2軍へ落とされる者も、2軍から1軍へ上がる者もいるのが現実社会です。様々な悔しさをバネに飛躍して、栄冠を勝ち取るのも人生です。

しかし、人に勝つことばかりを考えていると案外足もとのぬかるみに気付かないものです。自己覚知。自分は自分です。己に克つことです。その結果として他者に勝つことにつながる。ここに人生の醍醐味があるのです。自分に厳しい人は他者にやさしくなれます。

　学問として本学で学んできたソーシャルワークの知識を、考えて行動に移すのではなく、自然な振る舞いとなるべく、血となり肉となる知恵までへと高めるようにしてください。

　皆さんの前途は大きく開けているのです。

在校生の皆さんへ

新入生の皆さん、本学会誌を初めて手にし、どのような感慨を持ちましたか。

　一読することで鹿児島国際大学社会福祉学科での学びや学園生活の様子がおぼろげにイメージできるものと思います。なかには、第1志望校に残念ながら入学できず、不本意で本校に入学してきて気持ちの晴れ晴れしないという人がいるかも知れません。しかし、先輩たちの中にもそのような状況を乗り越えて社会的に活躍されている方がたくさんいます。どのようにして乗り越えてきたのでしょうか。

　ここから・今から新たなスタートだと気持ちを切り替え、成功をつかみ取ったのです。ぜひ、最後まで熟読することを勧めます。

　2・3・4年生の皆さん。学会誌は単なる読み物ではありません。

　先輩方の学生生活や国試に向けての勉強の仕方、社会人となっての責任や学生時代の反省等々、皆さんがこれからの学生生活で身につけておきたいことや、方向性などが如実に述べられております。

　心して読み、これからの学生生活への指針として役立ててください。

鹿児島国際大学社会福祉学会会則

［総則］

第1条　本会は、鹿児島国際大学社会福祉学会と称し、本会の事務所を鹿児島国際大学福祉社会学部社会福祉学科に置く。

第2条　本会は、学術研究を推進し、会員相互の学問的交流を促進するとともに、地域社会の文化的発展に寄与することを目的とする。

第3条　本会は、前条の目的を達成するために次の事業を行う。

㈠　会報ならびに機関紙の編集・発行

㈡　研究会・講演会等の開催

㈢　その他、本会の目的を達成するために必要と認められる事業

［組織］

第4条　本会は、福祉社会学部社会福祉学科並びに大学院福祉社会学研究科に在籍する学生および両科の専任教員をもって会員とする。

2　準会員については、別に定める。

第5条　本会に次の機関を置く。

⑴　会長

⑵　総会

⑶　運営委員会

⑷　監査委員

2　会長は、社会福祉学科長とする。

3　運営委員（教員4名、学生8名以上）および監査委員（教員2名、学生2名）は、社会福祉学科で選出し、総会の承認を得るものとする。

4　前項の各位委員の任期は、教員については2年、学生委員については1年とする。

ただし、再任は妨げないものとする。

［機関］

第6条　会長は、本会を代表する。

2　会長は、年1回の定期総会を招集しなければならない。

3　会長は、運営委員会の議決に基づいて臨時総会を招集することができる。

第7条　総会は、本会の最高議決機関である。

第8条　運営委員会は、総会の承認により、学会の運営にあたる。

2　運営委員会は、委員長（教員）と副委員長（学生）の各1名を互選する。

(1)　運営委員長は、運営委員会を代表し、定期および臨時に運営委員会を招集する。

(2)　運営委員会は、そのもとに必要に応じて委員会を置くことができる。

3　運営委員会は、教員委員および学生委員のそれぞれ過半数の出席をによって成立する。

4　運営委員会は、次の事項を審議決定しなければならない。

(1)　年間事業計画

(2)　予算案および決算書

(3)　会則の改正ならびに諸規定承認・改廃

(4)　その他必要な事項

5　運営委員会の議決は、出席した教員委員および学生委員のそれぞれの過半数の賛成で決する

［財政］

第9条　教員会員の会費は、年額2500円とし、年度初めに納入する。学生会員の会費は、年額2500円とし、入学時に一括納入する。

第10条　本会の経費は、会費・補助金・寄付金でまかなう。

2　会計年度は、4月1日から翌年3月31日までとする。

第11条　会費の徴収、保管および支払いについては、大学事務局に委任するものとする。

第12条　運営委員会は、毎年会計年度終了後2カ月以内に決算を行い、監査委員の監査を受けたうえで総会に報告し、その承認を得なければならない。

［改廃手続］

第13条　本会則の改廃は、運営委員が発議し、総会の決議を経なければならない。

附則

1. この会則は、昭和57年4月1日から施行する。

2. この会則は、平成13年7月27日に改正し、施行する。

3. この会則は、平成15年7月4日に改正し、施行する。

4. この会則は、平成18年4月1日に改正し、施行する。

5. この会則は、平成20年4月1日に改正し、施行する。

人生をつかずはなれず楽しむために

福祉社会学部准教授
編集子ＳＨこと　さきはら ひでき

高校生、保護者、そして高校の先生のみなさん、そして本書を手にしたみなさん。

鹿児島国際大学社会福祉学会は、社会福祉学科の学生と教員で運営している学会です。学術研究を推進し、会員相互の学問的交流を促進するとともに、地域社会の文化的発展に寄与することを目的に活動しています。１９８２年に鹿児島経済大学30周年を記念して創設された社会学部と同時に鹿児島経済大学社会学会として発足しました。１章の山本賢治先生の講演を読めば、当時の鹿児島の社会状況や大学の未来を視野に入れた構想が見えてきます。２００１年、鹿児島国際大学社会学部社会福祉学科は、福祉社会学部社会福祉学科に改組されました。同時に旧・社会学会は、鹿児島国際大学社会福祉学会に再編され、現在に至ります。

鹿児島国際大学社会福祉学会では、大学というコミュニティにとどまらない地域に開かれた活動をコミュニティ・ソーシャルワークと位置づけて、成果の一部を、学会機関誌『ゆうかり』に公表してきました。『ゆうかり』は、２００１年の創刊号から第14号まで発行されています（9号以降は、大学ホームページにて、閲覧可能）。

先行きの見えにくい時代、どのような一歩を踏み出すかは、あなた次第。ＯＢの中尾賢一郎さんがいう「人生、楽しくするもしないも自分次第」です。私たちの学会に何ができるかという問いと向き合ってみました。『ゆうかり』のバックナンバーから在学生が選んだ作品をもとに一冊の本を編むのも答えの一つと考えました。採用基準は、一、読んで面白く、他の人にも勧めたい作品、二、学生やＯＢ・ＯＧたちが地域やそこにあるネットワークにつながり、何で遊び、あるいは学び、自分の生きるかたちをつかんできたかが見えてくる作品（所属・姓は、執筆当時のもの）です。学生時代から、そして社会に出ても、周囲にある環境との相互作用のなかで、何を目標にどのように生きていくかという自分自身に対するソーシャルワークを喜怒哀楽とともに試行錯誤しているのが伝わってくるかと思います。

中尾さんは、絵のないパズルと絵のあるパズルでは、後者のほうが完成させるのに時間がかからないと話します。何をしたいかという明確な絵が、最初からある人ばかりではないでしょう。中尾さんはじめ、本書に登場する書き手は、何回か描き直しを迫られています。興味の持てた作品から読み始め、自分の現在過去未来を考えてみる。漠然としたものでも描きたい絵が見えてくるでしょう。できるところからパズルを埋めていって下さい。

みなさんのこれからを考えるにあたって、役立てたら幸いです。

なお、本書は、２０１５年3月に企画が始まりました。編集にあたって、企画書作成、原稿選択では、４年・竹下知花さん、４年・竹迫美香さん、４年・紙屋奈央さん、４年・松下浩樹さん、４年・脇黒丸佳史さん、未ファイル化原稿入力では、１年・宮田竜成さん、３年・東千暁さん、３年・前田千晶さん、３年・押川龍広さん、初稿校正では、1年・冨森紳太朗さん、３年・山口翔さん、３年・押川龍広さん、３年・東千暁さん、３年・前田千晶さん、３年・前田結華さん、３年・田中芽紅さん、４年・竹下知花さん、４年・竹迫美香さん、４年・紙屋奈央さんのお世話になりました。表紙イラストでは、tori29こと、鳥丸みなみさん、本文のイラストでは、３年・ＫＹ（♂）こと、川ノ上雄さん、卒業生の  こと小辻巴さん、 こと新村友美さんのお世話になりました。

また社会福祉学会会長の田中安平先生、学会運営委員長の鱒渕祐一先生、運営委員の田中顕悟先生、堀田哲一郎先生、栄留里美先生のお世話になりました。

社会学会から社会福祉学会への再編、その後の成長を見守り、本企画を強く応援して下さった田畑洋一先生、本書の題名に講演名を使うことを快諾して下さった（株）グランビジョン代表・中尾賢一郎さんに感謝します。ラグーナ出版の川畑善博社長、編集の鈴木巳貴さん、営業の小園由香里さんにもお世話になりました。

ありがとうございます。

２０１５年7月21日

人生楽しくするもしないも自分次第

二〇一五年八月十九日　第一刷発行

編　者　鹿児島国際大学社会福祉学会
〒八九一－〇一九七
鹿児島市坂之上八－三四－一
電話 〇九九－二六一－三二一一㈹

発行者　川畑善博

発行所　株式会社 ラグーナ出版
〒八九〇－〇〇五三
鹿児島市中央町一〇番地
電話 〇九九－二二一－九三二一
URL http://www.lagunapublishing.co.jp/
e-mail info@lagunapublishing.co.jp

印刷・製本　有限会社創文社印刷
定価はカバーに表示しています
乱丁・落丁はお取り替えします
ISBN978-4-904380-43-7　C0036